공공임대주택
이렇게 바꿔라

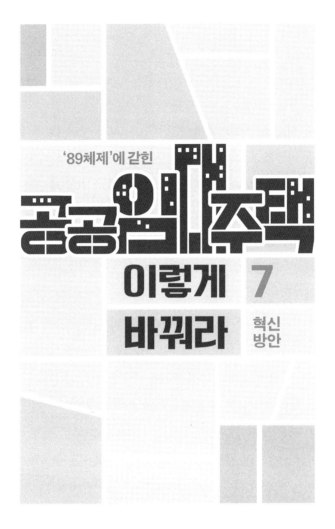

'89체제'에 갇힌

공공임대주택

이렇게 바꿔라 7

혁신
방안

학고재

20세기 한국 사회를 지배한 목표와 가치는 성장과 발전이었다. 짧은 시간 동안 많은 이들의 노력과 희생으로 우리는 과거에 경험하지 못한 풍요를 누리고 있다. 주택 분야도 예외는 아니다. 반세기 전만 해도 우리나라의 주거 수준은 말 그대로 참혹했다. 전쟁으로 인한 손실뿐 아니라 남아 있는 대부분도 집으로서 구실을 하기에는 변변치 않았다. 주택이 절대적으로 부족한 문제는 우리 사회가 해결해야 할 가장 중요한 과제로 떠올랐다. 70년대부터 본격적으로 추진된 국가경제발전계획에서 주택공급은 매우 중요한 부분으로 자리 잡았다. 정부의 양적 성장 기조에 힘입어 비교적 짧은 시간에 주택재고 부족의 문제는 크게 해소됐다. 주택보급률은 100%를 넘긴 지 이미 오래며 양적 안정은 주택의 질적 향상도 동반했다. 현재 대다수 사람이 따뜻한 물로 목욕하며 추위 걱정 없이 겨울을 날 수 있는 것은 이 같은 노력 덕분이다.

하지만 이런 성장과 발전에도 불구하고 우리 사회에는 여전히 주거 문제로 고통 받는 사람이 많다. 기준을 어디에 두느냐에 따라 그 규모와 정도는 달라지겠지만, 적어도 우리 주변에는 최저주거기준에 못 미치는 집에 살거나 일상을 짓누르는 과중한 주거비를 부담하는 적지 않은 사람들이 풍요의 그늘 속에서 살아가고 있다. 게다가 주기적으로 찾아오는 경제위기와 사회적 불안정은 이들의 고통을 증폭시키며 그 대상을 늘리고 있다. 그동안 성장으로 인해 가려지고 우리 모두 애써 무관심했던, 우리 사회가 진보하는 데 필요한 목표와 가치를 새롭게 드러내 강조해야 할 이유다. 부와 권력의 재분배 그리고 이를 통한 사회적 연대와 통합은 그 가운데 하나여야 할 것이다. 공공임대주택은 이를 실현하기 위한 작지만 중요한 수단이다. 공공임대주택은 그래서 단순히 서민이 거주하는 임대주택을 의미하는 데 그치지 않는다.

한국의 공공임대주택을 서구의 '소셜 하우징social housing'과 같은 개념으로 본다면, 그 역사는 플라톤의 이상향으로 거슬러 올라간다. 인간은 언제나 이상향을 꿈꿔왔다. 모두가 골고루 잘사는 세상 말이다. 플라톤 이후 이상사회에 대한 다양한 주장과 현실적 시도가 있었다. 주거는 언제나 중요한 요소 가운데 하나였다. 19세기 이후, 유럽에서 본격화된 이상적 주거에 대한 수많은 이론은 정치적 논쟁으로 이어졌고 일부는 현실에서 그 모습을 드러내기도 했다. 치열한 논쟁과 현실에서 보여준 크고 작은 경험을 바탕으로 근대적 소셜 하우징의 체계가 갖춰졌고 각국의 정치적·사회적·경제적 상황에 맞게 변형되어갔다. 프랑스의 적정임대료주택Habitation à Loyer Modéré, 네덜란드의 사회임대주택Sociale Huurwoning,

스웨덴의 공영주택Allmännyttiga Bostäder, 스페인의 공공보호주택Viviendas de Protección Pública, 영국의 사회주택Social Housing, 미국의 공공주택Public Housing 등은 이름만큼이나 다양한 모습을 갖게 되었다.

우리의 공공임대주택은 이런 과정이 거의 생략된 채 갑자기 세상에 나타났다. 관료적 엘리트의 폐쇄적 의사결정구조 속에서 만들어진 공공임대주택의 개념과 방식에는 서구에서 보여준 깊고 다양한 논의, 그리고 사회 구성원들의 공감대가 부족했다. 민간영역의 개척자 역시 눈에 띄지 않는다. 1963년 처음으로 선보인 '공영주택' 정책은 제대로 된 학술적·사회적·정치적 논의와 합의된 개념 없이 관념과 의무감에 치우쳐 만들어졌다. 당연히 제대로 추진되지 못했다. 1962년부터 1964년까지 대한주택공사가 공공자금으로 건설한 마포아파트는 초기에 임대 방식으로 공급했다가 곧 분양으로 전환되었으며, 최초의 공공임대주택이라 불리는 개봉주공아파트 역시 1년 임대 후 분양으로 전환되었다. 사회적 가치를 찾아보기 어려운, 겉모습만 '공공'인 임대주택의 공급은 이후에도 계속되었다. 이런 상황은 1989년에 도입된 '영구임대주택'으로 전환기를 맞게 된다. 지금까지 명맥을 유지하고 있는 이른바 '89체제'가 만들어진 것이다. 이는 우리나라 공공임대주택 정책의 본격적인 시작을 알렸지만 이 역시 초기 목표와 실제 추진 과정은 달랐다. 공급을 시작한 지 2년도 되지 않아 25만 호였던 공급 목표는 19만 호로 축소되었고 1994년 이후 오랫동안 신규 공급마저 중단되었다.

　명확한 개념과 사회적 공감대가 미흡한 데다 전문가 집단과 시민영역마저 빈약하여 정책은 진전 없이 형식만 남았다. 정권의 필요에 따라 임기응변식으로 주택 유형이 추가되며 공공임대주택 정책에는 양적 목표만 뚜렷해졌다. 동시에 공공임대주택의 본래 목적과 사회적 효과는 모호해져갔다. 분양전환 공공임대주택, 장기전세주택과 같은 파행적 제도가 여전히 유지되고 있고, 민간시장에 기대어 주택이 아닌 임차인을 지원하는 전세임대주택은 공급 목표를 채우는 중요한 수단으로 자리 잡았다. 소득이 상대적으로 높은 계층을 위한 공공임대주택이 그렇지 않은 계층을 위한 것보다 더 많이 공급되는 모순적 현실도 이어지고 있다. 파행과 모순은 반세기 넘게 공급된 300만 호의 공공임대주택 가운데 그 절반인 150만 호의 소유권을 개인에게 넘겨주고 공공성을 지웠다. 소셜 하우징 정책을 추진한 다른 나라에서는 좀처럼 찾아보기 어려운 모습이다. 이것을 한국의 특수성 또는 우리만의 독특한 모델이라고 자신 있게 말할 수 있을까? 이 질문에 떳떳하게 답을 하기 힘든 우리의 심정은 '89체제'의 재구조화가 절실히 필요하다는 생각으로 이어졌다.

인구·가구 구조의 변화, 저성장과 양극화, 주택의 양적 안정과 수요 다변화 등 공공임대주택 정책을 둘러싼 환경과 조건은 빠르게 변화하고 있다. 이런 경향은 오랫동안 유지되며 진행될 것으로 보인다. 공급 구조 측면에서 보면, 공공임대주택의 공급 증가와 비례하여 정부의 재정 투자 취약성이 커지고, 공공시행자의 재무 구조가 악화되며, 지역시장의 저항은 강해지고 있다. 이와 함께 이미 관성이 된 공급 독점화와 고비용화는 줄어들지 않으며 수급 불균형과 낙인화의 문제도 크게 나아지고 있지 않다. 우리 사회가 공공임대주택을 더 많이 공급하거나 최소한 현재의 수준을 유지하고자 한다면, 이런 변화와 한계는 '89체제'의 재구조화를 이끄는 동인이 될 것이다. 여기에는 '사회주택'으로 시작된 민간영역의 다양한 시도와 예전과는 다르게 새로운 시도를 보여주고 있는 지방정부의 노력도 더해진다.

이 책에 참여한 저자들은 1989년 이후 큰 진전 없이 유지되고 있는 지금의 공공임대주택 정책이 혁신적으로 변화해야 한다고 믿는다. 그리고 그 시기가 될 수 있으면 빨라져, 더 많은 사람이 집으로 인한 고통에서 더 빨리 벗어나기를 진심으로 기원한다. 거칠고 부족한 우리의 생각을 머릿 속에만 머물지 않게, 감히 세상 밖으로 꺼낼 수 있는 용기를 준 가장 큰 이유다.

　공공임대주택의 새로운 길을 찾는 작업은 10개의 장으로 나누어 제시된다. 1장, 2장, 3장은 분권과 협력에 기초한 공급체계의 전환을 모색한다. 1장에서는 중앙집권적 체제에서 지방정부 중심으로 전환을, 2장에서는 최근 공급되는 민간 참여 사회주택 사례를 바탕으로 민간 공급자의 참여를 확대하는 방안을 다루며 중앙정부와 공기업이 독차지하던 정책 무대의 변화를 주장한다. 3장은 택지개발을 통한 아파트 위주 공급에서 기존 저층주거지 내 임대주택 확대로 공급 방식의 전환을 강조하며 저층주거지의 정비와 공공임대주택 공급이 공존할 수 있는 새로운 가능성을 엿본다. 4장, 5장, 6장은 공공임대주택의 유형과 배분에 초점을 맞춘다. 4장에서는 너무나 복잡하며 형평성과 일관성이 부족한 현재 유형들을 통합하여 특정 계층을 배제하거나 제한하지도 않는, 누구나 접근하기 쉬운 체계로의 전환을 주장한다. 5장은 중산층을 포함하는 소득 6분위 이하를 공공임대주택의 주요 입주 대상으로 정하고 대기자명부 제도를 도입하여 철학적 측면과 기술적 측면을 동시에 고려하는 새로운 배분체계를 논의한다. 6장에서는 공공임대주택의 지속 가능성을 위해 주택 단지 내 유형 혼합을 넘어, 입주 계층의 보편성을 확대하는 거시적 관점의 소셜믹스$^{social\ mix}$ 방향을 제시한다. 7장과 8장은 공공임대주택의 지속적인 공급과 그 성격을 결정짓는 중요한 변수인 재원에 관한 내용을 담는다. 공공자금에 초점을 맞춘 7장에서는 주택도시기금이 공공임대주택 사업에 보다 적극적으로 사용되어야 하며 지방공기업 등에게도 한국토지주택공사(LH)와 같이 지원하자고 강조한다. 또한 공공의 임대자산이나 공공자금을 활용한 새로운 자금조달 방식을 통해 공공임대주택 공급을 지속해나가는 방안을 제시한다. 8장에서는 해외 사례 등을 바탕으로 지금까지 공공자금에 의지해온 자금조달 방식에서 벗어나 공공임대주택 공급 시 민간의 재원을 활용하자고 주장한다. 9장은 이미 공급된 공공임대주택을 어떻게 효율적이고 효과적으로 관리할 것인가에 대해 서울시 사례에 기대어 그 대안을 모색해본다. 결론인 10장에서는 1장부터 9장까지의 내용을 관통하는 혁신의 방향과 새로운 길을 찾는 방안을 종합적으로 정리하여 제시한다.

이 책의 저자들은 대부분 정책의 현장에서 연구자로 살아가고 있는 이들이다. 책 출판을 제안했을 때 모두 흔쾌히 응할 수 있었던 것은 현장에서 정책 변화의 필요성을 절감했기 때문이지 않을까 생각한다. 원고를 집필하고 책을 펴내는 짧지 않은 시간 동안 기꺼이 동참해준 저자들의 용기와 열정에 박수를 보낸다. 나아가 대중적이지 않은 내용을 한 치의 망설임도 없이 책으로 엮기로 한, 학고재 박해진 대표와 손희매 편집자에게도 저자들을 대신해 마음속 깊은 감사를 전한다. 이제 우리는 설렘과 두려움을 안고 새로운 길을 찾아 떠나려 한다. 이 여정에 더 많은 사람들이 함께하여 우리나라 공공임대주택 정책이 조금이라도 진보한다면 더할 나위 없겠다.

2021년 1월
저자를 대표하여
봉인식, 남원석

차례

1장

공공임대주택 정책의 주체는 중앙정부인가 지방정부인가

봉인식*

중앙 : 지방 = 8 : 2

우리나라 공공임대주택의 공급은 중앙정부[1]가 주도하고 있다. 중앙정부
는 정책의 목표와 방향을 설정했으며 공급 물량과 입주 대상뿐 아니라 공
급 지역과 도시건축적 장치도 규정했다. 또한 중앙정부는 특별한 자금조
달 체계를 구성하고 자신의 정책을 시행해줄 특정 대리인을 만들어 정책
을 실현했다. 중앙정부가 만들고 통제하는 이런 대리인과 여러 장치는 법

● 경기연구원 선임연구위원

과 제도로 그 행위와 관계의 정당성을 부여받았고, 그렇게 구성된 중앙집권적 공급체계는 큰 변화 없이 현재에 이르고 있다.

이런 체계의 특성을 엿볼 수 있는 몇 가지 현상이 있다. 이 가운데 공급 주체별 주택재고 비중은 우리나라 공공임대주택 체계가 얼마나 중앙정부 중심으로 작동하고 있는지를 잘 보여준다. 2018년 현재 공공임대주택의 88.4%는 공공사업자가 공급했는데[2], 이 가운데 80.6%는 중앙정부 산하기관인 한국토지주택공사(LH)가 공급했다. 즉, 전체 공공임대주택의 71.2%를 LH 혼자 공급했다는 것이다. 독점적 공급 주체라고 봐도 무리가 없는 이유다. 특히 2001년부터 공급하기 시작한 국민임대주택의 경우, LH가 전체 공급량의 93.6%를 공급했다.

반면 17개 광역과 226개 기초 지방정부가 공급한 공공임대주택은 모두 합쳐도 공공사업자가 공급한 전체 물량의 19.4%에 그치고 있다.[3] 특이하게도 2할 정도밖에 안 되는 이들의 대부분은 서울시가 공급한 물량이다. 광역정부별 공공임대주택 재고 비중을 보면(19면 오른쪽 도표), 서울특별시가 71.6%를 차지하는 반면에 9개 도가 공급한 물량은 모두 합쳐도 10.7%에 그치고 있다. 다시 말해, 서울시 외의 다른 지방정부의 이름은 공급자 목록에서 찾아보기 어렵다는 것이다. 지금까지 중앙정부와 지방정부가 각각 공급한 공공임대주택의 재고 비중이 8:2로 나타난 것은 50년이 넘는 공공임대주택의 역사 속에서 지방정부의 위상을 단적으로 보여주는 현상이다.[4]

지방정부의 무관심, 부담감, 거부감[5]

중앙집권적 체계를 엿볼 수 있는 또 다른 현상은 지방정부가 느끼는 감정을 통해서 나타난다. 이는 무관심, 부담감 그리고 거부감으로 요약해볼 수 있다.

우선 대부분의 지방정부는 공공임대주택 정책에 대해 무관심하다. 각 지방정부의 담당 공무원 및 지방공사 관계자들 사이에는 자신들의 지역에 공공임대주택이 왜 필요한지에 대한 공감대가 형성되어 있지 않고 중앙정부의 정책이기 때문에 어쩔 수 없이 수행한다는 인식이 자리 잡고 있다. 이들은 공공임대주택을 선택 사항이라고 생각하며 정치적 상황 등이 달라지면 정책도 바뀌리라 본다. 이런 무관심은 중앙정부 정책에 대한 소극적 움직임 또는 거부감과 연계되며 님비NIMBY, 님투NIMTOO[6], 바나나BANANA[7] 현상 등 지역이기주의적인 양상으로 표현되고 있다. 한편으로는 공공임대주택이 무엇이고 왜 필요하며 누구를 대상으로 누가 주도적으로 해야 하는지에 대해 심각하게 고민하지 않고 중앙정부가 알아서 해주기를 기대하는, 즉 수동적인 입장을 견지하는 또 다른 형태의 무관심도 나타나고 있다.

두 번째는 부담감이다. 무관심과 더불어 이는 지방정부의 공공임대주택 공급이 적은 중요한 원인 가운데 하나다. 공공임대주택을 공급하기 위한 조직과 인력 부족, 자체 재원 부족, 지방재정 손실과 재정 수요 증가, 건설 후 관리 부담, 해당 지역 및 주변 지역 주민 반발 등이 지방정부에게 부담감을 준다. 특히, 인력, 조직, 자금의 부족과 공공임대주택을 직접 공급할 때 발생하는 지방재정 변화는 지방정부가 공공임대주택을 건설하고 싶어도 주저하게 만드는 근본적이며 구조적인 문제다. 지방공기업은 LH와는 다르게 행정안전부 등의 관리·감독을 받고 있어, 사업을 시행하려면 LH보다 더 많은 단계를 거쳐야 한다. 일반적으로 같은 공공임대주택을 공급하더라도 LH보다 더 많은 시간과 비용이 필요하다. 게다가 공공임대주택을 자체적으로 건설해서 관리하는 일부 지방정부의 경우, 공공임대주택은 공급보다 관리와 운영이 더욱 중요하다는 것을 경험으로 알고 있다. 이런 측면에서 물량 채우기에 급한 중앙정부의 정책 기조는 지방정부에게 큰 부담이 될 수밖에 없다.

한편으로 '택지개발촉진법'에서 '공공주택 특별법'에 이르는 동안, 중앙정부의 일방적이고 독점적인 추진 방식은 지방정부의 거부감을 불러일

으킨다. 중앙정부는 최저주거기준 미달 가구를 포함한 저소득층의 주거 안정을 위해 공공임대주택 공급이 반드시 필요하다고 주장한다. 이에 대해 지방정부는 공공임대주택 공급만이 근본적인 해결책인지 의문을 던지고 공급 지역과 물량계획, 배분 방식 등에 대해 다양한 반론을 제기하며 거부감을 드러낸다. 특히, 지방정부는 공공임대주택 공급계획, 사업 주체, 자금 흐름 등이 중앙정부 중심으로 이루고지고 있으며 실제 사업 추진 과정에서도 배제되고 있다고 느낀다. 한편, 지방정부의 거부감 뒤에는 중앙과 지방정부의 원칙에 대한 이해의 차이, 시각과 입장의 차이가 자리 잡고 있음을 부인할 수 없다. 여기에서 원칙이란 중앙정부 입장에서는 저소득층을 위한 임대주택 공급의 당위성을 말하며 지방정부 측면에서는 지방자치의 원칙을 의미한다. 다시 말해, 공공임대주택에 대한 공감대가 형성되지 않고 무관심한 상태에서 중앙정부가 당위성을 강조하며 사업을 강행하면, 지방정부는 지방자치의 원칙을 강하게 표출할 수밖에 없다는 것이다.

중앙집권의 아비투스

앞서 보았던 8:2 현상과 지방정부의 감정은 하루아침에 만들어진 것이 아니다. 오랜 시간에 걸쳐 중앙집권적 공급체계를 시행하며 체화된 결과다. 피에르 부르디외 Pierre Bourdieu의 표현을 빌리자면, 이는 공공임대주택 분야의 아비투스habitus[8]로 볼 수 있다. 박헌주(1993년)가 주장한 것처럼 우리나라의 주택정책은 처음부터 중앙정부 독점의 중추계획에 의해 추진되면서 관련 법제 또한 주택계획의 집행을 지원하거나 촉진하기 위한 수단으로 제정되어왔다. 주택이 절대적으로 부족한 상황에서 짧은 기간에 주택을 대량으로 싸게 공급하기 위해, 국가는 강력한 추진력과 실행력이 필요했다. 열 명이 각자 형편에 맞게 10채씩 나눠 짓는 것보다 한 명이 한번에 같은 집 100채를 건설하는 방식이 더 합리적으로 보였기 때문이다. 다시 말해, 주택문제가 심각하게 불거진 시기의 행정력, 재정력, 기획 및 집행 능력 등을 감안하면 당시 정책 결정 집단은 여러 단위로 흩어진 지방정부보다 중앙정부 주도로 주택을 공급하는 방식이 더 효율적이라고 믿었을 것이다. 중앙집권적 체계는 지방정부가 중앙정부 정책에 순응하여 인허가 등 단순 업무 처리에 집중하게 했다. 그 결과, 지방정부는 주택부문을 기획하고 집행하는 능력을 키우기 어려웠다. 1989년 이후 본격화된 공공임대주택 정책 역시 이런 구조에서 크게 벗어나지 못했다. 우리는 정권마다 주택 공급 목표량을 공표하고 그것을 달성하기 위해 법제를 수정하거나 새롭게 만들었던 것을 기억한다. '주택건설촉진법' '임대주택법' '택지개발촉진법' '국민임대주택건설에 관한 특별법' '보금자리주택건설에 관한 특별법' 같은 특별법이 정권의 주택정책 목표를 달성하기 위해 만들어지고 개정되기를 반복했다. 같은 맥락에서 중앙정부는 '대한주택공사'와 '한국토지개발공사'를 만들어 공공주택 공급의 첨병으로 삼았다. 이들은 토지 수용과 개발의 막대한 권한을 부여받고 '국민주택기금'과 같은 정부의 특별한 자금조달 체계를 통해 건설에 필요한 자금을 지원받았다. 그 결과 단기간에 주택난을 해소하며, 중앙정부와 그 산하기관은 자연스럽게 국가 정책의 주인공으로 자리매김했다. 우리가 아는 것처럼 대한주택공사와 한국토지개발공사는 '한국토지주택공사(LH)'로 합병되어 더욱 거대해졌으며 국민주택기금은 '주택도시기금'으로 이름을 바꿔 규모를 키워나가고 있다.

현재 공공임대주택 공급의 법적 기반을 제공하는 '공공주택 특별법'의 경우, 중앙정부와 지방정부 모두 공공임대주택을 공급할 수 있도록 규정하고 있다. 하지만 공급 구조를 보다 구체적으로 살펴보면 지방정부의 역할은 단역에 그치고 있음을 알 수 있다. 24면 도표에서 보는 것과 같이, 공공주택지구 지정 단계부터 모든 과정에서 관련 주체는 중앙정부 중심으로 움직이도록 구성되어 있다. 시행자 역시 현실적으로 LH가 전담하는 구조로, 지방정부는 의견 제시 정도만 할 수 있다. 시도지사가 자체적으로 개발할 수는 있지만, 중앙정부와는 달리 30만m² 이하의 지구조성사업만 권한을 위임 받아 수행하도록 규정하고 있다. 시도지사가 100만m²의 공공주택지구를 개발하고자 한다면 반드시 중앙정부의 승인을 받아야 한다. 이런 제도는 지방정부가 무분별하게 개발하지 못하도록 관리하는 긍정적 효과도 있지만, 지방정부가 지역의 특성을 고려하여 개발계획을 세우고 추진하기 어려우며 중앙정부가 시행하는 것보다 많은 시간과 비용을 소모하게 한다.[9] 게다가 지방공기업은 LH보다 나쁜 조건 속에서 사업을 추진하고 있다. 인력과 자금조달 문제는 접어두더라도 사업 타당성 검토를 위해 행정안전부가 마련한 별도의 절차를 거쳐야 하며 지방의회의 심의를 받아야 하는 등 사업 추진 과정이 복잡하다. 물리적으로 동일한 공공임대주택 한 채를 공급할지라도 LH가 공급한 것과 지방공사가

공공주택지구 지정 절차

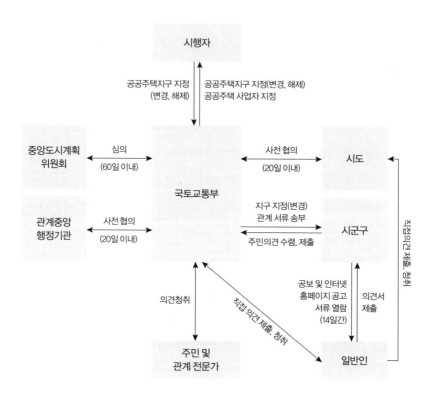

자료: 공공주택 특별법 재구성(2020. 7 기준)

공급한 것을 같게 보기 어려운 이유다.[10] 결과적으로 중앙정부로 '기울어진 운동장'에서 지방정부가 주도하는 사업은 불가피하게 더 많은 시간과 비용이 필요하다. 시간과 비용의 증가는 지방공사의 손실로 이어지고 주택의 품질에도 부정적 영향을 미친다. 그리고 지방정부의 부담이 된다. 앞서 얘기한 지방정부의 거부감과 부담감이 만들어지고 증폭되는 원인이기도 하다. 이런 불평등한 구조는 역설적으로 지방정부보다 중앙정부가 중앙 공기업을 통해 주택정책을 계획, 추진하는 것이 더 효율적이고 효과적이라는 주장이 설득력을 얻고 중앙집권적 체계를 더욱 공고히 하는 효과를 가져왔다.

한편으로 공공주택사업의 협의 과정도 중앙과 지방의 일방적 관계를 잘 보여주는 사례다. 국민임대주택 정책을 본격적으로 추진하기 시작한 2000년대 초부터 중앙정부는 지구 지정 및 계획에 대해 지방정부가 의견을 제시할 수 있는 기일을 정하고 이 기간이 지나면 의견이 없는 것으로 간주하고 있다. 사업을 촉진하는 중앙정부 입장에서는 필요하고 합리적인 장치처럼 보이지만, 지방정부의 눈에는 자신들의 의견을 피하거나 무시하는 제도로 비쳤다. 중앙과 이해가 다를 경우 이들 간의 접점을 찾기보다는 중앙정부의 계획을 일방적으로 추진하는 구조는 지금도 큰 변화 없이 이어지고 있다.[11] 이같이 구조적으로 소외되고 있는 지방정부가 공공임대주택 공급 과정에서 큰 역할을 하지 못하고 있는 것은 당연한 결과일 것이다.

지방분권의 이론적 트라이앵글

공공임대주택을 포함하는 주거정책의 분권화에 대한 이론적 논의는 세 가지 측면에서 접근해볼 수 있다.

보충성의 원칙

보충성의 원칙은 모든 행동의 우선권이 가장 작은 단위 조직에 있으며 상위 조직은 하위 조직이 스스로 목적을 달성하기 어려울 때만 개입할 수 있다는 것이다. 이 원칙을 공공정책에 적용한다면, 국가의 책무는 원칙적으로 주민에게 가장 가까운 공적 조직, 즉 우리나라의 경우 시군구가 우선하여 수행토록 해야 하며 이들이 수행하기 어려운 경우에만 상위 공공조직이 보충적으로 그 책무를 부담해야 한다. 보충성의 원칙은 유럽연합이나 연방제 국가 그리고 지방자치제를 시행하는 국가의 행정사무 배분과 운영 원칙이다. 우리나라 역시 헌법과 지방자치법은 이 원칙을 적용하고 있다. 헌법 제117조와 제118조는 지방자치의 본질적 내용을 보장[12]하고 있다. 특히 '지방자치분권 및 지방행정체제개편에 관한 특별법' 제9조에서는 '지방자치단체가 행정을 종합적·자율적으로 수행할 수 있도록 국가와 지방자치단체 간 또는 지방자치단체 상호 간의 사무를 주민의 편익 증진, 집행의 효과 등을 고려하여 서로 중복되지 아니하도록 배분하여야 한다'고 보충성의 원칙을 명시하고 있다. 그러면 이 원칙에 따라 공공임대주택을 포함한 주택 관련 사무를 지방정부 사무로 볼 수 있는가? 만약 그렇다면 왜 그래야 하는 것일까? 이 질문에 대한 답은 다음의 이유에서 찾아볼 수 있다.

주택의 지역성

시장경제체제에서 주택이라는 상품은 특이한 성질을 가지고 있다. 그 가운데 하나가 지역성이다. 대부분 주택은 토지 위에 만들어진다. 토지는 새롭게 만들기 어려워 공급이 한정적이며 불교환성을 가진다. 이런 특성은 주택에 그대로 이식된다. 주택이 가진 위치 고정성은 지역성을 형성하며, 주택시장은 지역시장으로 작동한다. 그리고 이 안에서 수요자 특성에 따라 다양한 하위시장이 나타난다. 주거에 대한 욕구와 비용이 지역마다 다르기 때문이다. 주거정책은 이 같은 특성을 잘 반영해야 하는데 중앙집권적인 체계는 지역성과 하위시장의 특성을 반영하는 데 한계가 있을 수밖에 없다. 이런 특성과 구조는 공공임대주택도 크게 다르지 않다. 공공임대주택은 특수한 목적으로 공급되고 운영되지만, 그 정책이 무엇이든지 간에 지역 단위에서 하위시장의 한 형태로 자리매김한다. 공공임대주택의 공급이 미미한 지역에서도 예외는 아니다.

주택은 도시를 구성하는 매우 중요한 요소이다. 주거공간은 도시공간의 질을 좌우하며 지역의 경쟁력을 결정하는 중요한 부분이다. 도시계획은 해당 도시의 토지 이용에 대한 가이드를 제공하며, 토지 위에 건설되는 주택과 분리될 수 없다. 도시정책의 성공 여부는 주택정책을 어떻게 추진하는지와 밀접한 인과관계가 있다. 도시계획 이론과 경험은 이런 점을 강조한다. 도시계획과 그 정책이 지방정부에 의해 수립되고 추진된다면, 주택계획과 그 정책 또한 지방정부에 의해 수립되고 운영되는 것이 순리일 것이다. 따라서 보충성의 원칙을 전제하고 주택의 지역성을 감안하면, 주택과 관련된 국가의 사무 배분은 지방정부의 역할을 우선 규정하고 그 상위 국가 조직이 어떤 역할을 해야 하는지를 규정하는 것이 순서일 것이다.

앞서 제시한 두 가지 논의만으로도 공공임대주택을 포함한 주거정책의 분권화를 뒷받침하기에 충분하다. 그렇지만 공공임대주택의 경우, 시장에서 공급되는 주택과 다른 목적과 기능이 있어 위에서 제시한 이유만으로 모든 사무를 지방정부에 부여해야 한다고 주장하기는 어렵다. 한정된 공공자원의 분배에 대한 논의가 남아 있다.

공공자원 배분의 효율성

주택과 같은 공공재를 공급하는 주체에 대한 대표적인 두 가지 상반된 주장이 있다. 첫째는 중앙집권의 필요성을 강조하는 폴 새뮤얼슨Paul Samuelson의 주장이다. 새뮤얼슨은 「공공재정 지출의 순수이론」을 통해, 중앙집권적 체계가 지방분권화보다 공공재정을 효율적이며 효과적으로 사용할 수 있다고 강조했다.[13] 지방정부는 지방의 이익을 위해 배타적 권한을 사용하여 비효율을 증가시키고 공공재정의 불필요한 지출을 늘려 낭비를 초래한다는 것이다. 반면 찰스 티부Charles Tiebout는 '발로 하는 투표Foot voting' 가설을 통해 새뮤얼슨의 주장을 반박했다. 티부는 지방 공공재의 효율적 공급을 위해서는 분권화된 체계가 바람직하다고 주장했다.[14] 이 경우 각 지방정부는 각자 다른 정책으로 주민들을 유치하기 위해 노력한다는 것이다. 예컨대 어떤 지방정부는 세금을 많이 걷는 대신 지역 공공재를 충분히 공급할 것이고, 다른 지방정부는 세금을 적게 걷는 대신 지역 공공재 공급을 줄일 것이다. 그러면 사람들은 마치 가장 마음에 드는 옷을 고르듯 선택 가능한 여러 지역 중 자신이 선호하는 곳을 선택한다. 즉 '발로 하는 투표'를 통해 자신의 선호를 표현하며 이에 부합하지 않는 정책을 제시하는 지방정부는 마치 소비자의 기호를 따라가지 못하는 기업이 망하듯이 도태되고 만다는 것이다. 하지만 이 가설이 성립하려면 몇 가지 조건을 만족해야 한다. 특히 외부성이 없어야 하며 단위당 생산비용이 일정해야 한다. 공공임대주택 정책은 이 조건을 만족시키기 어렵다. 왜냐하면 공공임대주택은 '규모의 경제' 영향을 받으며 구역 내외 유입과 유출을 통제하기 어렵기 때문이다. 즉 공공임대주택의 공급으로 인근 시군에 영향을 미칠 수 있어 외부성에서 완전히 자유로울 수 없다. 또한 폴 피터슨Paul Peterson이 강조한 것처럼, 공공임대주택과 같이 저소득층을 위한 재분배 정책을 지방정부에게 맡기면 이를 최소화하려는 경향을 보여 제대로 된 정책의 효과를 기대하기 어려울 수도 있기 때문이다.[15] 보충성의 원칙에 따라 상위 조직의 참여가 일정 부분 필요한 이유다.

각 지역은 물리적 여건뿐 아니라 사회경제적 상황도 다르다. 주택에 대한 주민의 욕구 역시 다양하다. 따라서 국가 사무의 집행과 결정을 어느 수준의 공공조직이 하느냐에 따라 결과는 상이하게 나타날 것이다. 보충성의 원칙과 지역성을 감안하면 공공임대주택 정책을 지방정부가 당연히 맡아야 한다. 그렇지만 자원 배분의 효율성과 재분배 측면에서는 지방정부가 모든 책무를 맡는 것은 바람직하지 않을 수 있다. 따라서 이론적 측면에서는 지방정부 중심의 정책 체계를 구성하되 중앙정부가 지원과 조정의 역할을 맡는 것이 적절하다. 우리가 빈번이 벤치마킹하는 대부분의 선진국도 이런 이유에서 소셜 하우징social housing[16] 정책은 지방정부가 주도하고 중앙정부는 지원하는 체계를 구성하여 운영하고 있다.

중앙집권적 체계를 바꿔야 하는 현실적 이유

공공임대주택 정책의 지방분권화 논리를 정립하기 위해서는 이론적 측면 외에 현실적 필요성과 그 효과를 설득력 있게 제시하여야 한다. 주택정책 에서 해결해야 할 문제가 아직도 중앙집권적 방식을 필요로 하는지 그리 고 공공임대주택 체계가 만들어낸 부작용이 무엇인지 하나씩 살펴보자.

주택의 양적 안정화

주택보급률은 이미 100%를 넘었다. 인구 1천 명당 주택 수도 403호(2018 년)로 선진국 수준이다. 여전히 주택 공급은 해야 하지만 그 물량과 속도 가 과거와 같을 필요는 없다. 공공임대주택의 경우, 우리나라는 2018년 현재 157만 호를 보유하고 있다. 해외의 경우, 공공임대주택과 같은 소 셜 하우징을 100만 호 넘게 보유한 나라는 프랑스, 영국, 네덜란드 등 몇 몇 나라에 불과하다. 또한 이 주택에 거주하는 비율이 우리나라보다 높 은 나라 역시 전 세계에서 네덜란드(33%), 덴마크(20.7%), 오스트리아 (20.1%), 스웨덴(19%), 영국(18.2%), 프랑스(17.4%), 스위스(14%), 핀란 드(14%), 아일랜드(10.3%) 등에 불과하다.[17] 우리나라는 정량적 측면에 서 높은 수준에 이르렀다고 볼 수 있다.

과거와 같이 중앙정부가 주도적으로 대량의 주택을 단기간에 공급해 야 할 이유는 양적 안정화와 함께 사라지고 있다. 이제부터 정책은 지역 성을 고려한 적정한 공급에 초점을 맞추어야 한다. 여기서 적정함은 양적 물리적 측면뿐 아니라 사회적 경제적 요인도 포함한다. 공공임대주택 역시 예외는 아니다. 공급을 늘리고 거주 비율을 높이는 방향은 맞지만, 중앙정부가 세운 양적 목표를 달성하기 위해 공급하기 쉬운 지역에 대량으로 건설하는 것은 더 이상 유효한 방식이 아니다.

지방정부의 역량 향상과 다양한 시도들

1990년대 이후 지방자치제가 시행되었다. 그렇다고 지방정부의 역량이 당장 높아지지는 않았다. 주택부문에서는 더욱 그랬다. 그나마 서울시가 자체적인 사업을 꾸준히 추진하며 성과를 보였다. 서울시는 '50년공공임대주택'이나 '장기전세임대주택'과 같은 유형을 만들어 공급했고, 최근에는 '사회주택'이나 '역세권청년임대주택'과 같은 새로운 사업도 추진하고 있다. 앞서도 밝혔듯이, 서울시가 자체적으로 공급한 공공임대주택 재고는 다른 지방정부의 재고를 모두 더한 것보다 2배 이상 많다. 이런 이유로 몇 년 전까지만 해도 지방정부의 공공임대주택 사업은 서울시뿐이었다.

하지만 최근 들어 서울시 이외의 지방정부도 자체 공공임대주택 정책을 추진하고 성과를 보여주는 사례가 늘고 있다. 이런 시도는 경기도, 충청남도, 부산시 등에서 구체적으로 나타나고 있다. 경기도의 경우, 행복주택 제도를 활용하여 중앙정부의 행복주택보다 낮은 임대료와 넓은 공간, 그리고 공유 공간을 제공하여 지역 수요 맞춤형 주택을 공급했다.[18] 최근에는 이보다 한발 더 나아가, 특정 계층에게 제한적으로 공급하던 기조를 뛰어넘어 공공임대주택을 일반화하는 '기본주택' 정책을 제안하고 구체적인 실행 방안을 마련하고 있다. 충청남도의 경우, 경기도처럼 행복주택 제도에 지역적 특성을 더한 '더 행복한 주택' 사업을 추진하고 있으며 부산시도 부산형 행복주택 사업을 자체적으로 추진하고 있다. 광역정부의 사례와 더불어 수원시, 성남시, 전주시와 같은 기초 지자체에서도 다양한 시도가 이루어지고 있다. 여기서 모든 사례를 제시하기는 어렵지만, 녹록치 않은 상황에서도 공공임대주택에 관심을 갖는 지방정부가 많아지고 있는 것만은 분명하다. 정책의 수립, 집행과 관리 능력, 재원 마련 능력 등이 여전히 부족하지만, 이런 시도를 통해 지방정부의 역량이 과거와는 다르게 향상되고 있다. 이들 가운데 일부는 내용과 성과가 미흡하거나 조정이나 수정도 필요할 것이다. 그럼에도 불구하고, 과거와 다르게 여러 지방정부가 보여준 작지만 큰 시도는 기존 체계를 변화시키는 매우 중요한 동인임은 부인하기 어렵다.

수급 불균형의 심화

원칙적으로 보면, 모든 시군구에 주거소요® 대비 같은 비율의 공공임대주택이 공급되고 그 재고를 유지하는 것이 이상적이다. 하지만 현실에서는 여러 가지 이유로 지역적 균형은 깨질 수밖에 없다. 오래전부터 지역별로 소득계층이 고르게 분포되지 않았으며 공공임대주택 또한 사회적 공간적 균형을 유지하며 공급되지도 않았기 때문이다. 예컨대, 한 시점에서 A지역에 100호의 주택이 있고 인근 B지역에도 100호가 있으며 공공임대주택을 10호씩 동일하게 보유하고 있다고 가정해보자. 이 경우 공공임대주택 비율은 모두 동일하게 10%다. 올해 A지역에 10호의 공공임대주택

● 인간으로서 최소한의 주거시설과 환경을 필요로 한다는 사회 정책적 의미로 경제적 요소를 포함하는 주거 수요와는 다르다.

수도권 장기공공임대주택 분포(2018)

서울 36.2%
경기 54.0%
인천 9.8%

수도권 국민임대주택 분포(2018)

서울 9.1%
인천 9.7%
경기 81.2%

자료: 국토교통부 통계누리(stat.mltm.go.kr)

과 10호의 분양주택이 공급되는 반면 B지역에는 분양주택만 20호 공급된다면, A지역의 공공임대주택 비율은 16.7%로 높아진데 반해 B지역은 8.3%로 낮아진다. 이런 식의 공급이 계속되면 A지역의 공공임대주택 비율은 계속 증가하지만 B지역은 그 반대의 결과를 보일 것이다. 공공임대주택 정책이 시작될 때부터 나타난 지역 간 불균형은 중앙정부가 주도하는 물량 위주 공급 기조 속에서 점점 심해졌다. 정권마다 목표한 물량을 채우기 위해 정부는 수요가 있는 도시지역보다는 공급이 쉬운 변두리를 선택했기 때문이다. 택지개발로 공공임대주택이 대량 공급되기 시작한 2000년대 초부터 이 사업이 활발히 진행된 지역과 그렇지 못한 지역 간 공공임대주택 수급 불균형과 편중 현상은 더욱 심화되었다. 수도권의 경우, 서울에 공공임대주택의 수요가 가장 많음에도 불구하고 '장기공공임대주택' 재고 비중은 경기도가 더 높게 나타나고 있다. 특히 '국민임대주택'의 경우, 수도권 공급량의 81.2%가 경기도에 공급되어 극심한 지역 편중 현상이 나타나고 있다.

불균형 현상은 일차적으로 택지개발사업에 공공임대주택을 일정 비율 공급하는 걸 의무화한 제도적 장치에 기인한다. 하지만 보다 근본적인 이유는 중앙정부가 주도하는 물량 위주 정책 기조에 있다. 지방정부 스스로 지역 수요에 맞는 공급을 할 수 있도록 체제가 전환된다면, 수급 불균형 문제는 크게 해소될 것이다.

지방정부 간 책임과 비용의 전가

공공임대주택이 공급하기 쉬운 지역에 주로 공급되어 수급 불균형이나 지역 편중이 나타나면, 공급이 많은 지방정부는 세수 부담이 증가하는 반면 재고가 적은 지방정부는 상대적으로 세수 부담이 낮아진다. 이는 중앙정부 행위로 인해 지방정부 간 행정적 재정적 책임과 비용이 전가되며 지역 간 세수 불균형이 유발된다는 의미다.[19] 공공임대주택이 공급되면 사업자는 국세뿐 아니라 지방세 감면의 혜택을 받으며, 저소득층이 대부분인 입주민은 행정과 복지 지원을 더 많이 요구하기 때문이다. 원래부터 해당 지역에 거주하는 주민이면 해당 지방정부가 그 지원을 부담하는 것이 맞다. 그러나 공공임대주택 공급과 함께 외부로부터 유입된 주민이 유발하는 세수 감소와 새로운 지출을 온전히 해당 지방정부가 감당해야 할 몫으로 보기는 힘들다.[20] 유입된 세대가 원래 거주하던 지방정부가 부담해야 마땅한 것을 인근 지방정부로 넘기는 상황은 일시적 또는 단기적 현상으로 보기도 어렵다. 현재의 정책 체계를 유지한다면 시간이 흐를수록 그 부담은 가중되기 때문이다. 중앙정부가 대부분의 공공임대주택을 계획하고 공급하는 상황에서 지방정부에게 책임을 묻는 것도 어려우며 지방정부가 해결 방안을 찾기도 힘들다. 중앙정부가 고민하여 답을 제시해야 할 문제다. 주거정책의 분권화는 그 가운데 하나일 것이다.

중앙과 지방정부 사업의 충돌

중앙집권적 공급체계는 지방정부가 자체적으로 수립하고 추진하는 사업과 종종 충돌을 일으킨다. 대표적인 예로 중앙정부의 택지개발과 지방정부의 정비사업이나 도시재생사업을 들 수 있다. 대부분 택지개발사업은 공공사업자가 지구를 지정하자마자 개발계획을 수립하고 토지를 수용한다. 그리고 곧바로 택지를 만들고 이를 분양하여 주택을 건설한다. 이에 반해 정비사업이나 도시재생사업은 일반적으로 많은 소유자와 거주자의 다양한 이해를 정리하는데 아주 많은 시간이 필요하다. 때때로 이를 조정하지 못해 사업이 무산되기도 한다. 택지개발사업과 주거지 정비사업을 동시에 시작한다고 가정하면, 보통의 경우 택지개발사업이 정비사업보다 훨씬 빨리 끝날 것이며 주택 공급의 속도도 그와 비례할 것이다. 이렇게 시차가 벌어지다보니 택지개발을 통해 먼저 공급되는 주택이 지역의 한정적 수요를 흡수하게 되면, 정비사업은 동력을 상실하게 된다. 여기에는 택지개발사업으로 공급되는 주택이 일반적으로 정비사업으로 공급되는 주택보다 저렴한 이유도 있다.

기성시가지는 노후화되며 그 공간의 사회적 경제적 환경도 계속 나빠지고 있다. 게다가 중앙정부가 지속적으로 택지개발사업을 추진하면서

이 공간은 회생 기회도 줄어들고 있다. LH는 택지개발사업이 끝나면 그만이지만, 도시 전체 운영을 책임지는 지방정부는 신·구도시의 불균형을 해결해야 하는 부담을 떠안는다. 대부분 기존 주거지에 살고 있는 공공임대주택이 필요한 사람들에게도 결코 이롭지 않은 문제다.

지방정부 중심 체계로 전환하자

공공임대주택이 도입된 이후부터 지금까지 정책의 프로타고니스트protagonist는 중앙정부였다. 지방정부는 단역에 만족해야 했다. 몇몇 지방정부가 자체 사업을 만들어 추진했지만 정책의 전면에 나서기는 쉽지 않았다. 중앙정부 중심으로 짜인 공급 구조 속에서 지방정부의 부족한 경험, 미약한 조직과 재정 등은 걸림돌로 작용했다. 지방공사는 LH와는 다른 사업 절차와 조건으로 시간과 비용은 늘어나고 자본 증액은 물론 자금조달조차 어려웠다. 지역 주민의 주거권을 위해 정책을 만들기도 추진하기도 어려운 현실 속에서, 일부는 중앙정부 정책에 거부감을 나타냈으며 또 다른 일부는 무관심해져갔다. 매 정권이 보인 속도와 양에 대한 집착은 중앙집권의 아비투스를 더욱 공고히 하며 지방정부의 부담감과 거부감 그리고 무관심을 키웠다.

다행스럽게도 몇 해 전부터 공공임대주택에 관심을 가진 지방정부가 늘어나며 새로운 시도가 목격된다. 지금은 강한 추진력을 바탕으로 단기간에 대량의 주택을 공급해야 하는 시기가 아니다. 지방정부의 다양한 시도와 양적 구심력에서 벗어난 자유는 지역적 균형과 다양성 그리고 사회적 형평성을 바탕으로 한 지역 중심의 공급체계로 전환하는 동력으로 이어져야 할 것이다. 지방정부의 정책과 충돌하며 지역성이 무시되는, 획일적이고 일방적인 공급이 지속된다면 지역적 계층적 불균형만 키울 뿐 무슨 의미가 있겠는가. 현재의 체계를 계속 유지한다면 아마도 우리와 다음 세대는 더 많은 사회적 비용을 지불해야 할지도 모른다. 이제는 주민과 가장 가까운 지방정부가 정책 추진의 중심이 되어, 중앙정부와 지방정부가 상호협력하는 수평적인 정책 추진체계로의 전환이 필요한 시점이다.[21] 분권의 당위성에 현실적 필요성을 더하여 중앙집권적 체계의 관성을 바꾸고, 지역의 다양한 주체를 키워 정책 무대의 전면에 내세우는 노력은 계속되어야 한다.

2장

공공임대주택, 누가 공급할 것인가

김일현[*], 진남영[**]

공공주도 임대주택 공급의 한계[1]

우리나라는 공공임대주택의 대부분을 중앙정부와 중앙의 주거정책을 수행하는 공공사업자(한국토지주택공사 LH)가 공급해왔다. 공공임대주택 정책은 1989년 '영구임대주택' 공급을 시초로 본격화된 후, 지난 30년간 주거취약계층의 주거 안정 등 나름의 성과를 얻었다. 그러나 성과와 동시에 공공주도 공급에 따른 부작용과 한계점도 뚜렷하게 드러나고 있다. 그

● 새로운사회를여는연구원 연구위원
● ● 새로운사회를여는연구원 원장

부작용은 새로운 수요에 대한 기민한 대응 실패, 사회적·공간적 수급 불균형, 주거의 획일화 등 정부 실패의 전형적인 유형으로 나타나고 있다.

새로운 수요에 대한 기민한 대응 실패

공공주도 공급 방식의 주요한 문제점 중 하나는 새롭게 등장하는 주거 수요층에 대한 대응이 매우 느리다는 점이다. 우리 사회는 1997년과 2008년 경제위기를 겪으면서 신규 일자리 부족, 저출산, 고령화 등 사회 구조적인 문제가 심화되어왔다. 반면 이에 대응하는 주거복지정책은 매우 미흡했다.

장기화된 저성장 구조는 신규 일자리 감소를 야기하였고 이에 따라 청년 빈곤층이 꾸준히 증가해왔다. 청년층의 높은 실업율과 소득 감소는 주거 안정성에도 악영향을 미치고 있다. 2019년 '주거실태조사'에 의하면 1인 가구의 59.2%는 청년가구이며 주거 형태는 대부분 월세였다. 최저주거기준에 미달하는 청년가구도 약 9.1% 수준으로 나타났다. 현재 우리 사회는 부모의 도움 없이 청년이 자립하여 주택을 전세나 구매로 마련하기 어려운 환경이다. 주거 부담에 더하여 육아 등 다른 부담이 겹치면서 결혼과 출산을 포기하는 청년이 점점 늘어나고 있다. 분양주택과 임대주택에서 특별 공급을 확대하는 등 다양한 정책을 마련해왔으나, 젊은 세대의 현실과 특징을 반영한 자금지원 등의 정책은 아직도 부족한 것이 현실이다. 한편으로 은퇴로 발생한 저소득 노령가구 역시 새로운 주거소외 계층으로 등장하였다. 우리나라 인구구조를 보면 65세 이상 인구 비중은 2000년 7.2%에서 2020년 14.4%로 2배 증가하였다. 그럼에도 불구하고 노인돌봄서비스를 제공하는 노령 친화 공공임대주택 수는 절대적으로 부족한 실정이다.

정부는 공공임대주택의 공급 등 지속적인 노력을 기울이고 있지만, 새로운 사회적 주거 수요 계층의 필요를 적절하게 담아내지 못하고 있다. 현재 사회경제체계 하에서 신규 수요는 꾸준히 생겨날 것이며, 따라서 기존 공급 방식보다 효율적인 대응 방안이 필요하다.

중앙 공기업 독점으로 인한 비효율

공공시행자의 거대 독점화로 인한 주택시장 구조의 고비용화·획일화 역시 문제점으로 지적되고 있다. 우리나라의 공공임대주택 정책은 강력한 중앙집권적 체계 속에서 중앙정부 산하 공기업인 LH의 주도로 추진되어 왔다. 이 체계 하에서는 지방정부나 지방공사가 공공임대주택을 공급하려 하여도, 행정비용과 경험 부족 등으로 인해 추진하기 어려웠다. 임대주택 공급에 있어서 지방정부 역할은 위축되고 이는 동시에 민간의 참여를 억제하는 결과로 이어졌다.

한편으로 중앙집중적 체계를 유지하기 위해 공공시행자인 LH의 규모는 점점 비대해졌고 늘어난 규모만큼 유지비용은 꾸준히 증가하였다. 이는 도리어 공공임대주택의 공급과 관리 비용을 상승시키는 비효율을 발생시켰다.

중앙 공기업 주도의 또 다른 문제점은 지역적 특성이나 다양한 규모의 주택 요구에 대응하기 어렵다는 점이다. 독점적인 공급 방식은 공공임대주택의 장소와 형태를 획일화시키고 있다. 그러나 현대사회가 점점 다변화됨에 따라 지역별·수요자별 맞춤형 주택의 필요성이 커지고 있는 상황이다. 공공부문도 이런 변화에 나름의 대응을 하고 있지만 구조적인 한계를 벗어나지 못하고 있다.

재정 투자의 상대적 취약성

국가재정운용계획을 살펴보면 공공임대주택 공급에 관한 사항은 '보건·복지·고용' 분야의 사회복지 내 '주택' 분야에 속해 있어 재량지출에 해당한다. 반면 주택부문을 제외한 대부분의 복지 재정은 수급자격과 급여가 결정되는 의무지출 또는 자격급여entitlement benefit로 정해져 있다. 따라서 주택부문에 대한 재정 투자는 상대적으로 축소될 가능성이 높다. 또한 주택도시기금 지원 예산도 크지 않아 공공임대주택에 대한 재정 투자의 지속 가능성 역시 튼튼하지 않은 상황이다.

지방정부의 경우, 재정 여건상 임대주택의 건설과 관리를 위해 사용할 수 있는 자금이 부족한 상황이다. '도시·주거환경정비기금' '재정비촉진특별회계' '도시재생특별회계' '주거복지기금' 등이 마련되어 있으나 규모가 작고 지자체 별로 이용 가능한 수준의 편차도 크다. 따라서 지방정부나 지방의 민간사업자가 주도적으로 공공임대주택을 공급하기는 거의 불가능한 현실이다.

공공임대주택 공급에서 비영리 민간의 역할

사회경제적 변화와 고령화·저출산·생산가능 인구 축소 등 인구구조 변화는 주택시장의 수요와 공급 정책 변화를 요구하고 있다. 특히 청년층 등 주거비 부담을 느끼는 계층이 늘어나면서 저렴주택affordable housing●의 수요도 점점 증가할 것으로 예상된다. 그러나 앞에서 살펴본 바와 같이 중앙정부 주도의 공공임대주택 공급 방식은 그간의 성과만큼이나 많은 부작용을 가지고 있다. 점점 빠르게 변해가는 현실을 고려한다면 중앙 주도의 공급 방식으로는 다양한 주거 문제에 기민하게 대응하긴 어려운 것이 사실이다.

LH라는 거대한 공공사업자는 독점적으로 임대주택을 공급해왔지만 새롭게 나타나는 주거 수요 계층의 요구를 수용하는 것은 요원하다. 그렇다고 영리 목적의 민간에게만 변화된 주택시장의 수요를 맡긴다면 높은 임대료 등 사회경제적으로 취약한 계층의 주거 불안 문제는 더욱 가중될 가능성이 높다. 따라서 여기서는 주택시장 변화에 기민하게 대응하고, 서민을 위한 적정한 임대주택을 공급하기 위한 보완책으로 비영리 민간 참여의 움직임을 살펴보고 그 역할을 제시하려 한다.

비영리 민간에 의한 임대주택 공급의 시작

일반적으로 소셜 하우징social housing은 공공의 지원과 비시장적 기제[2]에

●무조건 가격이 싼 주택이 아닌, 최저주거기준 이상이면서 거주하는 사람이 주거비를 감당할 수 있는 주거를 의미한다

의하여 공공 또는 민간 주체를 통해 저렴한 임대료로 공급되는 주택을 의미한다. 국제연합(UN)의 소셜 하우징 정의는 공공임대주택과 공공의 지원을 받아 저렴하게 공급되는 민간임대주택을 모두 포괄하고 있다. 또한 유럽 소셜 하우징 협회(CECODHAS)는 소셜 하우징을 '시장에서 적절한 주택을 구하는 데 어려움을 겪는 가구에 우선적으로 배분되는 주택'으로, 경제개발협력기구(OECD)는 '시장 임대료보다 저렴하게 임대되는 주택인 동시에 행정절차를 통해 비시장적 기제에 의해 배분되는 주택'으로 정의하고 있다.

반면 우리나라에서 통용되는 '사회주택'은 국제적인 개념과 다르게 사용되고 있다. 우리나라에서 비영리 민간 조직의 임대주택 공급 참여[3]에 대한 논의는 2000년대 초반부터 시작되었다. 1997년 경제위기 이후 논의는 시작되었으나 현실로 이어지기까지는 10년 정도의 시간이 더 필요했다. 비영리 민간 참여에 의한 공공임대주택 정책은 서울시의 조례 제정과 함께 시작되었다. 2014년 8월 서울시 의회의 연구용역인 '사회적 경제 주체 활성화를 통한 서울시 청년 주거 빈곤 개선 방안'에서 민간이 참여하여 공공임대주택을 공급하는 방안으로 사회주택 정책을 제안하였다. 동년 11월에 관련 조례 제정을 위한 시민공청회가 열렸고 2015년 1월 '서울특별시 사회주택 활성화 지원 등에 관한 조례'가 공표되었다.

서울시 조례에 따르면, 사회주택은 '사회경제적 약자를 대상으로 주거 관련 사회적 경제 주체에 의해 공급되는 임대주택'으로 정의된다. 여기서 '주거 관련 사회적 경제 주체'는 비영리법인, 공익법인, 협동조합, 사회적 기업 등을 포함한다. 서울시가 비영리 민간 참여에 의한 공공임대주택 공

서울시 사회주택 초기 공급 유형별 특징

	토지임대부 사회주택 (민·관 공동출자형)	리모델링형 사회주택 (비주택 리모델링)	빈집 살리기 프로젝트 (빈집 리모델링)
공급량 (2019년 말 기준)	17개 사업 268호	27개 동 449호	29개 동 246호
최초 도입	15년 6월	16년 3월	15년 2월
지원 방식	토지임대 (민간토지 매입 후 저리임대)	보조금 (리모델링비 70~80% 지원)	보조금 (리모델링비 최대 50% 지원)
세부 내용	감정평가액 대비 연 1% 10년마다 재계약 (인상율 2년에 2% 이내)	매입, 임차 후 1개 동당 최대 2억 원 이내	호당 최대 4,000만 원 무상 지원
지원 자격	조례에 따른 사회적 경제 주체		
입주자 자격	무주택자, 도시근로자 월평균 소득 70~100% 이하 (1인 가구 70% 이하, 2인 이상 100% 이하)	무주택 1인 가구, 도시근로자 월평균 소득 70% 이하 대학생, 부모의 주택 소유 무관 가구소득 100% 이하 (배우자가 소득이 있는 경우 120%)	
임대료	시세 80% 이하, 임대료 인상률 연간 5% 이내		
임대의무기간	30년 이상 40년 이내	최소 8년 이상 (지원 금액에 따라 최대 10년)	최소 6년 이상 (지원 금액 3,000만 원 초과시 8년)
소요 예산	2015년 47억 원, 2016년 131억 원, 2017년 235억 원		
기타	민간토지 매입 시 감정가 기준으로 매입	서울시 공유주택 (쉐어하우스) 건축 가이드라인 의무 적용	협약기간 동안 입주민에 대한 커뮤니티 프로그램 운영 필수

급에 관심을 가진 이유는 산하 공기업인 서울주택도시공사(SH)를 중심으로 공공임대주택 정책을 강력하게 추진해왔음에도 공공임대주택 재고 확충이 점점 어려워지고 있었기 때문이다. 이러한 배경에서 서울시는 공공임대주택 공급 정책을 지속함과 동시에 민간 조직에 의한 사회주택

공급 정책을 함께 시행하게 된 것이다. 2015~2016년 동안 서울시에서는 세 종류의 사회주택 공급 방식이 개발되었는데, 2015년 2월에는 '빈집 살리기 사업', 같은 해 6월에는 '토지임대부 사회주택 사업', 2016년 3월에는 '리모델링형 사회주택 사업'이 각각 시작되었다. 그 결과 토지임대부 사회주택 17개 사업 268호, 리모델링형 27개 동 449호, 빈집 살리기 29개 동 246호 등 총 803호의 주택을 공급하였다. 2018년 1월 서울시는 사회주택과 관련하여 전국 지방정부 최초로 서울사회주택리츠(REITs)를 설립하였다. 관련 예산에 대한 서울시의 부담을 줄이기 위해 리츠를 활용하기로 결정한 것이다. 서울시와 SH가 초기 자본금 50억 원을 출자하여 설립하였고, 사업자가 리츠로부터 관리 위탁를 받는 방식으로 사회주택을 공급하고, 월 임대료의 일부분(10~15%)을 관리수수료로 지급하는 형태로 운영된다.

또한 서울시는 2017년부터 민간 기금을 이용한 금융지원도 하고 있다. 2016년 '한국 타이어 나눔 재단'의 '동그라미 사회주택 기금' 출연(2016년 30억 원, 2018년 30억 원)으로 시작된 '따뜻한 사회주택 기금'에 서울시 사회투자기금이 약 60억 원(2017년 20.5억 원, 2018년 20억 원, 2019년 20억 원)을 출자하여 사회주택 사업을 하는 사회적 경제 주체에 융자해주고 있다. 이외에도 서울시는 '사회주택종합지원센터'를 설치하고 새로운 공급 유형 모델을 도입하는 등 관련 정책을 확장하고 있다.

서울시 이외에도 경기도 시흥시, 전북 전주시 등에서 사회주택 사업을 시작하고 있다. 시흥시는 2016년에 서울시에 이어 두 번째로 사회주택 관련 지원 조례를 제정하였다. 이후 한국해비타트와 업무협약을 맺고 사회주택을 건립하였다. 사업자가 시흥시 토지를 임대하여 주택을 건설한 후 시에 기부채납하는 형태로 진행되었다. 현재 12호가 신혼부부에게 주변 시세의 80% 이하의 임대료로 공급되었으며, 공동육아 나눔터와 공영주차장을 설치하였다. 반면 전주시는 별도의 조례 제정 없이 기존 주거복지 지원 조례에 사회주택을 정의하고 있으며, 공모사업을 통해 지난 2017년부터 사회주택 사업을 꾸준히 시행하고 있다. 시 소유의 노후주택을 리모델링하는 방식을 포함하여 2019년 말 기준으로 5개 사업장에 총 54호를 공급하고 있다.

사회주택 정책의 전개

서울시 등 지방정부를 중심으로 확대되던 비영리 민간 참여 공공임대주택 공급 움직임은 2017년 중앙정부의 관심으로 이어졌다. 2017년 11월 국토교통부는 '사회통합형 주거 사다리 구축을 위한 주거복지 로드맵'(이하 주거복지 로드맵)을 발표하면서, 사회주택을 "사회적 경제 주체가 공급하거나 운영·관리하는 임대주택"으로 정의하였다. 국토교통부는 '주거복지 로드맵'에서 공공임대주택 공급에 비영리 민간 참여를 확대하기 위

국토교통부의 사회주택 개념

사회적 경제 주체에 의해 공급되며, 저렴한 임대료,
소득 수준에 따른 입주 및 임대료 차등 부과,
안정적 거주 기간 보장, 공익적 가치 추구를 특징으로 하는 임대주택

* 사회적 기업, 사회적 협동조합 및 비영리법인 등 사회적 경제 주체
(서울시는 조례를 통해 협동조합, 예비 사회적 기업, 주거 관련 중소기업까지 공급 주체로 인정)

구분	사업명	공급 규모(2019년말 기준)
지방 자치 단체	서울특별시 사회주택	빈집 살리기(리모델링): 246호 토지임대부 사회주택: 268호 리모델링형 사회주택: 449호 사회주택리츠: 94호 토지지원리츠: 338호 빈집매입토지임대부: 144호
	기타 지방정부	경기 시흥시 토지임대부 사회주택: 1개 사업장 12호 전북 전주시 토지임대부 사회주택 등: 5개 사업장 총 54호 경기 고양시 리모델링형: 1개 사업장 12호
국토교통부 (LH)	토지임대부 사회임대주택	고양시 삼송 등 9개 사업장 총 473호
공공임대 주택활용	매입임대주택활용 사회적주택	한국토지주택공사: 36개 동 총 529호 서울주택도시공사: 27개 동 총 403호 경기주택도시공사, 부산도시공사: 11개 동 총 91호

자료: 서울시 내부자료, 시흥시 · 전주시 보도자료, LH 내부자료, 주거복지재단 홈페이지

해 여러 계획을 제시하였다. 사회주택 공급 활성화를 위한 법적 근거 마련, 저리의 기금 융자 도입, 사회주택 관련 리츠 설립, 민간금융에 대한 보증상품 개발, 사회주택 지원센터 설치 및 시범사업 추진 등이다. 국토교통부는 2019년 2월 주거복지 로드맵의 후속 조치로 2022년까지 사회주택을 매년 2천 호 이상 공급하는 계획을 수립하였다.

국토교통부에서는 주거복지 로드맵을 발표하면서 기업형 임대주택의 공공성 보완 방안으로 '토지임대부 사회임대주택' 시범사업을 추진하기로 하였다. 첫 사업 대상지는 경기도 고양시 삼송동이며, 사회적 경제 주체를 주사업자로 선정하여 토지임대부 사회주택 사업을 추진하고 있다.

이와 동시에 중앙정부 산하 공기업도 국토교통부의 움직임에 발맞추

시기별 사회주택 유형과 금융지원 수단의 변화

구분		초기(2015~2017년)	확장기(2018년 이후)
공급 유형		토지임대부 사회주택 리모델링형 사회주택 빈집 살리기 사업	토지임대부 사회주택 리모델링형 사회주택
융자	공공	서울시 사회투자기금	서울시 사회투자기금 국토교통부 주택도시기금
	민간		민간금융기관 융자(정부와 협약체결) 따뜻한사회주택기금
보증	중앙정부		주택도시보증공사(HUG) 한국주택금융공사(HF)
이차 보전			민간금융기관 융자 이자 일부(서울시)
리츠			서울사회주택리츠 토지지원리츠

자료: 남원석(2020), 한국 사회주택 정책의 전개와 향후 과제, p.8 표 부분 수정

어 사회주택 지원을 위한 정책을 마련하기 시작했다. 사회주택 지원정책을 마련한 대표적인 중앙정부 산하 공기업은 LH와 주택도시보증공사 (HUG)이다.

LH는 사회주택 민간사업자에게 토지를 저렴하게 제공하기 위한 지원 정책을 마련하였다. LH는 2019년 11월 'LH형 사회주택 로드맵'을 수립 하여 LH와 민간의 사회주택 사업자가 협력할 수 있는 임대주택 모델을 제시하였다. LH의 모델은 크게 두 가지로 나눌 수 있다 첫째는 공공주택 사업자(LH)가 다가구·다세대주택을 매입한 후 비영리법인 등 민간 주체 운영기관에게 임대하는 방식이다. 다른 하나는 LH 보유 토지를 사업자가 임차하여 사회주택을 건설·운영하고, 15년 후 LH에 건물을 매각하여 청

산하는 방식이다.

HUG는 금융지원을 위해 SH, 국토교통부, 주택도시기금 등과 함께 공동출자하여 1,200억 원 규모의 리츠를 설립하였다. 동시에 HUG는 민간 금융기관 융자에 대하여 보증을 제공하는 구조로 토지임대부 사회주택을 지원하고 있다. 2018년 3월부터 주택도시기금을 통해 사회주택 건설과 매입 자금을 저리로 융자해주고 있다.

사회주택 정책의 성과와 한계

최근 지방정부 주도로 진행된 사회주택 사업은 공공임대주택 공급체계에 비영리 민간 참여를 촉진하기 위한 정책 실험적 성격이 강하다. 중앙정부의 재정지원 없이 진행된 지방정부의 민관협력 공공임대주택 사업은 서울시를 위시한 지방정부와 민간이 합작한 정책 실험이었다. 그중 토지임대부 사회주택은 민관 공동출자 방식(공공의 토지-민간의 건물)으로 저렴한 임대료로 장기간 운영되는 주택 공급 구조를 구축하고 공공토지를 비축할 수 있다는 새로운 정책 방향도 제시하고 있다. 동시에 사회주택 사업은 중앙집권적 공공임대주택 공급체계의 한계를 극복하고자 하는 움직임이었다. 지방정부의 주도로 시작하여 민관협력의 저렴주택을 공급하고자 하는 정책 방향은 공공임대주택의 한계를 극복하고 공익적 가치를 지향하는 민간 주체를 발굴·육성한다는 면에서 긍정적인 결과를 얻어내었다.

무엇보다 민간 주체가 건축, 관리, 운영을 담당함으로써, 공공의 재정 절감 가능성을 보여주었다(서울시 토지임대부 사회주택 사업의 경우 기

본 건축비-2019년말 기준으로 평당 532만 원을 원가로 보장하고 있음-
는 유사 사업 규모의 공공임대주택보다 일반적으로 낮은 것으로 추정
됨). 또한 저소득층 집단 슬럼화로 인해 발생하는 갈등 해소에 기여함과
동시에 해당 지역의 민간사업자가 사업에 참여함으로써 공급의 공간적
불균형 완화 효과도 보여주고 있다. 이외에도 법규, 규정의 경직성으로 인
해 공공임대주택의 공급이 자주 지연되는 것에 비해, 부지선정이나 민원
처리 등의 의사결정이 신속하여 이에 대한 보완 효과도 뛰어났다. 커뮤니
티 공간 운영, 공동체 활성화 프로그램, 지역사회 소통 등을 민간 주체가
수행하여 공공사업자의 관리, 운영 부담이 완화된 것도 사회주택 정책의
효과라 할 수 있다.

지방정부의 사회주택 사업은 점차 전국적으로 확산되는 추세이며,
2016년 '주거종합계획'과 2017년 '주거복지 로드맵'에 반영되어 중앙정부
의 정책으로 이어지고 있다. 국토교통부는 2019년에 '사회주택활성화 방
안'을 발표하였으며, 주택도시보증공사는 '사회임대주택 금융지원 센터'
를 설치, 주택도시기금으로 사회주택에 금융을 지원하는 방안을 마련하
였다. 사회주택의 성공과 확산은 결과적으로 우리 사회 안에 주택 관련
민간 주체를 발굴하고 육성하는 선순환을 가져올 것이다. 2018년 5월에
총 57개 회원사가 함께하는 '사회주택협회'가 설립되어 사회주택 공급자
네트워크를 구축하였고, 이를 바탕으로 참여 회원사가 점점 확대될 전망
이다.

그럼에도 불구하고 지방정부와 민간 협력 방식의 사회주택 공급 정책
의 한계 또한 명확하다. 사회주택은 현재 공공주택 유형에 포함되지 않아

중앙정부 재정지원을 받지 못하고 있다. 이는 결국 지방정부의 토지 구입비 부담으로 이어지고 사회주택의 확대를 가로막는 주요인이 되고 있다. 사회주택이 추구하는 방향이 공공성에 있다면, 이에 비례하여 중앙정부의 재정이나 주택도시기금, 사회주택기금 등 자금조달 방안이 시급히 마련되어야 하며, 공익적 성격을 가진 민간기금도 적극 육성하여 활용해야 할 것이다.

또한 사회주택용 토지 확보에 지속적으로 어려움을 겪고 있다. 민간 토지의 경우, 공공의 지원이 크지 않은 상황에서는 사업성 있는 토지를 확보하기 어려우며, 공공소유의 토지를 활용한다 해도 배분의 문제가 발생할 가능성이 높다. 사회주택 공급을 활성화하려면 주거종합계획이나 도시계획, 정비계획 등을 수립할 때 사회주택 용지의 배분계획 등을 규정할 필요가 있다.

사회주택 관련 법률 등 제도적 기반이 아직 취약한 것도 기존 사회주택 모델의 확장을 막고 있는 또 하나의 요인이다. 앞선 절에서도 살펴보았듯이 사회주택에 대한 개념 정의와 근거, 용어 등이 명확하지 않아 공공성에 적합한 지원 방안이 마련되지 못하고 있다. 사회주택이 지향하는 가치가 공공성에 있고, 이 공공성에 대한 사회적 합의가 이루어졌다면 취지에 맞는 보조금과 장기 자금조달 방안 마련이 시급한 상황이다.

더불어 민간사업자의 역량 부족도 사회주택 사업의 주요한 한계점 중 하나이다. 사회주택에 참여하고 있는 대부분의 사업자들은 공공지원 부족과 초기 투입자본의 장기 회수 구조로 인해 어려움을 겪고 있으며, 경험 부족 등으로 사업성이 악화되는 경우도 많다. 또한 초기 사업비 부담은 새로운 민간사업자의 참여를 가로막는 걸림돌로 작용한다. 민간사업자의 역량을 키우고 그들의 장점을 활용할 수 있는 유형 개발에 대한 장기적인 고민이 요구된다.

공공주택을 넘어 '소셜 하우징'으로

현재의 사회주택 사업은 그 한계점에도 불구하고 중앙 주도의 공공임대주택 공급 방식의 한계를 보완하고 더불어 민간 주체에 의한 새로운 주택 공급 방식의 가능성을 충분히 보여주었다. 우리 사회가 나아가야 할 방향은 이제 막 태동한 민간 참여의 흐름을 확산하여 안착시킬 방안을 마련하는 것이다. 이를 위해서는 다음과 같은 방향의 정책이 검토되어야 한다.

첫째, 막 태동한 지방정부의 사회주택 사업을 확산하기 위해서는 체계화된 법과 제도적 지원이 우선해야 한다. 따라서 큰 틀에서 민간이 공급하는 저렴한 임대주택과 기존 공공임대주택을 포괄하는 법률 체계를 마련할 필요가 있다. 이는 '동일 효과-동일 지원'의 원칙에 근거한다. 이와 동시에 공공택지를 활용하여 사회주택 용지를 확보하고, 주택도시기금의 활용 등 적합한 금융지원 방안 역시 보강해야 한다. 공공성을 가진 민간기금의 이용도 적극 검토해야 한다. 이외에도 공공 기여에 맞는 세금 감면과 공공기관과의 공동출자 방안 등 다양한 지원 체계 역시 포괄적으로 살펴보아야 한다.

둘째, 지역 사정과 여건에 맞는 새로운 모델을 꾸준히 개발해야 한다. 서울시의 기존 모델과 더불어 민간사업자의 부담이 적으면서 민간의 역량을 키울 수 있는 공공임대 연계형 모델 도입도 검토해볼 만하다. 예를 들자면 수요자 맞춤형 매입임대에 비영리 민간 주체를 참여시키는 모델이다. 초기 건설과정부터 사회적 경제 주체를 참여시키고 기존 사회주택 방식을 결합한다든가, 소규모 공공용지에 사회적 경제 주체 컨소시엄이 건설·관리하는 민간 참여형 공공주택 방식 등 여러 가지가 가능하다.

셋째, 비영리 민간사업자를 장기적인 관점으로 육성해나가야 한다. 사회주택의 근간은 사회적 공익적 가치를 지향하는 민간 참여자의 역량이 늘어나고 신규 사업자가 꾸준히 참여하는 데에 있다. 따라서 현재 취약한 사회주택 공급자의 현실을 반영하여 민관합작기업을 설립하는 등 적극적인 시도가 필요하다. 이러한 시도는 지역의 중·소규모 주택에 대한 수요를 증가시켜 지역의 경제 활성화와 일자리 증가에도 기여할 것이다.

넷째, 사회주택에 대한 적절한 공공성 확보 기준이 시급히 마련되어야 한다. 다른 주요 선진국의 사례를 살펴보면 사회주택에 참여하는 사업자 또는 사회주택 자체에 대한 공공성 조건을 제시하고, 그에 따른 적절한 보조 및 지원제도를 마련해놓고 있다. 우리나라의 사회주택도 하나의 공공주택 정책으로서 공공 기여에 걸맞는 혜택을 받고 주거권 보호 및 주거 안정을 위한 국가적 수단으로 정착되어야 한다.

마지막으로 '사회주택 사업자 등록제'를 마련하여 공공지원을 받은 사회주택을 대상으로 공공성 이행에 대한 모니터링이 필요하다. 사업자에 대한 보조 및 지원의 특혜성 시비를 줄이기 위해 사업자에 대한 규제 기준을 마련해야 한다. 또 선정된 사업자에 한해 임대의무기간을 장기로 설정하고 정책 대상(입주 및 거주 자격), 임대료 수준, 계약 갱신(거주 기간 보장) 등을 준수하도록 강제할 필요가 있다.

살펴본 바와 같이 지난 50년간 우리나라의 공공임대주택 정책은 그 성과만큼이나 명확한 부작용과 한계를 갖고 있다. 특히 정책의 경직성·획일성 등으로 다변화되고 있는 사회구조에 기민하게 대응하지 못하는 등 부작용이 점점 두드러지고 있는 실정이다. 따라서 물량주의에 치우쳐 다양한 공공임대주택 수요와 지역별·가구별 특성에 적절하게 대응하지 못하는 공공주택 정책 한계를 극복하기 위한 새로운 생각이 필요한 시점이다. 비영리 민간 참여에 의한 공공임대주택 공급 정책은 새로운 주거 수요에 효과적으로 대응하고, 장기적으로 공급자 중심의 공급체계를 수요자 지향 체계로 전환하는 의미를 갖게 될 것이다.

이를 위해서는 민간 공급 조직의 활성화와 성장을 위한 정책을 지속적으로 강화해야 한다. 우선 가치 지향적인 민간 주체에 대해 명확한 가이드라인을 제시하고, 조건에 맞는 민간 조직이라면 공공성 있는 임대주택의 공급 주체로서 참여시켜야 한다. 지원과 혜택 역시 공공 기여도에 알맞게 제공하여 공공주택을 공급하는 민간 공급 조직을 키워나가야 한다.

이와 동시에 분권과 협력을 효과적으로 정착시켜 중앙집권적 체계에서 지역 중심 체계로 전환하려는 노력이 요구된다. 현재 중앙정부가 중앙 공기업인 LH를 통해 공공주택 공급을 주도하는 체계에서, 지방정부가 공급 계획을 수립하고 중앙정부는 예산을 지원하는 체계로 전환하여 각 지방의 특성에 기민하게 대응할 수 있도록 해야 한다. 각 지방정부는 지역의 민간 주체와의 협력이 용이하므로 중앙–지방정부–민간의 협력 거버넌스를 구축하기에도 효율적이다. 장기적으로 적절한 분권과 협력은 지역별 요구에 민감하게 반응할 수 있는 다양한 주택정책을 만드는 데에도 기여할 것이다.

현재 우리나라의 비영리 민간 주체의 참여와 사회주택은 공공임대주택과 영리 주택시장의 사각지대를 보완하는 형식이다. 그러나 공익적 가치를 지향하는 민간 주체가 참여한 사회주택은 기존 주택 공급 방식의 사각을 해소하는 것 이상의 가치를 가지고 있다. 사회적·공익적 가치를 지향하는 사회주택의 공급은 그동안 우리 사회에서 논의되지 않았던 새로운 주택 공급 방식이다. 우리 사회에 퍼져 있던 정부의 공공임대주택과 민간의 분양주택이라는 이분법은 주택과 도시를 획일화하고 경직시켰던 주 원인 중 하나였다. 비영리 민간 주체의 참여에 의한 사회주택은 도식화된 기존 문법에서 벗어나 '사는(living) 곳'으로서의 주택과 도시에 다양성과 활력을 찾아 줄 수 있는 새로운 정책 수단이 될 것이다.

3장

도시재생 시대,
공공임대주택의 길

김지은[*]

저소득층은 저층주택에 많이 사는데, 공공임대주택은 왜 아파트로 공급되었을까

우리나라 저소득층의 60% 이상은 단독, 다가구, 다세대 등 저층주택에 살고 있다. 공공임대주택 수요가 가장 높은 서울에서는 무주택 임차가구의 63%가 저층주택에 산다. 그런데 공공임대주택 재고의 93%는 아파트이다. 미국, 프랑스 등지에서도 1970년대까지는 당시 새롭게 부상한 고층

● 서울주택도시공사 도시연구원, 수석연구원

아파트 형식의 공공임대주택을 공급했지만 이후 고층 임대아파트 건설을 대부분 중단했다. 일반적으로 저층주택을 선호하는 서구에서는 고층 임대아파트 거주자에 대한 사회적 낙인과 배제가 심각한 사회문제로 부상했기 때문이다. 반면 우리나라의 공공임대주택은 꾸준히 아파트로 공급되고 있다. 공공임대주택이 아파트 개발을 통한 주택 공급 확대 정책의 일부로 작동해왔기 때문이다.

공공이 공급한 최초의 임대주택은 1960년대 대한주택공사의 마포아파트였다. 당시 공무원 월급이 5천 원~3만 원 정도였는데, 마포아파트의 월 임대료는 1,880원~4,230원으로 중산층조차 부담하기 어려운 수준이었다. 저소득층에게 공급된 최초의 공공임대주택은 개봉주공아파트(1972년)였다. 고분양가와 불경기로 미분양 사태가 발생하자 고육지책으로 시작된 것이었다. 1년 후 분양전환을 조건으로 한 입주자 모집은 13대 1이 넘는 경쟁률을 기록하며 공공임대주택에 대한 폭발적인 수요를 확인시켜 주었다. 이 시기의 공공임대주택은 주거복지정책이라기보다는 대한주택공사의 미분양 위험관리와 투자금 회수를 위한 임시방편에 가까웠다.

1980년대 들어 도시 외곽에서는 택지개발사업이, 기성시가지에서는 합동재개발사업이 본격화되면서 정부는 저소득층을 위한 공공임대주택 정책의 체계를 갖추기 시작했다. 대규모 개발사업으로 인해 주거 안정을 위협받는 영세민과 철거민 들의 저항을 누그러뜨리기 위해서였다. '임대주택건설촉진법(1984년)'을 제정하여 국가, 지방정부, 토지개발공사가 택지를 개발할 때는 일정 비율 이상을 임대주택 건설용지로 배분하게 함에 따라 택지개발사업은 공공임대주택 공급의 중요한 수단으로 자리 잡았다. 이후 정부가 '주택 200만 호 건설계획(1988~1992년)'의 일환으로 1989년 영구임대주택 25만 호를 공급하겠다고 발표하고, 서울시는 '서울특별시 주택개량재개발사업 업무지침'을 통해 재개발조합에 철거세입자용 임대주택 건설 의무를 부여하면서 공공임대주택은 강력한 아파트 공급 수단인 택지개발사업 및 정비사업과 결합하게 된다. 이렇게 공공임대주택은 택지의 가용성 및 사업 시행주체의 이해관계와 긴밀하게 연결된 주거복지정책으로 자리 잡았다.

아파트 개발과 연동된 공공임대주택 공급체계의 한계

택지개발사업이나 정비사업을 통해 공공임대주택을 공급하는 방식은 양적 목표 달성에 효과적이었다. 더구나 아파트가 일반적으로 선호하는 주택 유형으로 자리 잡은 덕분에 서구처럼 주택 유형의 차이로 인한 심각한 사회적 배제 문제를 겪지 않고 공공임대아파트를 계속 공급할 수 있었다. 아파트 단지로 대표되는 양질의 주거지에 저소득층을 위한 임대주택을 함께 공급하여 일정 수준의 소셜믹스를 달성하는 효과도 거두었다. 그러나 주거지 전체로 시야를 넓혀 보면 아파트 개발 중심의 주택정책과 그에 의존해온 공공임대주택 공급체계의 한계가 낳은 모순이 드러난다.

아파트 중심 주택정책의 이면

정부의 주택정책에는 두 가지의 공급 확대 카드가 있다. 하나는 택지개발사업이나 정비사업을 통한 아파트 공급, 다른 하나는 건축규제 완화를 통한 기성시가지 내 필지단위 주택개발을 통한 저층주택 공급이다. 두 카드는 상호 보완적인 성격을 갖고 있다. 대규모 아파트 개발사업은 경기에 민감하고 공급 탄력성이 낮으므로 주택가격의 급등으로 인한 무주택 저소득층의 주거 불안에 즉각적으로 대응하기 어려운 한계가 있다. 따라서 정부는 저층주택에 대한 규제 완화를 통해 주택 공급을 단기간에 확대하는 정책을 병행해왔다. 1984년에는 단독주택에 여러 세대가 거주하는 현상에 대응하여 새로운 주택 유형인 '다세대주택'을 도입했다. 주거공간으로 사용되고 있던 지하층의 지상부 노출 한도를 완화하여 반지하 주거공간을 양성화(1985년)하고, 직장인이나 학생이 많이 살던 '하숙집'을 '다중주택'[1]으로 제도화(1987년)한 것도 비슷한 시기였다. 1990년에 도입된 '다가구주택'은 정부가 주택 200만 호 건설을 위해 서울시에 할당한 공급량 40만 호를 초과 달성하는 데 크게 기여했다. 당시 단독주택에서 흔히 볼 수 있었던 '셋집'을 '다가구주택'으로 합법화하고 각종 건축규제를 완화하자 공급이 급증한 덕분이었다. 지난 20년 동안(1999~2018년) 서울시 주택의 42%는 저층주택으로 공급되었다.[2] 주택정책에 관한 논의의 대부분이 아파트 공급 문제로 귀결되곤 하지만 실질적인 서민 주거 안정에는 저층주택이 중요한 역할을 해온 것이다.

다가구주택과 다세대주택은 건축규제 변화에 빠르게 반응하고 공급 시차도 크지 않다. 공공의 입장에서는 별다른 공공투자 없이 규제 완화

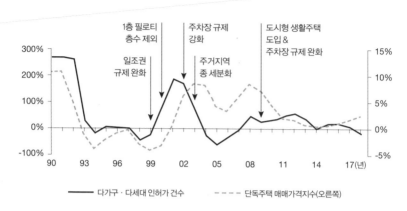

건축규제가 저층주택 공급 및 단독주택 매매가에 미치는 영향

(서울, 1990~2018년, 전년비, 3년 이동평균)

1층 필로티
층수 제외

일조권
규제 완화

주차장 규제
강화

주거지역
종 세분화

도시형 생활주택
도입 &
주차장 규제 완화

──── 다가구 · 다세대 인허가 건수　　- - - - 단독주택 매매가격지수(오른쪽)

＊KB 단독주택 매매가격지수, 국토교통부 주택 유형별 인허가 통계

라는 행정적인 의사결정만으로 단기간에 주택을 더 많이 공급할 수 있
다는 장점이 있다. 그러나 저층주거지 주민들에게 건축규제 완화는 거주
환경이 열악해진다는 것을 의미했다. 1980년대부터 건축규제 완화는 민
감한 문제였다. 다세대주택이 들어서기 시작하자 단독주택 거주자들은
주거환경이 악화되고 있다는 민원을 강력하게 제기했다. 이에 서울시는
1986년 다세대주택의 최고 층수를 3층에서 2층으로 낮추고 주변 30m
내에 단독주택이 70% 이상이면 평균 층수 이하로 건설하도록 하는 등 건
축규제를 강화하는 조치를 취하기도 했다. 그러나 '주택 200만 호 건설계
획'을 기점으로 주민의 정주환경보다 주택 공급 확대에 정책의 초점이 맞
춰지게 된다. 다가구주택을 새로 도입하면서 1층을 주차장으로 하면 4층
까지 건축할 수 있게 하고[3] 다세대주택의 최고 층수도 3층에서 4층으로

완화했으며(1990년), 다가구주택에 대해서는 주차장 확보 기준 완화, 인접대지 경계선 이격거리 완화, 6m 미만 접도 시 건축선 후퇴 규정 면제를 허용하였다. 다락방 높이 제한을 완화하여(1992년) 옥탑방이 양산되기도 했다. 2000년대에는 필로티를 층수에서 제외하는 규정이 도입되어 저층주거지의 지상층이 주차공간으로 바뀌었고, 이전보다 한 층 더 높이 지을 수 있게 된 만큼 인접 주택의 채광 여건은 더 나빠졌다.

건축규제를 완화하여 사업성이 개선되면 다가구·다세대주택의 공급이 늘어나고, 개발이 활성화되어 단독주택 매매가가 오르면 그만큼 사업성 확보가 어려워져 공급이 둔화되었다. 그러면 공급 활성화를 위해 더 많은 건축규제 완화를 요구하는 패턴이 반복되었다. 기반시설 확충 없이 오로지 시급한 주택 공급 부족에 대응한다는 명분으로 허용한 건축규제 완화가 누적되면서 저층주거지의 정주환경은 계획적으로 조성된 아파트 단지에 비해 점점 열악해졌다. 아파트 중심의 주택 공급 정책의 이면에서는 저층주거지의 정주환경 악화가 진행되고 있었던 것이다.

택지의 가용성과 수급 불균형의 문제

택지개발사업에 의존한 임대주택 공급은 공간적 수급 불균형 문제에 취약하다. 임대주택 수요가 높지만 택지개발 가용지는 거의 소진된 서울은 특히 더하다. 일례로 역대 가장 강력한 공공임대주택 공급 정책의 하나였던 '국민임대주택 100만 호 건설사업' 추진 당시 건설교통부『주택종합계획(2003~2012년)』에 제시된 국민임대주택 수요는 서울이 연평균 4만 4,000호, 경기도가 2만 1,000호였다. 그러나 실제 2003~2006년 사업이 승인된 계획 물량은 서울시는 연평균 8,750호로 수요 대비 공급이 부족했고, 경기도는 연평균 3만 3,750호로 공급 과잉 현상을 보였다. 이때만 해도 서울과 경기도 모두 주택보급률이 100%에 미치지 못했기에 두 지역 사이의 수급 불균형은 부차적인 문제였을지 모른다. 그러나 경기도의 주택보급률이 이미 100%를 넘어선 상황에서 서울의 주택문제를 경기도에서 해결하는 정책은 정당성을 갖기 어려워지고 있다.

서울주택도시공사(SH)가 1989년부터 2019년까지 공급한 공공임대주택 22만 호의 76%는 택지개발사업이나 정비사업을 통해 공급되었다. 택지개발사업이 비교적 활발했던 1990년대 초중반을 제외하면 서울에서는 정비사업이 공공임대주택 공급의 가장 중요한 수단이었다. 택지개발사업과 달리 기성시가지에서 시행되는 정비사업은 저소득층이 많이 살고 있는 기존주택의 대대적인 멸실을 수반한다. 이는 정비구역 내 세입자의 주거 불안뿐만 아니라, 저렴주택에 대한 수급 불균형을 초래하여 인근 지역의 전월세가격 상승을 유발하곤 했다. 1984년 서울시가 '합동재개발사업 세부시행지침'을 처음 마련했을 때만 해도 공공임대주택을 확보할 의무는 없었다. 세입자 주거 문제는 재개발 당사자인 주민들끼리 해결해야 한다는 입장이었기 때문이다. 합동재개발사업이 확산되자 살 곳을 잃은 철거민들이 종교계, 빈민운동가, 대학생 등과 연대하여 수년간 끈질기게 빈민 생존권 보장을 요구한 결과, 1989년 서울시는 시행 주체가 민간인 정비사업도 공공임대주택을 확보하도록 의무화했다. 민간사업으로 간주해 온 재개발사업에 최소한의 공공성 확보를 요구하기 시작한 것이다. '서울특별시 주택개량재개발사업 업무지침'이 적용되기 시작한 1990년대 초에는 세입자 수만큼 임대주택을 건립하도록 했다. 그 뒤 재개발 임대주택의 입주율이 낮다는 이유로 입주를 희망하는 철거세입자가 있는 경우에만 임대주택을 확보하도록 지침이 완화되었고, 2003년에는 총 공급 호수의 17% 또는 세입자 총 가구수의 35% 중 많은 쪽을 적용하도록 개정되었다. 2005년부터는 '도시 및 주거환경정비법'에 따라 재개발 임대주택의 의무공급비율을 전국에 확대 적용하기 시작했지만 지역에 따라 5~15% 수준으로 낮게 책정되었다. 서울에서 가장 광범위하게 시행된 정비사업인 뉴타운 사업의 시범지구 3곳, 2차 뉴타운 11곳, 3차 뉴타운 9곳을 조사한 결과, 공공임대주택 계획 호수는 기존 세입자 가구수의 23%에 불과했다. 정비사업은 서울시의 공공임대주택 공급을 확대하는 데 이바지했지만, 재개발로 주거를 위협받는 세입자에 비해 재개발 임대주택 공급량이 적어 사실상 저렴한 임대주택의 총량을 감소시키는 결과를 초래했다.

노후 주거지에 자리 잡기 시작한 매입임대주택

공공임대주택이 아파트 일변도에서 벗어난 것은 국민임대주택 100만 호 공급계획이 본격화되면서였다. 택지를 확보하기 어려워 목표 달성이 힘들다고 판단한 정부는 2004년 '저소득서민 주거복지 확대 방안'의 일환으로 '매입임대주택'을 도입하고, 이를 국민임대주택으로 공급하기 시작했다. 매입 대상은 국민주택 규모 이하의 공동주택 또는 다가구주택, 다중주택이며, 기존주택은 물론이고 건설 중인 주택도 포함되었다. 사업비는 국가재정에서 45%, 기금에서 40%를 지원하고, 임대료는 영구임대주택 수준으로 저렴하게 책정하였다. 2016년부터 '기존주택 매입임대주택'

으로 집계되고 있는 다가구매입임대주택은 2018년 우리나라 공공임대주택 재고의 7.5%(11.8만 호), 서울시 공공임대주택의 10.8%(3.1만 호)를 차지하고 있다.[4] SH의 연간 공공임대주택 공급량을 기준으로 기존주택 매입임대주택 비중은 2008년 3%에서 2019년 18%로 확대되었다. 공공임대주택 수요가 높고 택지개발사업과 정비사업은 축소되는 상황에서 기존주택 매입임대주택이 공공주택을 더 많이 공급하기 위한 중요한 수단으로 자리 잡기 시작한 것이다.

기존주택 매입임대주택은 택지개발이나 재개발을 통해 확보하는 공공임대주택과 몇 가지 중요한 구조적인 차이가 있다. 첫째, 공급단가를 결정하는 구조가 다르다. 택지개발을 통해 공급하는 공공건설임대주택은 정부가 택지 공급가격을 조성원가 이하로 책정[5]하고 건축비는 분양아파트의 '기본형 건축비'[6]보다 단가가 낮은 '공공건설임대주택 표준건축비'[7]를 적용하여 공급 비용을 낮추는 구조이다. 공기업이 택지개발사업 시행 주체이므로 임대주택을 위한 택지 공급단가와 표준건축비를 낮게 책정하더라도 나머지 택지 매각과 공공주택 분양에서 충분히 수익을 낼 수 있기에 가능한 일이다. 재개발 임대주택의 경우 건설비는 '공공건설임대주택 분양전환가격 산정기준 표준건축비'를 적용하고 토지비용은 최초 '사업시행계획인가' 고시 시점의 감정평가액을 적용하여[8] 시가보다 낮은 가격에 매입한다. 재개발조합 입장에서는 임대주택의 매입단가가 일반분양가보다 저렴하게 책정되기 때문에 불리하지만 재개발사업의 개발이익이 크기 때문에 타협점이 생기는 것이다. 한편, 다가구·다세대·원룸 등을 대상으로 하는 기존주택 매입임대주택의 매입가는 감정평가액을 기초로 당사자 간의 협의로 결정된다.[9] 매년 공시되는 호당 정부 지원 단가를 기준으로 국고보조 45%, 기금융자 50%를 받을 수 있으며 나머지 5%는 임차보증금으로 충당하는 것이 원칙이다. 그런데, 정부 지원 단가를 낮게 책정한다고 해서 싸게 매입할 수 있는 것은 아니다. 매입가가 너무 낮으면 소유자가 공공에 팔려고 하지 않기 때문이다. 매년 매입 목표 물량을 달성해야 하는 공공 입장에서는 적정 매입가격에 합의점을 찾을 수밖에 없다. 사업 시행 주체의 개발이익을 보장해주는 대신 공공임대주택 공급단가를 임의로 낮출 수 있는 택지개발 임대주택이나 재개발 임대주택과는 게임의 법칙이 다른 것이다.

둘째, 이러한 매입가 결정 구조는 매입임대주택의 공간적 분포에 직접적인 영향을 미친다. 정부 지원 단가는 지역과 무관하게 매입임대주택 유형에 따라 호당 최대 8,500만 원~1억 5,000만 원으로 책정되어 있다. 지가가 높은 서울에서는 호당 정부 지원 단가를 초과하는 매입비를 시와 SH가 절반씩 부담하기 때문에 최소한의 비용으로 매입 목표 물량을 달성해야 재정적인 부담을 덜 수 있다. 매입임대주택 사업자는 공공이 제시하는 호당 매입 가격 한도 안에서 개발비용을 충당하고 이익을 극대화하기 위해 지가가 낮은 지역을 선호하게 된다. 결과적으로 공급자인 서울시·SH와 매입임대주택 사업자의 요구가 일치하는 지역, 즉 지가가 저렴한 일부 자치구에 매입임대주택이 집중적으로 공급되었다. 이는 공간적 수급 불균형 문제뿐만 아니라 매입임대주택이 집중된 자치구의 반발을 초래했다. 이러한 문제에 대응하기 위해 서울시는 2016년부터 매입자제지역을 두고 있으며, 지가가 높은 도심지역과 역세권에도 매입임대주택이 공

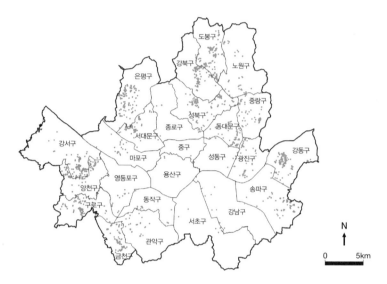

서울시 매입임대주택 분포

자료: SH 내부자료(2020년 기준) 그림: 황종아

급될 수 있도록 매입단가를 최대 5억 원까지 상향하여 지원하고 있다.[10]

마지막으로, 매입임대주택은 건축설계 수준 향상이나 지역의 정주환경 개선을 이끌어내지는 못했다. 택지개발사업이나 재개발사업을 통해 공급되는 공공임대주택은 성공적인 분양을 위해 계획적으로 조성하고 관리하는 지역에 위치하기 때문에 정주환경 측면에서 일정 수준이 보장된다. 반면 매입임대주택은 필지단위 건축규제 하에서 기술적인 품질 기준과 매입가격에만 맞으면 거래가 성사된다. 더 나은 디자인이나 서비스로 상품성을 높일 필요가 없으므로 매입임대주택 사업자는 철저히 수지타산에 맞춘 결과물을 공공에 매각한다. 결과적으로 저층 노후 주거지에서 공급되는 매입임대주택은 기성시가지 내에 저렴한 임대주택의 총량을 확대하는 공급 수단으로 자리 잡았지만, 동네의 재생이나 생활환경 개선에 이바지했다고 보기는 어렵다.

도시재생과 공공임대주택, 상생의 시작

도시재생의 실행 수단으로 자리 잡은 공공임대주택

저층주거지와 공공임대주택은 무주택 임차가구라는 공통의 수요층을 포용하는 역할을 해왔음에도 불구하고 정책적으로는 시너지보다 충돌하는 지점이 많았다. 공공임대주택의 주된 공급 수단인 택지개발사업이 기존 도시의 쇠퇴를 유발한다거나, 주택정비사업이 저렴주택의 총량을 감소시키는 근본적인 모순을 해결하지 못한 탓이다. 기존주택 매입임대주택이 도입되면서 노후 주거지와 공공임대주택 정책의 접점이 생겼지만, 주거지 재생과는 무관한 공공임대주택 공급 확대 수단에 머물렀다. 그런데 최근 매입임대주택은 공공임대주택 공급 수단 이상의 쓰임새를 갖게 되었다. 택지개발사업이나 정비사업과 짝을 이루어온 공공임대주택 정책이 도시재생이라는 새로운 패러다임과 짝을 이룰 수 있는 여건이 만들어졌기 때문이다.

노후 주거지를 잠재적인 재개발 후보지에서 재생의 대상으로 접근하는 패러다임 전환은 2012년 서울시의 '뉴타운 출구전략'과 2013년 '도시재생 활성화 및 지원에 관한 특별법' 제정으로 본격화되었다. 2000년대 초부터 시작된 주민 참여 마을 만들기의 정책적 실험, 국토교통부 도시재생 R&D, 뉴타운 열풍에 제동을 건 세계 금융위기와 용산사태 등으로 누적된 변화의 동력이 2011년 서울시장 보궐선거와 2012년 대선[11]의 정치적 담론으로 이어진 덕분이었다. 2011년 보궐선거 이후 서울시는 뉴타운 열풍으로 인해 누적된 갈등과 불만을 해소할 대안으로 '서울형 도시재생사업'에 착수하고 공공임대주택과 도시재생에 대한 폭넓은 정책적 실험을 지원하기 시작했다. 이전까지 당연하게 여겨온 공공임대주택의 공급 방식, 공급자, 노후주택 정비사업에 대한 새로운 접근이었다.

첫째, 택지개발사업이나 재개발에 의존하지 않고 공공임대주택을 늘리기 위한 다양한 공급 방식이 등장했다. 노후 공공청사, 경로당 같은 저이용 공공시설의 재건축에 공공임대주택을 결합한 '공공시설 복합화 사업', 민간의 역세권 토지에 공적임대주택[12]을 공급할 경우 용도지역 상향, 주차장 규제 완화, 저리 대출 등의 인센티브를 부여하는 '역세권 청년주택 사업' 등 공공과 민간의 저이용·유휴자원을 활용하는 사업 방식이 대표적인 사례이다. 둘째, 공급자 중심의 공급체계에서 탈피한 수요자 맞춤형 공공임대주택이 시작되었다. 자치구와 협력하여 홀몸 어르신, 예술인, 대학생, 육아 공동체, 창업자, 여성 등 수요자의 니즈를 반영한 공공임대주택을 공급함으로써 주거취약계층의 복합적인 소요에 대응할 수 있는 상향식 공급체계가 만들어진 것이다. 셋째, 민간의 사회적 경제 주체가 공급·운영하는 서울시 사회주택을 도입하고 정책적으로 지원하기 시작했다. 주택개보수, 마을 만들기 등 주거 분야로 활동 범위를 확대해온 사회적 경제 주체의 잠재력과 셰어하우스, 공동체주택, 협동조합주택 등 민간이 발의한 새로운 사업 모델에 주목한 결과였다. 서울시 사회주택은 공급이나 운영에 있어서 공기업에 전적으로 의존해온 관행에서 벗어나 공익적 사업을 추구하는 민간 주체와 공공이 협력적, 상호 보완적 관계로 발전할 수 있음을 확인시켜주었다. 마지막으로, 2017년 '빈집 및 소규모주택 정비에 관한 특례법'(이하 소규모주택 정비법) 제정에 맞춰 서울형 소규모주택 정비사업 모델 개발이 시작되었다. 뉴타운 해제지역을 비롯한 저층주거지의 공통 과제인 낡은 집, 열악한 기반시설, 부족한 주민 공동시설에 대응할 수 있는 사업 모델이 필요했기 때문이다. 서울시의 다각적인 정책 실험이 주거지 재생사업의 실효성을 높이기 위한 10개 단위사업 모델[13]로 정리되면서 공공임대주택과 도시재생의 정책적 거리는 한층 가까워졌다. 2017년 대선공약으로 시작된 도시재생뉴딜은 이러한 변화의 흐름을 이어가고 있다. 2018년에는 '도시재생특별법' 개정을 통해 도시재생활성화계획에 따라 시행하는 공공주택사업이 도시재생사업에 포함되었다. 이로써 공공임대주택은 주거복지정책의 목표인 동시에 도시재생 정책의 실현 수단으로 자리 잡았다.

자율주택정비사업 사례로 본 변화의 흐름

이러한 변화의 가능성과 한계를 집약적으로 보여주는 사례로 자율주택정비사업을 꼽을 수 있다. '소규모주택 정비법' 제정으로 도입된 자율주택정비사업은 2명 이상의 집주인이 주민합의체를 구성하여 단독·다세대·연립 주택을 자율적으로 개량 또는 정비하는 소규모주택 정비사업이다.[14] '소규모주택 정비법'은 사업 규모가 작더라도 주민들이 원한다면 사전 컨

설팅, 사업성 검토, 저리 융자 등 다양한 공공의 지원을 받아 노후주택을 스스로 정비할 수 있는 여건을 만들어주었다. 필지단위 개발은 소위 빌라 업자에게 맡겨두고 공공은 필요에 따라 건축규제 완화 또는 강화로만 대응해온 이전의 방식과는 사뭇 다른 접근이다. 그러나 자율주택정비사업 도입 당시에는 기대보다 우려의 목소리가 컸다. 저층주거지에 흔히 볼 수 있는 신축 빌라와 다를 바 없는 주택을 짓는데 특례법까지 만들어서 공공이 지원할 필요가 있느냐는 것이었다. 아직까지 자율주택정비사업은 이러한 비판에서 자유롭지 못하다. 개발 가능한 용적의 최대치를 지어 사업성을 극대화하는 것 외의 다른 선택에 따르는 비용을 누구도 부담하려 하지 않기 때문이다.

그러나 사업의 구조와 내용 면에서는 주목할 만한 변화가 있었다. 첫째, 집주인들이 정비지원기구를 통해 사업 타당성 검토부터 사업의 전 과정을 지원받을 수 있게 되었다. 공신력을 갖춘 한국감정원, SH 등이 정비지원기구로 지정됨에 따라 민간 시행사나 건설사에 의존하지 않고도 집주인들이 사업 추진 여부를 스스로 결정할 수 있게 된 것이다. 둘째, 공적임대주택, 공동이용시설, 기반시설 설치 등의 공공 기여에 대한 보상체계가 도입되었다. 특히 연면적 또는 전체 세대수의 20% 이상을 공적임대주택으로 공급하는 경우에는 법정 상한용적률까지 완화할 수 있도록 인센티브가 강화되었다. 소규모주택 정비사업의 공공성에 대한 보상 구조를 만듦으로써 도시재생과 주거복지가, 저층주거지와 공공임대주택이 상생할 수 있게 된 것이다. 셋째, 자율주택정비사업을 통해 공공임대주택을 공급할 경우 주택도시기금의 저리 융자[15]를 활용하거나, 공공임대주택 선매입

약정을 체결하고 사업 추진 단계별로 지급되는 매매대금으로 건설자금을 충당하여 건설자금 조달 비용을 낮출 수 있게 되었다. 소규모주택 정비사업을 통해 공적임대주택의 양적 확대와 노후 주거지 재생사업의 성과 창출이라는 두 가지 목표를 동시에 달성할 수 있는 구조적 환경이 만들어진 것이다.

소규모주택 정비사업과 공공임대주택이 인센티브로 연계되고 도시재생을 통해 실행 사례가 축적되면서 서울시의 다양한 정책 실험과 매입임대주택의 접점도 확대되고 있다. 사회적 경제 주체가 시행하는 자율주택정비사업을 통한 매입임대주택 공급, 빈집 사업과 자율주택정비사업의 연계, 공공이 보유한 매입임대주택을 사회적 경제 주체가 관리·운영하는 사회적 주택 등 다양한 가능성이 열린 것이다. 무엇보다 저렴주택의 총량 감소나 도시 외곽의 녹지 훼손 없이 공공임대주택을 공급하면서 노후 주거지 재생에도 이바지할 수 있게 되었다는 점이 가장 중요한 변화이다.

여전히 남은 숙제

성장시대에 저렴하고 빠르게 주택 부족을 해소하는데 이바지한 저층주거지는 이제 재생을 기다리고 있다. 택지개발사업과 정비사업에 기대어 공급되어온 공공임대주택은 이제 도시재생사업의 중요한 일부로 자리 잡았다. 공공임대주택 수요가 가장 높은 서울시는 2011년부터 공공임대주택 공급 목표를 과거의 두 배 이상 높게 설정하여 공공임대주택 재고율을 높이는 데 주력하고 있다. 뉴타운·재개발 출구전략을 채택하여 전통적인 공공임대주택 확보 수단인 정비사업에 의존하기 어려운 상황에서 세운 목표이기에 더욱 의미가 있다. 양적 목표는 정해져 있는데 공급 수단은 제한되다 보니 공급 방식, 공급 주체, 사업 모델에 대한 새로운 시도가 추진력을 얻을 수 있었다. 결과적으로 공공임대주택을 어디에, 어떻게, 누가 공급하고 운영할 것인가에 대한 선택지는 훨씬 다양해졌다. 그러나 어렵게 만들어온 변화의 가능성을 긍정적인 방향으로 발전시켜 나가기 위해서는 아직 풀어야 할 과제가 남아 있다.

계획된 환경 속에 어느 정도 정형화된 형태로 공급되는 아파트와 달리 기성시가지에서의 주택 공급은 이웃의 삶의 질과 동네의 분위기에 직접적인 영향을 미친다. 노후 주거지에서의 매입임대주택이나 소규모주택 정비사업은 이러한 문제에서 벗어나기 어렵다. 공공임대주택을 더 많이 공급하기 위해, 사업성을 확보하기 위해 건축규제를 완화할수록 이웃의 주거환경은 나빠질 가능성이 크기 때문이다. 그런데 지금의 인센티브 구조는 주변환경에 미치는 영향보다는 개별 사업의 경제성 확보를 중심에 두고 있다. 소규모주택 정비사업에서 공적임대주택이나 주민공동시설을 공급하면 용적률 인센티브를 제공하는 방식이 그러하고, 사업성 확보가 어렵다는 이유로 일조권 규제나 주차장 설치 규정을 더 완화해야 한다는 끊임없는 요구가 그러하다.

공공임대주택 공급 확대는 분명 중요한 정책 과제지만, 이웃의 일조권이나 사생활 보호, 동네의 경관이나 주차 문제와 같이 지역주민의 주거환경을 지키고 개선하는 것도 중요한 정책 과제이다. 공공임대주택이라는

'공익적 가치'가 포함되었다는 이유만으로 이웃과 동네와 도시의 '공간적 가치'를 훼손하는 것은 과연 정당한가? 지금의 정책 담론과 제도적 구조는 이 질문에 '그렇다'라고 대답하고 있다. 그렇다면 그곳에 사는 주민들의 대답은 어떨까? 이미 현실로 다가온 인구구조 변화를 생각하면 어떤 대답을 할 수 있을까? 통계청 장래가구추계에 따르면 우리나라의 65세 미만 가구는 2020년부터 감소할 전망이며, 서울은 이미 2015년에 감소세에 접어들었다. 지난 20년간 가구수 증가를 뒷받침해온 65세 미만 1~2인 가구도 2025년 전후 감소세로 돌아설 전망이다. 반면 65세 이상 가구는 꾸준히 증가하여 2025년 우리나라 전체 가구의 28%를 차지하게 될 것이다. 주택을 무조건 많이 공급하는 것이 능사인 시대가 저물고 있는 것이다. 그렇다면 이제부터라도 주택 공급 확대라는 일차원적인 관점에서 벗어나 거주자의 입장에서 그리고 주거지의 미래상 속에서 공공임대주택의 역할을 고민하고 그에 따른 공급체계의 전환을 모색해야 할 것이다.

저층주거지에서 양질의 주거환경을 기대하기 어려워질수록 주택정책의 선택지는 점점 줄어들 것이다. 따라서 도시재생 시대의 공공임대주택은 공급 확대라는 목표에만 매몰되지 말고 이웃을 배려한 적정 높이와 밀도로, 누구에게나 열려 있고 누구나 살아보고 싶은 좋은 디자인으로 저층주거지의 공간적 가치를 높이는 데 이바지할 수 있어야 한다. 이를 위해서는 공공지원의 구조적 변화가 필요하다. 첫째, 양적 공급 확대에 최적화된 '호당 정부 지원 단가' 기준의 매입임대주택 지원 구조를 적정 주거면적 확보와 주거약자용 공공임대주택 공급 확대를 가능케 하는 구조로 전환해야 한다. '호당 정부 지원 단가' 체제하에서는 같은 연면적이라도 공급 호수가 많으면 정부 지원을 더 많이 받을 수 있다. 이는 초소형 공공임대주택을 양산할 뿐만 아니라[16] 주거약자를 포용하는 유니버셜 디자인의 확대를 어렵게 만든다. 적정 주거면적을 보장하기 위해 전용면적을 크게 할수록, 주거약자용 편의시설을 추가하고 이동공간을 더 확보할수록 공공지원이 도리어 줄어드는 모순이 발생하기 때문이다. 저층주거지의 빠른 고령화 추세[17]에 대응하기 위해 적어도 주거약자용 매입임대주택에 대해서는 건축물의 단위면적(m^2) 당 지원 단가로 전환하거나 주거약자용 편의시설 적용 수준에 따라 재정지원을 확대하는 방안을 검토할 필요가 있다. 둘째, 우수한 디자인으로 공간적 가치를 높인 다가구매입임대주택 시행자와 설계자에게는 우수디자인 인증, 공공사업 참여 시 가점 부여 등 인센티브를 제공하여 디자인 품질 개선을 유도할 필요가 있다.[18] 셋째, 소규모주택 정비사업을 통해 공공임대주택이나 주민공동시설을 제공할 때 용적률 인센티브를 부여하는 방식의 실효성과 적정성에 대한 비판적 논의가 필요하다. 인근의 정주환경을 악화시키는 용적률 게임에서 벗어나기 위해서는 저층주거지의 미실현 용적률을 역세권이나 상위용도지역으로 이전하는 용적률거래제의 실효성을 높여 저층주거지에서 경제적 손실 없이 적정규모의 개발을 가능케 하는 구조적 변화를 모색할 필요가 있다. 마지막으로, 도시재생과 공공임대주택의 접점에서 활동하는 민간 주체와 공공의 협력을 확대할 필요가 있다. 대규모 개발사업에 특화된 공기업이 저층주거지에서 잘할 수 있는 영역이 제한적이기 때문이다. 서울시 사회주택, 수요자 맞춤형 공공임대주택, 공동체주택 등은 노후 주거지에서 차별화된 경쟁력을 갖기 위해 새로운 사업 모델, 더 나은 디자인, 더

좋은 주거서비스를 고민하는 민간 주체와 공공이 함께 만든 성과이다. 이들의 공통점은 대단지 아파트가 아니어도 살기 좋은 집과 동네를 지향한다는 것이다. 도시재생 시대의 공공임대주택 정책은 이러한 변화를 포용하고 발전시켜 나가는 원동력이 되어야 할 것이다.

4장

혁신의 시작은
유형 통합으로부터

서종균*

공공임대주택 유형을 정비해야 하는 이유

우리나라 공공임대주택의 중요한 특징은 그 유형이 많고 복잡하다는 것이다. 공공임대주택 유형별로 입주자 선정기준, 임대료 결정 방식 등이 상이하다. 소셜 하우징social housing 정책이 발달한 다른 나라에서는 이런 경우를 찾아보기 어렵다. 복잡한 유형의 긍정적인 면이 전혀 없는 것은 아니지만, 문제가 훨씬 많다.

● 서울주택도시공사 주거복지처장

우리나라 공공임대주택 정책의 역사를 살펴보면 계속 새로운 공공임대주택 유형을 만들거나 기존 유형을 분화하여왔다. 이에 따라 공공임대주택의 유형은 점점 더 많아지고 복잡해졌다. 공공임대주택 유형 분화는 관성이 된 듯하고, 새로운 유형 도입은 정치적인 선전을 위해 반복해서 활용되었다. 그 과정에서 정책의 일관성은 점점 낮아졌다. 더 큰 문제는 시민들이 정책을 이해하기 힘들고 접근하기 어려워졌다는 점이다.

문재인 정부는 공공임대주택 유형 통합과 대기자명부 도입을 추진하기로 선언했다. 주거정책 추진 방향을 제시하는 '주거복지 로드맵'의 핵심 내용은 공공임대주택을 더 많이 공급하고 신혼부부와 청년, 고령자에게 공급하는 것이다. 공급 중심의 정책 기조는 그대로이지만 다른 한편으로 공공임대주택 정책의 주요 목표로 유형 통합과 대기자명부 도입을 제시하고 있다. 이것은 정책의 틀을 합리적으로 수정할 수 있는 중요한 기회가 될 수 있다.

공공임대주택은 그 유형마다 대상 계층, 입주자 선정기준, 임대료 수준이 다르다. 자세히 살펴보면 합리성이나 형평성, 일관성이 명백히 부족하다. 이런 정책이 유지될 수 있었던 중요한 이유 중 하나는 정책이 너무 복잡해서 정확하게 이해하고 적절하게 비판하는 것조차 어렵기 때문이라고도 판단된다. 그렇다고 그대로 방치하면 공공임대주택의 유형은 더 늘어나고 상황은 점점 꼬일 것이다. 전반적인 틀을 다시 짜는 것이 어렵지만 꼭 필요하다.

공공임대주택 유형이 추가되면서 정책 지원을 받는 대상 계층이 변화해왔다. 유형별로 정해진 공급 대상과 임대료 수준은 포함되는 집단과 배제되는 집단을 만들었다. 하지만 새로운 공공임대주택 유형을 만들면서 혜택을 보는 집단 중심으로 선전이 이루어졌고, 공공임대주택 배분 정책의 형평성과 관련한 논란은 거의 없었다.

여러 시기에 걸쳐서 만들어진 여러 공공임대주택 유형이 그대로 유지되고 있는 것도 문제이다. 오래된 공공임대주택 유형의 입주 대상이나 거주 조건은 도입 당시에 정해진 것에서 크게 변화하지 않았다. 현재 당면한 정책적 필요와 우선순위가 반영되지 않은 건 물론이다.

공공임대주택의 유형이 복잡해진 것은 체계적으로 정책을 정비하는 힘든 절차를 회피하고 당면한 요구에만 대응해온 과정이 누적된 결과이다. 공공임대주택 정책의 본격적인 시작이라고 할 수 있는 영구임대주택을 공급하는 과정에 입주자가 충분히 확보되지 않던 적이 있었다. 그 다음 새로운 공공임대주택 유형이 도입되면서 재정 부담은 줄어들고 입주 대상은 확대되고 임대료 수준은 일률적으로 높아졌다. 결과적으로 주거비 부담 능력이 상대적으로 높은 계층이 주로 입주하고 최저소득층은 배제되었다. 대상 계층을 확대하더라도 기존 최저소득층도 입주할 수 있도록 소득 수준에 따라 부담 가능한 임대료를 부과하는 체계를 갖추지 않았기 때문이다. 이후로도 새로운 공공임대주택 유형을 만드는 과정이 기존처럼 반복되었다. 국민임대주택, 행복주택은 모두 공급 대상 범위를 확대하고 임대료 수준을 높였으며, 이와 동시에 배제되는 집단의 범위도 커졌다. 그러자 배제되는 집단이 발생하는 문제를 보완하기 위해 다시 새로운 공공임대주택 유형이 생겼다. 매입임대주택, 전세임대주택이 도입되고, 영구임대주택이 재등장했다. 개별 공공임대주택 유형이 경직된 구조를 가지고 있었기 때문에 새로운 유형을 만드는 방식으로 상황 변화에 대응해온 것이라고 볼 수도 있다.

　이제는 새로운 유형을 만들 것이 아니라 정책의 체계를 유연하고 합리적으로 만들어야 할 필요가 있다. 한편으로는 적절한 수준의 계층까지 확대된 정책 대상을 정하고, 다른 한편으로는 소득 수준을 고려하여 적정한 수준의 주거비 부담이 되도록 임대료 체계를 만들어서 저소득층도 배제되지 않도록 해야 한다. 이렇게 체계가 정비되면 새로운 공공임대주택 유형을 만들어야 할 필요는 사라질 것이다.

누구나 쉽게 정보에 접근할 수 있는 구조

공공임대주택 정책 대상은 주거비 부담 때문에 적절한 주거생활에 어려움을 겪는 사람들이다. 그런데 공공임대주택 정책은 너무 복잡해, 정책 정보에 접근하기가 쉽지 않다. 주거복지센터의 상담원들에 의하면, 많은 사람이 공공임대주택 정책의 구체적인 내용을 잘 모르고 있고 복잡한 절차를 쫓아가기 힘들어 한다. 공공임대주택이 더 절실하게 필요한, 상대적으로 더 어려운 처지에 있는 사람은 자신에게 적합하고 입주 가능성이 높은 공공임대주택 유형이 무엇인지 잘 모른다. 신청 일정을 알려주고 절차를 옆에서 도와주지 않으면 대부분 포기한다. 고령자, 1인 가구, 사회적 관계망이 약한 사람, 이동이 불편한 사람, 가난한 사람 등은 정보를 찾을 여유도 없고 이해하기도 어렵고 정해진 시기에 필요한 절차를 밟아가기도 힘들다.

공공임대주택 유형이 통합되면 유형별로 다른 자격 기준과 선정 절차를 알아야 할 필요가 없다. 유형마다 공고되는 일정에 맞춰 신청할 필요도 없다. 유형 통합 이후에는 언제든 공공임대주택 입주를 희망한다는 신청을 할 수 있다. 신청자는 자신의 조건과 몇 가지 선호를 표현하면 된다. 유형 통합을 통해서 공공임대주택에 대한 접근성 격차는 크게 줄어들 수 있다.

원칙이 있는 공공임대주택 배분

우리나라의 공공임대주택 공급량은 결코 적지 않다. 그런데 이런 자원이 합리적으로 배분되고 있는지 시민들은 잘 모르고 있다. 복잡한 공공임대주택 유형이 초래한 혼란스러운 배분체계는 전문가들조차 명확하게 이해하기 어려울 정도로 복잡하다.

특정 집단이 공공임대주택을 요구할 때 정부는 다양한 주체들이 공공임대주택을 요구하기 때문에 모든 주장을 수용할 수는 없다고 하거나 공공임대주택 유형 중 몇 가지를 활용하라고 권한다. 그러나 일부 유형의 공공임대주택 배분에서 특정 집단을 포함하거나 고려하는 것이 실질적으로 어떤 의미가 있는지 이해하기는 쉽지 않다. 전체 공공임대주택의 배분이 어떻게 이루어지고 있는지 종합적으로 판단하기 어렵기 때문이다.

공공임대주택을 요구하는 집단의 주장을 과도하고 비합리적이라고 판단하기도 한다. 관료 집단은 스스로를 전체적으로 문제를 조망하고 합리적으로 자원을 배분해야 할 책임이 있는 주체라고 생각하는 경향이 있다. 복잡한 공공임대주택 유형과 배분체계를 충분히 이해하지 못하는 특정 집단이 공공임대주택을 요구하면, 정책을 잘 모르면서 비합리적으로 주장하는 것이라고 묵살하기도 한다. 복잡한 제도가 관료주의적 권력 지형을 강화하는 것이다. 공공임대주택의 유형이 통합되고 자원 배분이 어떻게 이루어지는지 명확해지면, 시민들도 논의에 동참할 수 있을 것이다.

최근 공공임대주택 배분과 관련한 중요한 변화는 청년과 신혼부부를 위한 공공임대주택이 늘어난 것이다. 공공임대주택 유형을 통합할 때 청년과 신혼부부의 공공임대주택 요구를 어떤 방식으로, 어느 정도 수용할 것인지는 중요한 쟁점이다. 계층 불평등과 사회적 불안정성이 점점 심각해지고 있고, 새로 사회에 진입하는 세대가 독립과 정착 과정에서 겪는 어려움은 이전 세대의 그것보다 훨씬 커졌다. 정책은 젊은 세대에 대한 지원을 강화해야 하고, 공공임대주택 배분에서도 이를 고려하는 것이 맞다. 행복주택을 만들어 공급량의 대부분을 청년과 신혼부부에게 배분했다. 매입임대주택과 전세임대주택에서 청년과 신혼부부를 위한 하위 유형을 추가해 상당한 물량을 청년과 신혼부부에게 할애했다. 이어서 노인을 위한 공급계획도 나왔고, 저소득층에 대한 언급도 등장했다. 중년층이 배제되었다는 주장도 나타나고 있다. 집단마다 새로운 유형을 도입하거나 하부 유형을 만들어야 할 형국이다.

쪽방, 비닐하우스, 고시원, 지하 셋방, 아동빈곤가구 등의 열악한 주거 상황이 부각될 때마다 활용되어온 방법이 있다. 매입임대주택과 전세임대주택의 일부를 활용하는 '주거취약계층 주거지원사업'이다. 새로운 집단의 심각한 문제가 쟁점이 될 때마다 주거취약계층 주거지원사업의 대상을 하나씩 추가해왔다. 각 집단에 얼마나 자원을 배분할 것인지는 관료 집단이 결정한다. 그러나 해당 문제에 대해 실질적이고 효과적으로 대응하는지 또 이런 방식의 배분이 어느 정도 정당성을 갖는지는 충분히 논의되지 않았다.

이제는 쟁점이 생길 때마다 특정 집단을 위한 배분계획을 내놓거나 일부 유형에 새로운 집단을 하나씩 끼워넣는 식의 정책 변화가 적절한지 평가해야 한다. 상황 변화에 대응하여 신속하게 대책을 내놓고 있는 듯하지만, 실은 원칙 없이 오락가락하는 면도 있었다. 당면한 쟁점을 검토하면서 원칙을 다듬어가는 정책 개선이었다고 보기는 어렵다. 약간의 물량을 배분하고 심각한 문제에 대응하고 있는 듯이 홍보하는 것도 문제를 더 복잡하게 만들었다.

공공임대주택을 가장 절실한 이에게 가장 먼저 제공하기 위해서는 소득이 중요한 배분 기준으로 사용된다. 소득이 낮은 이에게 상대적으로 먼저 혹은 더 많은 자원을 배분하는 것이다. 그런데 이런 원칙은 공공임대주택을 보다 폭넓은 계층에게 보편적으로 제공하는 것이 바람직하다는 주장과 대립한다. 공공임대주택을 가장 가난한 이들에게만 제공할 경우 폭넓은 정치적 지지를 얻기 어렵고 정책은 왜소해지기 쉽다. 반면 보편적 성격만 강조할 경우 가장 심각한 문제에 신속하게 대응할 수 없고 정책의 정당성에 대한 의심도 커진다. 사회적 상황과 정치적 지형을 고려하면서 균형점을 찾아가야 한다.

청년 등 특정 인구 집단에게 자원을 배분하려면 사회적으로 인정할 만한 사유가 있어야 한다. 청년 세대의 문제는 충분히 그럴만한 이유가 있다. 그렇다면 새로운 유형을 만들기에 앞서서 배분 정책의 원칙을 수정할 필요가 있는지 먼저 확인해야 한다. 주거정책이 자녀가 있는 가구 중심이었기 때문에 청년 세대는 상대적으로 중요하게 고려되지 않았다. 이런 요소들에 대응하면서 원칙을 수정해가야 한다. 그 다음으로 특정 집단을 위한 배분의 필요성을 검토하고, 이를 얼마 동안 어느 정도로 수행하여 상황을 어느 정도 개선할 것인지를 계획해야 한다. 유형 통합이 된 이후에도 청년 세대를 비롯한 특정 세대를 고려할 필요는 지속될 것이며, 이를 반영할 수 있는 방법을 정해야 한다.

공공임대주택 배분에서 국가가 가장 우선적으로 대응해야 할 문제도 명확히 할 필요가 있다. 주거 문제 중 가장 시급하게 대응해야 할 사안 즉 국가의 지원이 없을 경우 심각한 문제를 겪을 수 있는 집단에 대해서 국가의 책임을 명확하게 하는 것이다. 이는 곧 공공임대주택에 대해 시민들이 직접 요구할 수 있는 권리의 내용을 구체화하는 것이다. 대응해야 할 문제의 현황을 확인하고 실질적으로 대응할 수 있는 정책 수단을 갖추어야 한다.

지역사회의 계층 다양화

가장 절실한 사람부터 먼저 공공임대주택에 입주하는 것이 원칙이기는 하지만, 공공임대주택이 가난하고 상대적으로 어려움이 큰 사람들만의 거처가 되는 것은 적절하지 않다. 특히 공공임대주택을 단지형으로 공급할 때는 그 지역의 주민 구성에 대해 주의를 기울일 필요가 있다. 계층별로 엄격하게 구분된 주거지가 아니라 다양한 계층과 집단이 함께 생활하는 지역사회를 만드는 것이 바람직하다. 주거지의 계층적 분리가 심각하면 특정 지역과 그 지역의 주민에게 사회적 낙인이 찍힌다. 공공임대주택 배분에서는 이런 점을 고려해야 한다.

그동안 공공임대주택의 복잡한 유형은 주거지 분리를 심화시켰다. 공공임대주택 유형별로 정해진 입주 대상과 임대료 기준에 의해 입주하는 계층이 결정되었다. 영구임대주택, 50년공공임대주택, 국민임대주택, 행복주택, 장기전세주택으로 갈수록 입주자의 소득 수준이 높아졌다. 단지형으로 공급된 공공임대주택의 경우 특정 계층의 주거지를 만들곤 했다.

영구임대주택 단지는 우리나라에서 빈곤층이 가장 밀집한 지역사회가 되었다. 영구임대주택 단지에 대해 부정적인 이미지가 형성되었고, 영구임대주택 단지만이 아니라 공공임대주택 정책 전반에도 부담을 주고 있다. 기존 입주자가 퇴거하고 새로 들어오는 사람들도 입주자 선정기준의 규제를 받는다. 게다가 소득이 일정 수준 이상 높아지면 퇴거해야 하는 조건도 있다. 다양한 계층이 함께 거주하지 못하게 계층별 주거지 분리를 제도화한 것이다.

영구임대주택의 신규 공급이 중단된 시기에 저소득층을 위한 공공임대주택 유형으로 매입임대주택과 전세임대주택이 도입되었다. 이들 주택은 단지형으로 공급되지 않아 바로 특정 계층의 주거지를 형성하지는 않았다. 하지만 지원액의 상한선과 시장 상황 때문에 특정 지역에 이 유형의 공공임대주택이 상대적으로 많이 공급되기도 했다. 이런 현상이 장기간 지속되면 주거지의 계층적 성격에도 영향을 미치게 된다.

공공임대주택 정책에서 주거지가 계층별로 나뉘지 않도록 하는 시도도 있었다. 새로 건설하는 공공주택 단지에는 분양주택과 임대주택을 함께 건설하는 이른바 '혼합 단지' 혹은 '소셜믹스social mix 단지'가 그 예다. 공공임대주택 단지와 분양주택 단지 간의 계층적 분리를 줄이고자 한 것이다. 이 시도는 분양과 임대가 엄격하게 구분되었던 이전의 방식에 비해 긍정적인 면을 가지고 있다. 하지만 기존 공공임대주택 단지에서 특정 계층이 지나치게 집중된 문제에 대해서는 아무런 정책적 대응이 없었다.

소위 혼합 단지 중에는 주민들 사이의 갈등으로 인해 관리에 어려움을 겪는 경우도 있다. 이런 문제 때문에 다양한 계층이 거주하는 주거지를 만드는 것은 이상적인 주장에 불과하다고 폄하하는 이도 있다. 주택분양 사업의 수익성이나 주택가격 상승을 기대하는 이들은 혼합 단지를 기피하기도 한다. 하지만 심각한 주거지의 계층 분리는 사회적 단절을 강화하고. 빈곤이 집중된 지역에서는 열악한 환경과 사회서비스 문제로 지역 소외가 발생하기 쉽다. 다양한 계층이 함께 생활하는 주거지를 만드는 것은 이런 문제를 완화하기 위해서 일반적으로 활용되어온 방법이다. 혼합 단지에서 나타나는 갈등은 적극적으로 대응해야 할 과제이지, 계층 통합적 주거지 조성을 포기해야 할 이유는 아니다.

공공임대주택 중에서 심각한 주거지의 계층 분리 문제를 겪고 있는 곳은 영구임대주택 단지이다. 유형 통합이 이루어지면 영구임대주택 단지에도 지금보다 더 다양한 계층이 입주하게 될 것이다. 특히 특정 계층이 과도하게 집중된 주거지에 대해서는 보다 신속하게 조정할 방안도 고려해야 한다. 매입임대주택이 밀집한 지역에도 지역사회의 구성을 고려하여 유사한 방법을 적용할 필요가 있는지 검토해야 한다.

어떤 지역사회를 만들 것인가는 공공임대주택 정책이 주의를 기울여야 할 주제이다. 다양한 계층과 집단이 함께 생활하는 지역사회를 만들기 위해서 여러 가지 점유 형태와 다양한 규모의 주택이 한 동네에 골고루 분포하게 하는 것이 주거정책 목표의 하나가 되어야 할 것이다. 이런 지역사회에서는 가구 구성이나 경제적 여건이 변화해도 계속 거주할 가능성이 높고, 사람들은 소속감을 갖게 될 것이다. 모든 주거지에 이런 원칙을 적용하기 위해서 공공임대주택 정책을 적극적으로 활용하는 것이 바람직하다. 모든 지역에서 일정한 비율 이상의 공공임대주택을 확보하도록 의무를 부과하는 것도 고려할 수 있는 방법이다.

적정한 주거비 부담

공공임대주택 유형에 따라 임대료 산정기준이 다르다. 크게는 건설 원가를 기준으로 계산하는 방법과 시세를 기준으로 계산하는 방법으로 구분할 수 있다. 건설 원가 연동형 임대료는 공급자의 재정을 고려하여 임대료를 계산하는 방법이지만, 이 방식으로 임대료를 결정함에도 불구하고 실제 지출되는 비용을 모두 고려하지 못하여 임대사업자가 손실을 입기도 했다. 그 뒤 시세를 기준으로 임대료를 산정하는 유형이 등장했으며, 현재 시세 대비 임대료 비율이 높은 공공임대주택 유형이 점점 많아지는 추세이다.

이 두 가지 공공임대주택의 임대료 산정 방식은 입주자의 부담 능력을 고려하지 않았다. 건설 원가 연동형이든 시세 연동형이든 시장가격보다 저렴하기는 하지만 개별 가구의 부담 능력을 벗어나는 경우 대상자에게 진입장벽이 되기도 했다. 반대로 소득에 비해 필요 이상의 지원을 하는 경우도 있었다.

공공임대주택 유형 통합은 단일한 임대료 체계를 만드는 과정이기도 하다. 새로운 임대료 체계는 정책 대상자에게 혼동을 주지 않는 합리적인 것이어야 한다. 주택의 품질 혹은 시세를 고려하여 임대료가 달라져야 한다. 그리고 가구의 부담 능력을 고려하여 배제되는 사람이 발생하지 않게 하면서도 적정한 수준의 임대료를 부담해야 한다. 새로운 임대료 체계는 신규 입주자를 대상으로 적용한다. 그리고 기존 거주자들에게는 갑작스러운 임대료 변동으로 부담을 주지 않도록 하는 것이 적절하다. 공공임대주택의 임대료는 사업자의 지속 가능성도 확보해야 하는데, 이를 위해서 임대료 체계를 설계할 때 국가의 재정지원계획이 함께 고려되어야 한다.

새로운 임대료 체계가 갖추어야 할 가장 중요한 점은 주거비 부담 능력을 고려하는 것이다. 지금까지 다양한 집단을 위한 여러 가지 유형의 공공임대주택이 있었지만, 임대료 부담 능력 부족으로 배제되는 집단에 대해서는 적절히 대응하지 못했다. 오히려 새로운 유형이 계속 추가되는 가운데 배제되는 집단은 점점 더 늘어나는 추세를 보였다. 최초의 공공임대주택인 영구임대주택을 공급할 때 임대료가 높아서 입주를 포기하는 이들이 있었지만, 이들이 배제되지 않도록 임대료 체계를 개편하지는 않았다. 오히려 최저소득층 중에는 영구임대주택 신청자가 많지 않다는 이유로 새로운 유형을 도입하여 대상층을 확대하고 임대료 수준을 높였다. 이로 인해 50년공공임대주택에서는 배제되는 집단의 규모가 커졌다. 국민임대주택으로 오면서 주거비를 부담할 수 없어 배제되는 집단은 더 늘어났다. 영구임대주택 공급이 중단되면서 가장 가난한 이들은 실제 공공임대주택에 입주하지 못했다. 이에 대응하기 위해 매입임대주택과 전세임대주택이 도입되었다. 이때에도 주거비를 부담할 수 없어 배제되는 계층에 대해서 대응하지 못했다.

소득에 비례하여 임대료를 정하는 원칙에 대해 어려움을 이야기하는 이들도 있다. 소득이 정확하게 파악되지 않으니 공정성 문제가 나타날 수 있고, 같은 수준의 서비스를 제공하는 주택에 가구마다 다른 임대료를 부과하면 민원을 초래할 것이라고도 한다. 가구별로 다른 임대료를 부과하고 또 소득이 변할 때마다 임대료를 조정해야 하는 일이 행정적으로 부담이 될 것이라는 우려도 있다. 그런데 이런 것은 결정적인 제약은 아니다. 건강보험 등 소득을 기반으로 하는 많은 정책이 있다. 이미 공공임대주택에서 같은 단지, 같은 평형이어도 서로 다른 임대료를 부담하는 경우도 흔하다. 소득은 이미 차등적 임대료를 부과하는 중요한 기준으로 사용되고 있다.

공공임대주택은 재정적으로 지속 가능해야 한다. 공공임대주택에 대한 국가의 재정지원과 임대료 수입은 임대사업자가 사업을 지속할 수 있는 수준이어야 한다. 낮은 수준의 정부 지원, 엄격한 임대료 수준 제한으로는 이 사업을 오래 지속할 수 없다. 효율적인 운영 주체가 적극적으로 사업을 할 수 있는 여건이 되어야 소셜 하우징 영역에 다양한 사업자가 참여하여 보다 양질의 서비스를 제공할 수 있다.

우리나라 공공임대주택은 보증금이 높게 정해져 있다. 높은 보증금은 공공임대주택 입주를 포기하는 중요한 진입장벽이 되고 있으며, 새로운 임대료 체계에서는 보증금으로 인한 진입장벽을 대폭 줄여야 할 것이다. 보증금도 주거비 부담 문제의 하나이다. 정책 입안 시 입주자의 보증금은 사업자의 건설비용의 일부로 설계되어 지금까지 큰 변화 없이 유지되고 있다. 보증금이 저소득층에게 진입장벽이 될 수 있다는 점을 심각하게 고려하지 않았기 때문이다.

최근 보증금 부담 문제가 지적되자 국토교통부는 보증금 없는 공공임대주택을 도입하겠다고 했다. 이어서 1인 가구 주거급여액 이하의 임대료를 내는 주택에 수급자가 입주할 경우, 임대료 연체 가능성이 없기 때문에 보증금을 받지 않을 수 있게 했다. 이렇게 보증금 없는 임대주택이 제한적으로 만들어졌다. 하지만 그것이 보증금 부담 때문에 입주하지 못하는 이들의 진입장벽을 없앤 것은 아니다.

정부가 소득과 자산을 파악하여 부담 능력과 수혜 수준에 따른 응능응익형應能應益型 임대료 체계를 만들겠다는 계획을 발표한 적도 있다. 그 뒤 이런 체계를 본격적으로 도입하지는 않았지만, 공공임대주택 유형별로 정해진 수준의 소득을 넘으면 상대적으로 더 높은 임대료를 부담하게 하고 일정 기간이 지나면 퇴거하는 차등적 임대료 부과와 거주 자격 제한을 도입했다. 이런 조치는 소득을 고려하여 임대료 부담을 조정하는 체계를 갖추기 위한 것으로 볼 수도 있지만, 공공임대주택 유형별로 더 엄격하게 대상 계층을 구분하고, 퇴거 집행의 행정 부담까지 만들었다. 저소득층을 비롯한 더 필요한 이들을 위해서 자원을 효율적으로 활용하고자 하는 의도를 긍정적으로 볼 수도 있지만, 안정적인 주거를 제공하는 장점을 불필요하게 희생시켰으며 개별 가구에게 주택과 지역사회가 갖는 의미를 무시한 정책 변화였다.

공공임대주택과 주거급여는 대체재이자 보완재

공공임대주택의 임대료는 주거비 보조 정책과 밀접한 관련이 있다. 주거비 보조와 공공임대주택은 주거비 부담 때문에 적절한 주거생활이 어려운 이들을 지원하기 위한 두 가지 대표적인 정책 수단이다. 두 정책 수단을 어떻게 잘 활용하는가는 주거정책의 핵심적인 이슈이다. 서로 대체하기도 하고, 상호 보완하기도 한다. 공공임대주택이 덜 공급되면 주거비 보조 정책의 부담이 커지고, 주거비 보조 정책의 규모가 커지는 시기에는 상대적으로 공공임대주택은 위축될 수 있다. 그러나 공공임대주택 거주자에게 보완적으로 주거비 보조가 제공되기도 한다.

대상층의 적정한 주거비 부담을 실현하기 위해서는 공공임대주택의 임대료를 소득에 따라 책정하거나, 주택에 적용될 표준적인 임대료를 결정하고 이를 부담하기 어려운 가구에 대해서 주거비를 보조할 수 있어야 한다. 두 가지 방식 중에서 어떤 쪽을 택할 것인지 정하기 위해서는 먼저 주어진 조건을 검토해야 한다. 주거비 보조 정책이 상당히 보편적으로 실시되고 있다면 주택에 대한 표준적인 임대료를 결정하고 주거비를 보조하는 것이 적절하다. 반대로 주거비 보조가 대상층이나 급여액에서 제한적일 경우에는 공공임대주택의 임대료를 소득 수준에 따라 조정하는 방안을 적극적으로 고려할 필요가 있다.

우리나라의 경우, 주거비 보조는 대상층의 범위가 제한적이다. 주거비 부담을 느끼는 이들의 규모에 비해 대상 가구의 수가 많지 않다. 지급액도 실질적으로 주거비 부담을 해소할 수 있는 수준에 미치지 못하는 경우가 많다. 따라서 공공임대주택의 표준 임대료를 정하고 주거비 보조를 통해서 적정한 부담을 실현하는 것은 현재의 주거급여 수준으로는 어렵다. 주거비 보조의 수준을 갑자기 확대하는 것도 바람직한 정책 결정은 아니다. 공공임대주택의 적정한 주거비 부담을 실현하기 위해서는 공공임대주택의 임대료를 소득 수준을 고려하여 조정하는 체계를 만드는 것이 적절하다.[1]

적정한 주거 소비

공공임대주택은 기본적인 수준의 주거 소비를 보장하기 위한 정책 수단의 하나이다. 따라서 가구원 수 등을 고려하여 기본적인 수준 이상의 주거를 제공해야 한다. 또한 주거소요 housing need●를 과도하게 넘어서는 수준의 소비가 많이 나타난다면 그것도 자원을 잘 활용하는 방법은 아니다. 그런데 기존의 공공임대주택 정책에서 가구원 수 등 주거소요를 전혀 고려하지 않은 것은 아니지만, 적정한 주거 소비를 실현하는 체계라고 보기는 어렵다.

공공임대주택 유형별로 입주하는 계층이 다르고 주택의 규모도 차이가 난다. 입주하는 사람의 소득 수준이 상대적으로 높은 공공임대주택 유형일수록 재정지원의 비중은 낮고 임대료는 높고 주택의 규모는 크다. 규모가 큰 주택은 상대적으로 소득 수준이 높은 사람에게 돌아가고, 저소득층은 작은 규모의 주택에 생활하는 것을 당연하게 받아들였다. 그런데 소득 수준이 낮다고 주거소요가 작은 것은 아니다.

영구임대주택과 행복주택, 매입임대주택은 주거소요를 충족시키기 위한 것이라고 보기는 어렵지만 주택 규모별로 가구원 수 기준을 가지고 있다. 그런데 국민임대주택이나 장기전세주택에서는 소득 수준에 따라 다른 규모의 주택을 배분한다. 소득이 높다고 큰 규모의 주택에 입주하도록 하는 것은 공공임대주택의 배분 기준으로 적절하지 않다.

주거소요를 고려하여 적절한 수준의 주택을 배분하지 않으니 기본적인 수준을 보장하지 못한다. 한편에서는 공공임대주택에 입주해도 최저 주거기준에 미달하는 가구가 생기고, 다른 한편에서는 과잉 주거 소비를 조절하지 못하고 있는 실정이다.

● 인간으로서 최소한의 주거시설과 환경을 필요로 한다는 사회 정책적 의미로 경제적 요소를 포함하는 주거 수요와는 다르다.

공공임대주택 유형별 규모별 공급 대상

유형		전용면적	공급 대상
영구임대주택		30㎡ 미만	1~2인 가구
		30㎡ 이상 39㎡ 미만	3인 가구
		39㎡ 이상	4인 이상 가구
국민임대주택		50㎡ 미만	도시근로자가구 평균소득 50% 이하 (남으면 70% 이하)
		50㎡ 이상 60㎡ 이하	도시근로자가구 평균소득 70% 이하
		60㎡ 초과	도시근로자가구 평균소득 100% 이하
행복주택		30㎡ 이하	청년, 대학생 등 1인 가구가 거주할 것으로 기대
		30㎡ 초과 45㎡ 이하	신혼부부, 한부모 등 2인 이상 가구가 거주할 것으로 기대
장기전세주택		60㎡ 이하	도시근로자가구 평균소득 100% 이하 (건설형 70% 이하 우선)
		60㎡ 초과 85㎡ 이하	도시근로자가구 평균소득 120% 이하
		85㎡ 초과	도시근로자가구 평균소득 150% 이하
매입임대주택	다가구	50㎡ 이하	가구원 수 제한 없음
		50㎡ 초과 85㎡ 이하	3인 이상 가구
	원룸형	50㎡ 미만	1~2인 가구

자료: 서울특별시 주거복지센터, 『서울시주거복지센터 상담용 매뉴얼』, 2020

적정한 소비를 위해서는 주거소요를 고려한 주택 배분 기준이 필요하다. 가구원 수와 가구 구성, 장애의 내용과 정도 등을 고려하여 적정한 규모와 조건을 갖춘 주택을 제공하기 위한 기준이다. 이것은 기본적인 수준을 충족해야 하지만 너무 엄격하지는 않아야 한다. 지역의 공공임대주택에 대한 수요와 공급 현황을 고려하여 유연하게 조정될 수 있어야 한다.

기본적인 수준 이하의 소비가 나타날 경우에는 주거 이동이 가능해야 한다. 가구원 수가 증가하여 기본적인 수준이 충족되지 않을 경우 적절한 규모의 거처로 옮길 수 있게 하되 일반적인 공공임대주택 배분보다 우선적으로 고려해야 한다. 장애로 인해서 주거생활이 불편할 경우 살고 있던 주택을 개조할 수 있어야 하고, 개조를 통해서도 중요한 불편이 해소되지 않을 경우에는 주거 이동의 기회를 보장해야 한다. 과잉 소비에 대해서도 적정한 수준의 주택으로 이동할 수 있도록 기회를 제공하고, 이를 수용하지 않을 경우 높은 임대료를 부과할 수 있다. 이런 주거 이동을 촉진하기 위해서 인센티브를 제공할 수도 있다.

적정한 소비라는 정책 목표를 달성하기 위해서는 입주자 관리가 지금보다 강화되어야 한다. 현재 입주자 관리는 최초 입주 시점이 지나면 주민등록제도에 의존하고 있는 수준이고 실제 거주 현황을 정확하게 파악하고 있지 않다. 최초 입주 시점의 가구원 수 등이 주택 배분에 일부 고려되지만, 입주 이후의 거주자 변동을 고려한 주거 이동은 다루어지지 않았다. 유형 통합 이후 공공임대주택을 통한 적정한 주거 소비를 유도하기 위해서는 거주자의 구성과 그 변동을 파악하는 체계도 정비해야 한다.

공공임대주택 정책 전환의 정치학

지난 30여 년 동안 공공임대주택의 유형이 점점 복잡해져온 것은 우연이라고 보기는 어렵다. 이는 공공임대주택 정책을 둘러싼 역학 관계와 관련이 있다.

보다 높은 소득계층을 정책 대상으로 포함하거나 상대적으로 소외된 집단을 포용하기 위해 새로운 공공임대주택 유형이 도입되었다. 신혼부부와 청년을 비롯한 특정 집단의 요구를 수용하기 위해서 새로운 유형을 만들어야 한다고 했다. 다양한 집단의 요구를 정치적으로 수용하고, 새롭게 등장하는 요구에 신속하게 대응하면서 새로운 유형을 만들어내다 보니 점점 많은 유형이 추가되었다. 결국 시민들이 정책을 잘 이해하고 판단할 수 없는 지경이 되었다.

공공임대주택 정책을 체계적으로 개편할 필요가 있다는 주장이 간헐적으로 있었지만 진전은 없었다. 혼란스러운 공공임대주택 유형을 통합하기 위한 논의가 신속하게 진전되지 못하는 중요한 이유들 가운데 하나는 기존의 체계가 너무 복잡하다는 것이다. 복잡한 체계를 정확하게 파악하는 것도 쉬운 일이 아니고, 그것을 손보는 과정에 고려해야 할 복잡한 이해관계도 걱정거리이다. 그러나 그 자체가 일관되고 이해하기 쉽게 정책을 정비해야 할 이유이기도 하다. 새로운 제도를 도입하는 과정에 나타날 수 있는 혼란의 가짓수가 변화를 시도하지 않아야 할 명분이 되지는 않는다. 결국 다양한 쟁점을 외면하지 않고 하나씩 풀어가는 것이 전체 정책 체계의 개선으로 이어질 것이다.

유형 통합의 현실적인 어려움만 반복해서 이야기한다면 논의는 지연되고 종래에는 무산될 가능성도 있다. 정부가 유형 통합 논의를 충분히 공개적으로 진행하지 않는 점이나 아직도 대기자명부는 어떤 식으로 추진할지 방향을 잡지 못하는 상황을 보면 이런 우려가 전혀 근거가 없다고 말하기는 어렵다. 중앙정부가 유형 통합에 적극적이지 않았던 것은 공급 목표 달성 때문으로 이해된다. 오랫동안 공공임대주택 정책에서는 목표 물량 달성이 가장 중요시되었다. 다른 정책 목표들은 훨씬 부차적인 것으로 다루어졌고, 현재도 상황은 크게 다르지 않다.

정부와 공공주택 사업자, 비영리 민간사업자, 시민사회 조직 그리고 시민의 이해관계는 어느 정도씩 공공임대주택 유형 통합과 연결되어 있다. 정책 전환을 통해서 과거 지배적 영향력을 행사하던 주체들의 권한은 다소 줄어들 수 있고, 다른 주체들은 새로운 역할을 부여받을 수 있다. 이런 변화에 대한 예상을 통해서 유형 통합에 대한 각 주체의 태도를 유추할 수 있다. 다시 강조하지만, 유형 통합은 복잡한 제도 때문에 가장 피해를 본 시민의 이해를 대변하는 정책 개선 과제이다. 다른 관련 주체의 이해에 앞서서 시민의 이해가 먼저 고려되어야 하고, 이런 측면을 더 부각시켜야 정책 변화를 추진하는 힘이 생길 것이다.

5장

공공임대주택,
누구에게 어떻게 배분할 것인가[1]

홍인옥[*]

공공임대주택, 누구에게 어떻게 제공되고 있나

누구를 대상으로 하고 있는가

공공임대주택은 무주택 저소득층을 위한 주택이며 우리나라 공공임대주택도 마찬가지다. 다만 우리나라의 경우 주택 유형별로 주요 정책 대상이다르다. 이는 각 공공임대주택의 법적 정의에서 잘 나타나고 있다. '공공주택 특별법'에서는 영구임대주택은 최저소득계층을, 국민임대주택은 저

● 도시사회연구소 소장

공공임대주택 유형별 법적 정의

구분	정의
영구임대주택*	국가나 지방자치단체의 재정을 지원받아 **최저소득계층**의 주거 안정을 위하여 50년 이상 또는 영구적인 임대를 목적으로 공급하는 공공임대주택
재개발 임대주택/ 주거환경 임대주택**	**정비사업지구 내 저소득 주민**의 입주기회 확대를 위하여 공급하는 임대주택
국민임대주택*	국가나 지방자치단체의 재정이나 「주택도시기금법」에 따른 주택도시기금(이하 "주택도시기금"이라 한다)의 자금을 지원받아 **저소득 서민**의 주거 안정을 위하여 30년 이상 장기간 임대를 목적으로 공급하는 공공임대주택
행복주택*	국가나 지방자치단체의 재정이나 주택도시기금의 자금을 지원받아 **대학생, 사회초년생, 신혼부부 등 젊은 층**의 주거 안정을 목적으로 공급하는 공공임대주택
장기전세주택*	국가나 지방자치단체의 재정이나 주택도시기금의 자금을 지원받아 전세계약의 방식으로 공급하는 공공임대주택
기존주택 매입임대주택*	국가나 지방자치단체의 재정이나 주택도시기금의 자금을 지원받아 기존주택을 매입하여 「국민기초생활 보장법」에 따른 **수급자 등 저소득층과 청년 및 신혼부부** 등에게 공급하는 공공임대주택
기존주택 전세임대주택*	국가나 지방자치단체의 재정이나 주택도시기금의 자금을 지원받아 기존주택을 임차하여 「국민기초생활 보장법」에 따른 **수급자 등 저소득층과 청년 및 신혼부부** 등에게 전대(轉貸)하는 공공임대주택

* 공공주택 특별법 제2조
** 도시 및 주거환경정비법 제10조

소득 서민을, 행복주택은 대학생, 사회초년생, 신혼부부 등 젊은 층을, 기존주택 매입임대주택 및 전세임대주택은 기초생활수급자 등 저소득층과 청년 및 신혼부부 등을 명시하고 있다. 여기에 재개발 임대주택과 주거환경 임대주택은 정비사업지구 내 저소득 주민이 주요 대상으로 '공공주택 특별법'의 공공임대주택과 근본적인 차이가 있다.

어떻게 제공되고 있는가

공공임대주택은 이른바 공모 신청 방식으로 배분되는데, 구체적 배분 과정은 모집 공고, 신청, 자격 심사, 선정, 그리고 입주 단계로 요약할 수 있다. 각 단계를 자세히 살펴보면, 먼저 해당 주택의 공급 주체가 입주자를 선발하기 위해 모집 공고를 내면 입주 희망자는 공고문에서 지정한 기간에 입주 신청을 한다. 입주 신청을 받은 공급 주체는 먼저 신청자 전원을 대상으로 입주 자격 심사를 실시하고, 심사를 통과한 신청자를 대상으로 입주자 선정기준을 적용·심사하여 입주자를 선정한다. 공급 주체는 선정된 신청자에게 이를 통보하고 해당자는 계약 후 입주한다.

그런데 이러한 배분 과정은 각 공공임대주택 유형별로 그리고 지역별로 또는 단지별로 진행한다. 때문에 공급 주체는 주택을 공급할 때마다 모집 공고를 내야 하고, 입주 희망자는 모집 공고가 나올 때마다 신청해야 한다. 이런 문제를 해결하기 위해 2019년 예비입주자제도[2]를 도입하였는데, 대상 주택이 제한적인데다 입주자 선정 방식을 보완하는 수준이어서 주택별, 지역별 모집 공고, 신청 등 배분체계가 안고 있는 근본적인 문제는 여전히 계속되고 있다.

입주자를 정하는 기준은 무엇인가

공공임대주택은 주택별로 정해진 배분 기준에 따라 심사 및 선정 과정을 거쳐 입주 희망자의 당첨 여부를 결정하고 있다. 배분 기준은 두 가지로 구분되는데, 하나는 입주 신청 자격 기준이며 다른 하나는 입주자 선정 기준이다.

입주 신청 자격 기준은 공공임대주택 입주를 신청할 수 있는 자격 요건으로, 기본적으로 무주택 여부와 가구의 경제수준이 기준이 되고 있고, 여기에 공공임대주택에 따라 연령, 혼인 상태 등 특정 요건을 신청 자격으로 적용하고 있다. 구체적으로 살펴보면 우선 무주택 여부는 입주자 모집 공고일 기준 세대 구성원 모두가 무주택 상태여야 한다. 가구 경제수준의 경우는 소득 및 자산이 일정 수준 이하이어야 하는데, 구체적인 소득 및 자산 기준은 각 공공임대주택 유형별로 다르며, 동일한 유형 내에서도 주택 면적, 공급 대상(신혼부부, 고령자, 청년 등) 등에 따라 각기 다른 기준을 적용하고 있다. 여기서 자산에는 부동산, 자동차, 금융자산 그리고 일반자산을 모두 포함하고 있으며[3], 자산 중 부동산과 자동차는 정해진 기준액을 초과해서는 안 되는데 그 기준액이 주택 유형에 따라 차이가 있다.

한편 입주자 선정기준은 입주 신청 자격을 갖춘 신청자 중 해당 주택의 입주자를 정하기 위해 적용하는 기준으로, 해당 공공임대주택의 특성에 맞는 입주자를 선정하기 위해 가구 특성, 경제 상태, 거주지역 등 다양한 요건들이 적용되고 있다. 선정기준의 적용 방식은 각각의 주택별로 적용 순서가 마련되어 있는데, 기준에 따라 일정 수준 이하를 우선 공급하기도 하고 점수를 산출하여 적용하기도 한다. 모든 기준을 적용해도 산출한 배점이 동일하여 입주 대상자를 선정할 수 없을 경우에는 추첨으로 당첨자를 정하고 있다.

지금의 배분체계는 어떤 문제를 갖고 있나

모호한 정책 대상

공공임대주택의 정의에 나타난 바와 같이 우리나라 공공임대주택은 정책 대상이 주택별로 다르다. 영구임대주택의 경우 최저소득계층, 국민임대주택은 저소득 서민, 행복주택은 대학생, 사회초년생, 신혼부부 등 젊은층, 기존주택 매입임대주택 및 전세임대주택은 기초생활수급자 등 저소득층과 청년 및 신혼부부 등을 주요 대상으로 하고 있다. 전체적으로 볼 때 공공임대주택은 소득계층별로 최저소득계층에서부터 상대적으로 소득수준이 높은 서민층까지 포괄하고 있고, 여기에 더해 청년, 대학생, 사회초년생, 신혼부부 등 특정 연령집단을 별도 지원 대상으로 하고 있다.

이처럼 공공임대주택이 최저소득계층에 한정하지 않고 다양한 계층과 집단을 대상으로 하는 것은 사회통합 차원에서 바람직할 수 있다. 그런데 문제는 정책 대상이 주택 유형별로 다르고 일관성이 없다는 사실이다. 결국 누구를 대상으로 하는지가 모호하다. 사실 정책 대상은 정책 목표에 따라 정해진다. 정책 대상이 서로 다르고 일관성이 없는 것은 배분체계의 문제일 뿐만 아니라 근본적으로는 공공임대주택 정책의 문제이기도 하다.

무엇보다 다양한 유형의 공공임대주택이 필요한 가구에게 제공되고 있는지, 더 나아가 국민의 주거 안정이라는 정책 목표에 어느 정도 기여하고 있는지 그래서 설정한 목표를 달성하고 있는지 제대로 파악할 수 없는 형편이다. 이 또한 무엇보다 시급하게 해결해야 할 배분체계의 문제점이며 공공임대주택 정책의 한계이다.

혼란스러운 기준

일관성 없고 복잡한 배분 기준은 배분체계의 또 다른 문제이다. 배분 기준은 입주 희망자 신청 자격 기준과 선정기준으로 구분된다. 우선 신청 자격 기준의 경우, 주택 유형별 주요 정책 대상을 중심으로 설정하여 전체적으로 일관성이 없고 심지어 동일 주택 유형에서도 주택 규모나 대상 가구에 따라 서로 다른 자격 기준을 적용하는 등 대단히 복잡하고 혼란스럽다. 이런 문제는 선정기준에서도 마찬가지로 나타나고 있다. 선정기준은 적용하는 항목이 훨씬 더 많은데다 주택 세부 유형별로 제각각이어서 정리조차 힘든 실정이다. 게다가 심사를 거쳐 최종 입주자를 선정하는 방식 또한 주택 유형별⁴로 다르고 심지어 공급 주체별로도 조금씩 다른 선정기준을 적용하는 경우도 있다. 이처럼 입주자를 선정하는 기준이나 적용 방식의 차이가 원칙 없이 필요에 따라 정해지기 때문에 배분체계의 일관성이 문제가 된다.

그래서 과연 어떤 기준이 입주자를 선정하는데 적용되고 있는지 제대로 알기 힘든 실정이다. 보다 근본적으로는 지금의 배분 기준이 정책 대상을 정하고 또 선정하는데 적합한 기준인지도 의문이다.

한편 배분 기준의 또 다른 문제점은 입주 신청자의 현재 주거 상태를 전혀 고려하지 않고 있다는 점이다. 주택 소유 여부는 신청 자격 기준으로 정해져 있으나, 현재 거주하는 주택과 주거 여건의 심각도나 열악한 정도 등은 반영되지 않고 있다. 주거로 어려움을 겪고 있는 저소득 주거빈곤층에게 안정적인 거처를 제공하는 것은 공공임대주택 정책의 기본원칙이자 정책 배경이다. 입주 희망자가 안고 있는 심각한 주거 문제들 예컨대주택의 구조적 위험, 열악한 주거환경, 과밀주거 등이 선정 조건으로 고려되지 않고 있는 점은 배분체계의 문제를 단적으로 보여준다고 하겠다. 신청자의 주거 여건이 배분 기준에 포함되어야 하며, 심각한 주거 위기에 처한 경우는 우선 지원 대상이 될 수 있는 배분체계가 필요하다.

같은 작업을 반복해야 하는 절차 문제

배분 대상과 기준의 문제가 정책 차원의 문제라면 배분 방식은 정책 집행 과정으로 입주 희망자와 직접적으로 관련되어 있다. 현재의 주택별 공모 신청 방식은 대단히 불합리한 공공임대주택 배분 방식이다. 입주 희망자가 주택 유형별로 서로 다른 신청 자격 기준과 선정기준을 이해하기 힘들다는 건 차치하더라도 공공임대주택 모집 공고를 매번 확인하고 신청하는 일을 당첨될 때까지 반복해야 한다. 더구나 모집 공고가 공급 주체별로, 주택 유형별로 따로 발표되기 때문에 공고 여부를 늘 확인해야 한다. 지역에 따라 차이가 있기는 하지만 서울시의 경우 무려 31회의 입주자 모집 공고가 난 해도 있다.[5] 정부가 공공임대주택 예비 입주자라는 개선 방안을 내놓기는 하였지만 여전히 수시로 입주자 모집 공고가 나오기 때문에 입주 희망자는 모집 공고를 놓치지 않기 위해 늘 확인할 수밖에 없는 실정이다.

한편 모집 공고를 확인한 후에는 신청 서류를 작성하고 접수하는데, 이 과정에서도 문제가 발생하고 있다. 우선 서류를 작성하고 신청하는 데가 주택 유형별로 다르다. 영구임대주택과 다가구매입임대주택 등은 행정기관을 통해 신청할 수 있는데, 그 외 공공임대주택은 임대사업자가 신청·

접수를 담당하고 있다. 이처럼 주택 유형별로 신청을 받는 주체가 다른 것이 혼란의 원인이 되고 있다. 그런데 신청·접수 과정에서 더 큰 혼란이 발생하고 있다. 온라인을 통한 입주 신청 비중이 높기는 하지만 직접 접수 창구를 방문하여 현장에서 신청서를 작성하고 접수하는 경우도 상당수에 달한다. 그래서 모집기간에는 현장 접수 창구가 신청자들로 북새통을 이루며 장시간 대기하기 일쑤다. 임대사업자는 방문 신청을 원활하게 진행하기 위해 기존 직원이외 상당한 수의 추가 인력을 투입하고 있으나 역부족인 경우가 많다. 문제는 이런 불합리한 과정을 공급할 때마다 반복적으로 되풀이하고 있다는 사실이다.

여기에 더해 현재의 배분 방식은 형평성의 문제도 안고 있다. 공공임대주택이 공급 주체별, 지역별, 단지별로 입주자 모집 신청을 받고 있어 모집 공고를 확인하지 못한 경우 입주를 원하더라도 신청할 수 없는 체계이다. 사실 다수의 공공임대주택 입주 희망자는 LH, SH 등 공급 주체가 운영하는 알림서비스를 통해 필요한 공급 정보를 제공받고 있기는 하다. 하지만 공공임대주택이 절실한 고령자, 장애인 등 주거취약계층은 알림서비스 자체를 모르는 경우가 많고, 또 알림서비스를 제공받는다고 하더라도 그때마다 정해진 기간에 맞춰 신청하는 게 쉽지 않다. 정보 불평등 및 접근의 차이로 인한 형평성 문제는 공공임대주택 배분체계가 해결해야할 중요한 과제이다.

그리고 현재의 주택별 공모 신청 방식은 공공임대주택을 필요로 하고 입주를 원하는 가구 규모와 주거 상황 등 주거소요를 제대로 파악하여 반영하기 힘든 문제를 안고 있다. 매번 입주 희망자의 신청에 기초하여 입주자를 선정하는 일종의 일회성 선정 방식으로 주택을 배분하고 있기 때문에 사실상 주거소요와 무관하게 공급 및 배분이 이루어지고 있는 실정이다.

공공임대주택 배분체계 이렇게 개선하자

공공임대주택 배분의 기본원칙

공공임대주택 배분은 정책 철학을 반영하고 있을 뿐만 아니라 실제 구현하는 과정이다. 따라서 정책이 추구하는 바를 실현할 수 있도록 구축해야 하며, 공급계획 등 정책 변화에 탄력적으로 대응할 수 있어야 한다. 그런데 지금의 공공임대주택 배분체계는 누구를 대상으로 어떻게 효과적으로 배분할 것인지 기본원칙과 그 수단으로 만들어졌다기보다 지난 30여 년 동안 건설·공급된 각 유형별 공공임대주택의 운영 매뉴얼을 합쳐 놓은 것에 불과하다고 해도 과언이 아니다. 이제 공공임대주택 정책 목표와 공급계획에 적합한 한국적 배분체계를 마련해야 한다. 무엇보다 배분원칙이 있어야 하고 이를 실현하는 효과적인 배분체계가 필요하다.

공공임대주택 배분의 기본원칙은 먼저 일관성이 있어야 한다. 배분의 일관성은 곧 정책의 일관성이기도 하다. 지난 30여 년 동안 기존 공공임대주택에 대한 정비 없이 지속적으로 새로운 유형의 주택을 도입하고 주택 유형별로 공급 및 배분이 이루어지면서 전체적으로 현재 공공임대주택은 일관성 없이 배분되고 있다. 한국적 배분체계에서 가장 시급하고 중요한 사항이 바로 일관성 있는 그래서 예측 가능한 배분이 이루어져야 한다.

　두 번째는 접근성 문제이다. 공공임대주택은 누구나 쉽고 편리하게 접근하고 이용할 수 있어야 한다. 그런데 지금의 배분체계는 번거롭고 복잡해서 노인이나 장애인 등 주거약자가 이용하기 대단히 불편하고 쉽지 않다. 특히 공모 신청에 의한 배분 방식은 주거약자에게는 제약요인이 되고 있다. 공공임대주택 배분체계는 필요로 하는 사람들이 쉽고 편리하게 접근할 수 있고, 지원을 필요로 하는 이들을 발굴하는 것도 고려할 수 있어야 한다. 사회복지부문에서 대상자가 배제되지 않도록 찾아가는 서비스 이른바 발굴주의를 추구하는 이유가 바로 이 때문이다. 또한 공공의 지원이 필요한 사람들이 공공임대주택에 상대적으로 쉽게 입주할 수 있는 배분체계여야 한다.

　세 번째는 지역성이 반영되어야 한다. 지역마다 주민 구성이 다르고 주거 여건에 차이가 있기 때문에 배분체계는 지역 여건 및 특성을 반영해야 한다. 사실 많은 나라에서 중앙정부는 기본원칙과 필수사항만 제시하고 있고, 구체적인 배분 기준이나 배분 방식은 지방정부에서 정하고 있다. 우리의 경우 수도권과 비수도권 지역, 대도시와 중소도시 간에 상당한 주거 여건의 차이가 있다. 현재 공공임대주택은 지역과 무관하게 배분이 이루어지고 있는데, 배분체계에 지역 여건이 반영될 수 있도록 개선되어야 한다.

　마지막으로는 현실에 기반한 한국적 배분체계를 만들어야 한다. 새로 마련하는 배분체계는 한편으로는 앞으로의 공공임대주택 정책 방향을 반영하는 것이어야 하며, 다른 한편으로 지금의 배분체계가 안고 있는 문제를 원만하게 해결할 수 있어야 한다. 30년은 결코 짧은 기간이 아니어서 많은 사람들이 불편함을 느끼면서도 문제 삼지 않고 당연하게 받아들일 정도로 익숙해져 있다. 때문에 배분체계를 하루아침에 전면 개편하는 것은 큰 혼란을 가져올 수 있다. 이런 측면에서 전면적인 체계 개편보다는 지금의 배분 현실에 기반한 개선이 필요하다.

새로운 배분체계
정책 대상 계층
공공임대주택을 누구에게 배분할 것인가는 공공임대주택 정책의 핵심이다. 주택 유형별로 지원 대상에 차이가 있으나 전반적으로 볼 때 우리나라 공공임대주택은 사회적 보호가 필요한 최저소득계층에 집중하여 배분하기보다 상대적으로 저소득 서민층, 사실상 중산층까지 두루 대상으로 하고 있다. 여기에 대해 주거복지정책 차원에서 공공임대주택을 주택시장에서 스스로 안정적 주거생활을 유지하기 힘든 계층에게 집중 지원해야 한다는 주장이 지속적으로 제기되어 왔으며, 공공임대주택 정책의 문제점으로 지적되기도 하였다. 그런데 정책 변천과정에서도 나타나듯이 공공임대주택의 정책 대상은 시간이 지나면서 상향 조정되어왔다. 최저소득계층을 대상으로 한 영구임대주택(1989년)에서부터 최근 도입된 상대적으로 소득수준이 높고 젊은 층을 대상으로 한 행복주택(2013년)에 이르는 과정에서 대상 계층은 확대되어왔다.

사실 저소득 주거빈곤가구는 주거복지정책 대상이자 공공임대주택의 주요 지원 대상임에 틀림없다. 그런데 현 시점에서 공공임대주택의 정책 대상을 정하는 데는 주거복지정책 전반을 적극적으로 고려할 필요가 있다. IMF 경제위기, 2008년 금융위기 등을 겪으면서 주거 문제는 국민들의 최대 관심사로 자리 잡았으며, 주거 안정을 위한 다양한 프로그램이 추진되고 있다. 주거복지정책은 특히 그러하다. 이제는 공공임대주택뿐만 아니라 민간임대주택에서도 안정적인 거주를 지원하는 주택자금지원 프로그램[6]이 다양하게 확대되었다. 주거급여도 개별 급여로 분리되어 이전보다 많은 가구를 지원하고 있다.[7] 그리고 임차가구의 주거 안정을 보장하기 위한 임대사업자 등록제도 등 각종 제도적 장치를 시행하고 있다. 전체적으로 각종 주거복지정책의 수혜가구가 크게 늘었다. 주거지원 프로그램은 또한 영역이 확대되고 종류도 많아져 공공임대주택의 위상이 이전에 비해 달라진 게 사실이다.

물론 여전히 공공임대주택은 중요한 주거복지정책 수단이기는 하나 이제 공공임대주택은 유일한 주거지원 프로그램이 아니라 상황에 따라 선택할 수 있는 정책 대안의 하나가 되었다. 각종 주거지원 프로그램을 통해 민간임대주택에서도 주거 안정을 도모할 수 있게 되었다.

이런 정책 환경 변화를 고려하여 공공임대주택을 저소득층 특히 최저소득가구만이 아니라 저소득 서민을 대상으로 한 다양한 주거복지 프로그램의 하나로 접근할 필요가 있다. 공공임대주택을 저소득층에 집중 배분하기보다 서민층까지 대상으로 하는 사실상 보편적 주거복지 수단으로 활용할 필요가 있다. 지원 대상을 최저소득계층으로 한정하여 배분한 공공임대주택 지역에 저소득 빈곤가구가 집중 거주할 경우 서구에서 이미 경험한 바 있는 사회적 배제나 낙인을 피할 수 없다. 또한 현실 상황도 고려해야 한다. 현재 공공임대주택은 사실상 소득 6~7분위까지도 정책 대상에 포함하고 있다. 만약 새로운 배분체계에서 정책 대상을 하향 조정하게 되면 신청 자격을 상실하게 되는 계층이 발생할 것이고 그에 따른 상당한 진통이 예상된다.

제반 사정을 고려할 때 공공임대주택의 정책 대상은 소득 6분위 이하로 설정하는 것이 현실적으로 바람직한 기준이라고 할 것이다. 기본적으로 소득 6분위 이하의 저소득 서민층, 중산층을 공공임대주택의 정책 대상으로 규정하고, 여기에 더해 변화하는 사회경제적 상황에 따라 탄력적으로 운영할 수 있도록 해야 할 것이다.[8]

입주 희망자 관리: 대기자명부

공공임대주택 배분 방식은 나라마다 그리고 지역마다 차이가 있다. 현재 우리나라는 공모 신청 방식으로 주택을 배분하고 있는데, 이는 공공임대주택이 공급될 때마다 모집 공고, 신청, 심사, 선정 과정을 통해 배분하는 방식이다. 그런데 공모 신청 방식은 입주 희망자의 불편과 임대사업자의 행정부담 등 불합리한 배분 방식일 뿐만 아니라 예측 불가능한 배분체계라는 문제를 안고 있다. 무엇보다 공공임대주택에 대한 수요를 제대로 파악하지 못한 채 주택별 신청자 중에서 입주자를 선정하는 과정을 반복하기 때문에 적절한 배분이 이루어지고 있는지 과연 필요한 대상에게 배분하고 있는지 그리고 어느 정도 입주하고 있는지, 파악하기 힘들다.

이 같은 문제점을 해결하기 위해서는 공공임대주택 입주 희망자 명단, 이른바 대기자명부waiting list가 필요하다. 대기자명부는 체계적인 공공임대주택 배분의 필수요건이라고 할 수 있다. 실제로 공모 방식을 시행하고 있는 우리나라와 일본을 제외한 거의 모든 나라가 대기자명부에 기초하여 공공임대주택을 배분하고 있다. 대기자명부는 전체 공공임대주택 수요, 입주 희망자들의 구체적인 주거소요를 제대로 파악할 수 있다. 그래서 공급량을 정할 수 있을 뿐만 아니라 주거소요를 반영하여 입주 우선순위를 정할 수 있기 때문에 대략적인 입주 시기도 예상할 수 있다.

대기자명부의 운영체계와 관리 방식은 다양하다. 나라별 그리고 지역별 주거 여건과 정책 방향을 반영하여 대기자명부를 만들기 때문이다. 그러므로 우리나라 공공임대주택 대기자명부 또한 우리의 현실 여건을 고려한 일관성 있고 지속 가능한 배분체계를 위한 토대로 만들어야 한다.

우선 누가 담당할 것인가 하는 주체의 문제는 대기자명부의 구축 및 관리는 중앙정부가 담당하고, 실제 대기자명부를 통한 배분과 운영은 지방자치단체가 담당토록 한다. 물론 도시 단위로 대기자명부를 작성·운영하는 경우도 있다. 중앙정부와 중앙 공기업인 LH 주도로 주택이 공급되고 배분·관리되는 현실 여건을 고려할 때, 일관성 있는 배분체계를 구축하기 위해서는 중앙정부가 대기자 등록체계를 구축하고 실제 운영은 각 지방정부가 지역 여건을 고려하여 운영토록 하는 게 바람직할 것이다.

대기자 등록체계는 프랑스의 등록체계(SNE)[9]를 참고할 수 있는데, 프랑스의 등록체계는 프랑스 전 지역의 적정임대료주택(HLM) 등의 신청 및 등록 관리를 담당하고 있다. 중앙정부가 운영하고 있는 신청 사이트[10]에 입주 희망자가 필수사항인 소득, 가구원 수, 원하는 주택 규모, 원하는 지역 등을 입력하면 확인 절차를 거쳐 등록되고, 이들의 모든 정보가 국가 등록체계에 입력되어 통합·관리되고 있다. 그리고 지방정부는 자체적으로 정한 기준에 따라 등록시스템에 입력된 해당 지역 신청자의 순서를 정해 대기자를 관리하며 배분에 활용하고 있다.

우리나라의 경우 현재 운영 중인 주거복지 종합정보체계인 마이홈 포털[11]을 대기자 등록체계로 활용하는 방안을 고려할 수 있다.

다음으로 등록된 대기자는 원칙과 기준에 따라 순서를 정하고 관리하며 주택을 배분토록 한다. 대기자 관리는 전체를 일괄 관리하거나 몇 개의 집단으로 나누어 차등 관리할 수 있는데, 전자는 등록된 대기자를 동일한 배분 대상으로 간주하는데 비해 후자는 주거소요 정도나 우선지원 필요 등에 따라 대기자를 구분하고 배분에 차등을 두는 것이다. 두 방식은 각각의 장단점이 있다. 때문에 관리를 담당하는 지방정부가 정책 방향이나 배분 원칙에 따라 적절한 방식을 채택하고 있다. 현재 프랑스 파리시와 캐나다 토론토시는 전자 방식으로, 미국 뉴욕시과 영국 런던의 타워햄릿구는 후자 방식으로 대기자를 관리하고 있다. 그런데 토론토시는 전체 대기자를 신청일 기준first come, first served으로 관리하고 있고, 파리시는 평가 항목별로 부여된 점수의 합으로 순위를 정하는 점수제를 적용하는 등 동일한 방식이라고 하더라도 구체적인 적용 기준은 다르다. 따라서 대기자 관리체계는 개선 방향과 함께 현실 여건을 충분히 고려할 필요가 있다.

앞으로 우리의 배분체계는 등록된 대기자 관리는 지방정부가 담당하며, 관리 방식도 중장기적으로는 지방정부가 정할 수 있도록 해야 한다. 다만 배분체계 개편 단계에서는 차등 관리를 적용할 필요가 있다. 왜냐하면 공공임대주택 정책 대상이 소득 6분위까지로 포괄적인데다 주거 여건이 워낙 다양하여 주거소요나 지원 필요성에 상당한 편차가 있어 특정 기준으로 전체 신청자의 배분 순서를 정하는 것은 무리가 있기 때문이다. 또한 집단을 나누어 관리하는 데는 주거소요와 지원 필요성과 함께 기존 배분체계를 부분적으로 반영하기 위한 측면도 있다.

대기자 관리 즉 대상 구분은 기본적으로 소득을 기준으로 집단 A, B, C의 세 개 집단으로 나누고, 여기에 특별지원 대상으로 집단 D를 별도로 구성한다. 집단 A, B, C는 각각 소득 1~2분위, 3~4분위 그리고 5~6분위로 구분한다. 집단 A와 B의 경우는 가구 구성 및 가구원 수에 따른 주거소요와 지원 필요성을 고려하여 우선지원과 일반지원으로 하위그룹을 나누어서 관리토록 한다. 예컨대 장애인가구, 고령자가구, 다자녀가구의 경우에는 같은 집단에서 우선지원 대상으로 구분한다.

한편 특별지원 대상인 집단 D는 시설퇴소예정자, 재해피해자, 가정폭력 피해자, 그리고 안전위험, 철거 등 거처에 심각한 문제가 있는 경우 등 긴급주거소요 대상으로 한다. 사실 특별지원 대상은 다른 나라의 경우에도 다양한 형태로 운영되고 있는데, 영국의 경우 중앙정부의 주택배분계획에 우선배정 기준이 정해져 있으며 그리고 지방정부는 대기자명부에 우선대상 집단을 규정하고 있다. 프랑스는 중앙정부가 정한 우선입주 대상 가구를 적용하는데, 여기에는 대항력이 있는 주거권(DALO)이 적용되는 가구,[12] 배우자 폭력 또는 가정폭력 피해가구, 장애인가구, 질병이 있는 가구 등이 해당된다. 캐나다의 경우에는 주정부의 특별배분대상 기준과 지방정부의 기준을 모두 적용하고 있다. 특별지원 대상인 집단 D는 긴급 주거소요 대상을 원칙으로 규정하고, 구체적인 대상은 지자체 주거 상황을 고려하여 운영할 수 있도록 한다.

한편 해당 집단 내 대기자 순서는 일반적으로 신청일을 기준으로 정하고 있다. 사실 대부분 대기자명부를 배분체계로 구축하여 운영하고 있기 때문에 등록된 대기자로 이미 순서가 정해져 있고 신규 신청자에게만 순서를 부여하면 된다. 그런데 처음으로 대기자명부를 구축해야 하는 상황에서 신청 순서에 따라 주택 배분 순서를 정할 경우 가능한 먼저 신청하려고 신청자가 일시에 몰리는 혼란이 불가피할 것이다. 현 시점에서 대기자명부를 새로 만들어야 할 때 신청일로 대기자 순서를 정하는 데는 한계가 있을 것으로 예상된다. 그러므로 대기자 순서는 집단별로 주거소요를 기준으로 점수제 방식으로 정할 필요가 있다. 이때 주거소요는 가구원수 대비 면적 및 과밀 정도, 주택 불량도, 비주택 거주 여부 등 객관적으로 주거 여건을 평가하는 항목으로 파악해야 할 것이다.

그리고 무엇보다 중요한 고려 사항은 각 집단별 주택 배분은 다양한 계층이 어울려 살 수 있도록 계층 형평성과 사회적 혼합social mix을 원칙으로 해야 한다는 점이다. 이에 따라 전체 공급량의 70% 이상을 소득 4분위 이하 즉 집단 A와 집단 B에 할당하고, 상대적으로 소득수준이 높은 집단 C에 20%를 그리고 특별지원 대상인 집단 D에 10%를 배분토록 한다. 다만 4:3:2:1의 배분 비율을 원칙으로 하되, 지역별 대기자 현황이나 공공임대주택 공급 상황 등을 고려하여 탄력적으로 조정할 수 있도록 한다.

배분 방식

대기자명부에 등록된 입주 희망자에게 주택을 배분하는 방법은 크게 두 가지 방식이 활용되고 있다. 하나는 직접 제공 방식이며, 다른 하나는 선택기반배분 방식이다. 직접 제공 방식은 공급 주체가 대기자명부의 순서에 따라 해당 가구에게 적절한 주택을 직접 제공하는 배분 방식이다. 대표적인 공공임대주택 배분 방식으로, 대부분의 나라가 직접 제공 방식으로 배분하여왔고, 지금도 많은 나라에서 적용하고 있다.

한편 선택기반배분 방식은 대기자가 선택하여 주택을 신청하고 심사를 통해 배분하는 방식이다. 일명 델프트Delft 방식으로 불리는 이 방식은 직접 제공 방식이 결여한 대상자의 선택권과 지역의 자율성을 보장하기 위해 1990년대 후반 네덜란드 델프트시에서 처음 실시한 이후 여러 지역에서 다양한 형태로 검토·시행되고 있다. 영국의 경우 2000년 주택녹서Green Paper에 처음 언급된 이후 런던 등 일부 도시에서 시도되고 있고, 토론토시는 시범사업[13] 후 추진 중이며, 파리시도 최근 부분적으로 채택하고 있다. 전체 배분 방식에서 선택기반 방식의 위상이나 운영 방식은 지역에 따라 차이가 있다. 사실 선택기반배분 방식은 그동안 공공임대주택 배분이 직접 제공 방식 일변도로 이루어지면서 나타난 제반 문제를 보완·해소하기 위해 도입되었다. 실제로 선택기반배분 방식의 기본적인 운영 체계는 우리의 공모 신청 배분 방식과 상당히 유사한 측면이 있다.

직접 제공 방식이 철저하게 주거소요에 근거하고 있다면, 선택기반배분 방식은 주거소요와 함께 당사자의 선택권을 반영한 방식이다.

새로운 배분체계에서는 주거소요를 적극 고려해야 하며, 그동안 배분의 근거였던 선택권 또한 유지되어야 한다. 따라서 배분 방식은 직접 제공 방식과 선택기반배분 방식을 대기자 집단별로 적절하게 활용할 필요가 있는데, 예컨대 집단 A, B, C에는 선택기반배분 방식을, 집단 D에는 직접 제공 방식을 고려할 수 있다.

배분 기준

그동안 공공임대주택 배분에서는 가구 특성이 제대로 반영되지 않았다. 물론 신청 자격 기준과 선정기준으로 가구원 수, 가구 구성 등이 적용되었으나, 정작 입주 주택을 배분하는 데는 고려하지 않고 있다. 가구별 입주 가능한 주택의 면적이나 방 수 등에 대한 규정이 없기 때문에 가구 특성에 관계없이 원하는 주택을 신청할 수 있고 입주하고 있다. 앞으로는 가구 특성을 고려하여 적절한 주택을 배분할 수 있도록 공공임대주택 배분의 최소 기준과 최대 기준을 정해야 한다. 최소 기준은 주택법에서 정한 최저주거기준 이상으로 정하도록 하며, 지역에 따라 별도 기준을 정할 수 있도록 한다. 그리고 최대 기준은 공공임대주택의 과도한 소비를 방지하고 가구원 수에 따른 적정 배분을 유도하기 위한 판단 근거로서 마련할 필요가 있다. 일반적으로 공공임대주택 배분에서는 가구 구성 및 가구원 수에 따른 방 수를 배분 기준으로 적용하고 있는데, 우리나라는 면적을 더 중요하게 고려하기 때문에 방 수와 함께 면적 기준도 적용해야 할 것이다.

공공임대주택 유형별 입주 자격 기준(부록)

유형	입주 자격		
	자격 및 소득 기준		자산 기준
영구임대	1순위: 국민기초생활보장 수급자, 국가유공자 등 2순위: 월평균소득의 50% 이하, 장관. 시도지사가 인정한 경우 등		총자산: 2억 원 이하 자동차: 2,468만 원 이하
50년 공공임대·주거환경임대	도시근로자가구 월평균소득의 70% 이하		부동산: 2억 1,550만 원 자동차: 60m² 이하 2,468만 원 이하/60m² 초과 2,764만 원 이하
재개발임대	특별공급: 재개발세입자 일반공급: 도시근로자가구 월평균소득의 50% 또는 70% 이하		일반공급의 경우 총자산: 2억 8,800만 원 이하 자동차: 2,468만 원 이하
국민임대	50m² 미만	도시근로자가구 월평균소득의 50% 이하	총자산: 2억 8,800만 원 이하 자동차: 2,468만 원 이하
	50m²~60m² 미만	도시근로자가구 월평균소득의 70% 이하	
	60m² 초과	도시근로자가구 월평균소득의 100% 이하	
장기전세	60m² 이하	도시근로자가구 월평균소득의 100% 이하	부동산: 2억 1,550만 원 이하 자동차: 2,764만 원 이하
	60m²~85m²	도시근로자가구 월평균소득의 120% 이하	
	85m² 초과	도시근로자가구 월평균소득의 150% 이하	
기존주택 매입임대	일반 매입임대	1(수급자), 2(소득50%), 3(우선공급)	총자산: 2억 원 이하 자동차: 2,499만 원 이하
	청년 매입임대	1,2,3,4순위	순위별로 자산 기준 설정
	신혼부부 매입임대 I	월평균소득 70% (배우자 소득 시 90%)	총자산: 2억 8,800만 원 이하 자동차: 2,468만 원 이하
	신혼부부 매입임대 II	월평균소득 100% (배우자소득 시 120%)	총자산: 2억 8,800만 원 이하 자동차: 2,468만 원 이하

유형		입주 자격	
		자격 및 소득 기준	자산 기준
기존주택 매입임대	청년신혼부부 매입임대리츠	도시근로자가구 월평균소득 100% 이하	총자산: 2억 1,550만 원 이하 자동차: 2,799만 원 이하
	고령자	저소득층 고령자	총자산: 2억 원 이하
	다자녀	도시근로자가구 월평균소득 70% 이하 저소득층 다자녀가구	총자산: 2억 8,800만 원 이하
기존주택 전세임대	일반 공급 1순위	수급자, 한부모가정, 월평균소득 70%(장애인)	총자산: 2억 원 이하 자동차: 2,468만 원 이하
	일반 공급 2순위	월평균소득 50% 가구, 월평균소득 100%(장애인)	
	청년 1순위	수급자, 한부모가족, 보호종료아동, 월평균소득 70%(장애인)	총자산: 2억 원 이하 자동차: 2,468만 원 이하
	청년 2순위	월평균소득 50% 이하, 월평균소득 100%이하(장애인)	
	신혼 부부 신혼부부Ⅰ	월평균소득 70% 이하 (배우자소득 시 90%)	총자산: 2억 8,800만 원 이하 자동차: 2,468만 원 이하
	신혼 부부 신혼부부Ⅱ	월평균소득 100% 이하 (배우자소득 시 120%)	
행복주택	대학생 및 취업준비생	부모 및 본인 월소득 합이 도시근로자 월평균소득 100% 이하	본인 총자산: 7,800만 원 이하 가액 산출대상 자동차 없어야 함
	청년	해당세대 월평균소득 100% 이하 청년 본인소득 80% 이하	총자산: 2억 3,700만 원 이하 자동차: 2,499만 원 이하
	신혼부부	월평균소득 100% 이하	총자산: 2억 8,800만 원 이하 자동차: 2,468만 원 이하
	주거급여 수급자	주거급여 수급 여부	주거급여수급 여부
	고령자	월평균소득 100% 이하	총자산: 2억 8,800만 원 이하 자동차: 2,468만 원 이하

*2020년 기준

6장

저성장시대, 공공임대주택 공급체계에서 소셜믹스의 실현 방향[1]

이종권[*]

공공임대주택의 잔여적 공급체계는 여전히 유효한가

우리나라 주택 점유 구조를 보면, 2018년 기준으로 자가(점유)율은 총 가구의 58% 수준이며, 약 8%는 공공임대주택에, 나머지 34%는 민간임대주택에 거주하고 있다.

공공임대주택 재고는 2018년 기준으로 157만 호인데, 이 중 10년 이상의 장기공공임대주택 재고는 148만 호로 전체 주택재고의 7% 수준이다.

● 한국토지주택공사 토지주택연구원 선임연구위원

정부는 2018~2022년 공공임대주택 70만 호와 공적임대주택[2] 20만 호를 추가 공급한다는 계획이다.

그런데 이렇게 해서 공공임대주택 재고율을 9~10% 달성하고 나면 그 뒤는 어떻게 되는 것인지, 이 정도 재고 비율 수준을 유지하는 것인지, 아니면 지속적으로 재고 비율을 확대해나가는 것인지 등 중장기 비전은 아직 명확하지 않다.

우리나라와 같이 공공임대주택을 대규모로 공급하는 국가들이 안고 있는 대표적인 문제는 저소득층 집중화에 따른 주거지의 계층 분리, 저소득계층의 사회적 배제이다. 공공임대주택은 국가의 재정지원을 바탕으로 하기 때문에 사회복지적 관점에서 저소득층을 주된 대상으로 하여야 한다는 관점이 여전히 우세하다. 이로 인해 공공임대주택 단지에 저소득층이 집중되는 잔여화residualization● 현상이 나타나고 고용기회, 교육의 질, 사회적 네트워크 등 사회적 자본 측면에서 더욱 열위에 빠져 빈곤이 심화된다.

특히 저성장시대로 접어들면서 소득 기반은 취약한 반면, 과거 부의 축적물인 자산(경제적 자산, 사회적 자본)의 중요성은 더욱 커지는 추세이다. 주택을 투자의 지렛대로 금융화가 확대되고 이로 인해 주택가격의 변동성이 심화되면, 저소득층의 주택자산에의 접근성은 더욱 약화되고 더

● 사회복지 차원에서 잔여적 복지는 정상적인 시장 기능으로는 필요한 욕구를 충족시킬 수 없는 계층에게 공공부조나 사회복지서비스를 한정적으로, 보충적으로 제공해야 한다는 입장의 복지를 의미한다. 공공임대주택의 잔여화란 일반적으로 시장 기능으로는 안정적 주거를 마련할 수 없는 취약계층 위주로 임차인이 형성되는 경우를 의미한다.

불어 공공임대주택 거주자의 잔여화, 사회적 배제의 가능성은 더욱 커질 수 있다.

이제 공공임대주택은 저소득층, 취약계층을 위한 최종 주거 안정망으로서의 역할도 중요하지만, 지속적인 사회적 정당성을 유지하기 위해서는 공공임대주택 거주자의 사회적, 공간적 배제를 정면으로 마주하고 우선적인 이슈로 고려하여야 할 시점이다.

소셜믹스(사회적 혼합, 계층혼합)는 공공임대주택이 양적으로 확대되는 과정에서 저소득층의 공간적 분리, 사회적 배제에 따른 잔여화의 문제에 대한 안티테제로서 등장한 개념이다. 서구에서 지난 20여 년간, 우리나라에서는 지난 10여 년간 시도해온 소셜믹스는 주택의 물리적 혼합을 위주로 하였다. 그러나 공공임대주택 공급에서 엄격한 자격 구분, 외형적 낙인이 존재하는 한 공간적, 물리적 혼합만으로는 계층 간 사회적 배제를 극복하는데 한계가 있다. 경우에 따라서는 결코 자신들이 원하지 않았던 계층 간 대면 접촉 심화에 따른 또 다른 사회적 갈등을 야기한다는 평가도 있다.

이제 기존의 주택 중심의 소셜믹스 개념에서 벗어나 공공임대주택 공급체계 전반에 대한 재검토와 전환이 필요하다.

공공임대주택에서 공간적 분리, 사회적 배제 양상

산업화 이후 서구의 주요 도시에서는 대체로 저소득층은 도시 중심부에, 중산층 이상은 교외에 정착하는 주거지 분화 현상이 나타났다. 노동자 계층의 주거 문제를 해결하기 위해 도심에 임대주택을 대규모로 공급하면서 이러한 양상을 촉진한 것으로 얘기되고 있다. 특히 소셜 하우징social housing의 공급 대상을 저소득층 중심으로 제한한 것은 일정 소득 수준의 계층이 특정지역으로 편입되는 것을 배제하였고 결국, 상대적으로 고소득 집단과 저소득 집단을 모두 배제하는 결과를 초래하였다.

우리나라에서는 서구와는 반대로 도시 중심부에 중상층이 살고 도시 외곽으로 저소득층 집단 주거지가 형성되는 양상을 보이고 있는데, 이는 1980~1990년대 도심 노후 주거지의 재개발 과정에서 저소득층이 외곽으로 쫓겨나는 젠트리피케이션gentrification이 진행되었기 때문이다. 더욱이 공공임대주택 단지가 토지비가 싼 도시 외곽에 대규모로 형성되면서 계층 간 주거지 분리와 사회적 배제를 심화시키는 요인이 되고 있다는 지적이 일반적이다.

주거공간의 분화는 거주자들의 생활공간 분리, 주거지 이동의 제한, 여러 편익 시설이나 사회서비스 시설의 차등 조성 등 불평등한 사회적 관계를 조장하는 배경이 되고 있다. 이로 인해 임대주택 거주자들 중 소득 증가 등 생활 여건이 개선되는 가구는 임대주택 단지를 떠나고, 또 다른 빈곤층이 단지를 채우는 과정을 반복하게 된다. 이에 임대주택 지역은 사회적으로 가장 열악한 빈곤층이 모여 사는 장소로 인식되어 외부로부터 고립되고, 이는 교육, 일자리에 대한 접근성 등에 영향을 미쳐 사회적 배제가 더욱 심화될 수 있다.

우리나라 공공임대주택은 거주취약계층 및 저소득층에 공급되는 영구임대주택, 국민임대주택, 매입임대주택, 전세임대주택이 대표적이다. 10년 임대주택이나 장기전세주택은 저소득층이 아닌 중산층으로 이동 가능성이 높은 계층을 대상으로 한다. 행복주택은 청년, 고령자, 신혼부부 등 특수 계층을 대상으로 한다.

이들 유형 중에서도 사회적 배제가 가장 심하게 나타나는 것은 영구임대주택이다. 국민임대주택도 영구임대주택만큼 심하지는 않더라도 일반 분양주택과 단지 경계, 통행로 등에서 배제가 있거나, 단지 관리, 주차 문제 등을 둘러싼 갈등이 있기도 하다. 매입임대주택과 전세임대주택은 집단화되어 있지 않고 외형적으로 이웃 주택과 구별이 되지 않기 때문에 아직까지는 심각한 사회적 배제 사례가 보고되지 않는 편이다. 지역사회에서 행복주택을 반대하는 것은 일부 특정 계층(대학생 등)의 집단화에 따른 소음, 일탈을 우려하는 측면은 있으나 저소득층 집단화에 대한 기피 현상과는 다소 차이가 있다. 10년임대주택은 일정 기간 경과 후 분양전환되기 때문에 사회적 배제의 문제가 논의될 대상은 아니다.

사회적 배제는 임대주택 거주자들의 소외감과 상대적 박탈감을 불러일으키고 반사회적 행동을 부추기는 동기가 된다. 집단화된 영구임대주택 단지는 다른 지역에 비해 쓰레기 무단 투기, 방뇨, 알코올중독, 기물 파손, 고성방가 등의 반사회적 행위와 범죄가 심각하다는 조사 결과도 있다. 이는 다시 임대주택 단지의 슬럼화, 낙인화라는 악순환을 낳는다. 특히 단지 내 청소년들이 비교육적인 행태를 무의식적으로 습득하면서 반사회적 행위와 문화가 쉽게 세습되며, 주민들은 삶의 지표나 모델이 될 수 있는 긍정적인 가족문화나 사회문화를 접할 기회가 적음에 따라 스스로 자포

자기하는 경우도 많이 있다.

'영구임대 단지는 우리 사회에서 경계선에 있는 사람들이 모이는 공간
이다. 영구임대 단지는 빈곤이라는 경계를 기준으로 단지 안과 밖으로
구별된다. 주민들은 임대 단지 외부 사람들이 비난하는 것을 잘 알고
있고 그들의 시선을 몸으로 느끼고 있었다 …… 초기에 입주민들은 영
구임대아파트에 들어오게 되어 저렴한 비용으로 안정된 주거를 확보하
게 된 것을 큰 행운으로 생각했다. 그러나 영구임대 단지를 바라보는
사회적 시선을 체감하면서 임대 단지 내에서 새로운 이웃 관계를 만들
고 싶지 않아 했다. …… 그리고 한번 이사 오면 말 그대로 '영구'적으
로 사는 경우가 많아 이웃들과 오랜 기간 부딪히며 살 수 밖에 없다. 한
번 맺어진 이웃이 죽을 때까지 함께 살아야 하는 강제된 공동체이기도
하다.'(김정현 외, 2019)

주택 혼합 중심의 소셜믹스의 한계

소셜믹스의 논리적 근거

서구 사회에서는 1990년대부터 사회적 공간적 배제의 문제를 해결하고
사회통합을 달성하기 위한 방안을 모색하는 과정에서 소셜믹스를 해결
책으로 시도하였다.

자본주의권 중에서도 스웨덴, 네덜란드, 독일처럼 보편주의적, 통합적

임대주택 정책을 본위로 하는 국가보다 잔여적, 이원적 임대주택 정책을 본위로 하는 영국 등 앵글로색슨권과 남유럽 라틴권 국가에서 배제의 문제는 상대적으로 심각하다.

소셜믹스의 이론적 근거가 되는 주요 개념은 소셜 하우징 커뮤니티의 사회적 배제와 불이익의 집중, 중산층 롤 모델 및 구직 네트워크로부터의 소외, 사회적 자본의 부족 등이다.

윌리엄 윌슨William Julius Wilson, 캐시 아서슨Kathy Arthurson, 마틴 우드Martin Wood는 소셜 하우징 지구에서 실업률이 사회 평균보다 높고, 복지 의존도나 범죄율도 높게 나타나는 현상을 지적하면서 그 원인으로 소셜 하우징 커뮤니티의 사회적 배제에 주목하였다. 중산층이 떠나간 지역은 거주지로서 매력이 상실되며, 상업이 쇠퇴하고 양질의 구직 기회가 사라지고 범죄율이 상승하는, 소위 '불이익의 집중' 현상을 경험하게 된다. 불이익이 집중된 지역의 거주자들은 중산층 롤 모델 및 구직 네트워크로부터 소외되기 때문에 시간이 흐를수록 지역의 경제적, 사회적 환경은 더욱 악화된다. 이처럼 저소득층을 대상으로 하는 공공주택은 역설적이게도 사회계층 간 분리를 더욱 조장할 수 있다. 즉, 공공주택은 빈곤층의 거주를 지원하는 것이지만 동시에 빈곤 문제를 특정 지역에 국한시킨다. 불이익의 집중은 그 자체로 불이익을 재생산하는 원인이다.

한편 로버트 퍼트남Robert Putnam은 사회적 경제적 약자 계층일수록 자신의 상황을 스스로 극복하고 해결해나가는 데 필요한 사회적 자본[3]이 부족한 것이 문제의 근본 원인이라고 보았다. 사회적 자본에 대한 논의는 학제나 연구자에 따라 다양하나, 공통적으로 사회적 네트워크를 중요시

한다. 현실에서 경제적 지위의 격차가 사회적 네트워크의 격차로 이어지고 이는 다시 경제적 지위의 세습으로 연결될 가능성이 높다.

크리스토퍼 젠크스Christopher Jencks와 수잔 메이어Susan Mayer에 따르면, 중산층 근린은 부모와 자녀들이 접근할 수 있는 사회적, 교육적, 경제적 자원을 많이 제공할 수 있다. 따라서 중산층 근린에 거주하면 사회적 관계를 구축할 기회가 많아지고 자녀양육에 긍정적 효과를 미친다.

주택 혼합에 대한 평가

이상의 이론적 배경 하에서 서구 사회의 소셜믹스 사업에 대한 평가가 2000년대 중반부터 다각적으로 진행되었는데 대체적으로 그다지 긍정적이지 않다.[4]

앨런 모리스Alan Morris, 미셸 제이미슨Michelle Jamieson, 로저 패툴리Roger Patulny는 2012년 소셜믹스의 영향을 실증한 11개의 선행 연구를 검토하여 주택의 물리적 혼합을 중심으로 하는 소셜믹스는 불이익의 집중을 완화할 수 있다는 증거가 거의 없음을 발견하였다. 그 밖의 연구 결과에서도 한계점을 지적하는 견해가 많다.[5]

줄리엣 카펜터Juliet Carpenter는 프랑스가 2000년부터 중점적으로 추진해온 소셜믹스에 대한 경험적 평가를 한 바 있다. 프랑스는 교외의 높은 실업률, 높은 소수민족 비율, 낮은 교육 수준 등 주변화의 문제에 대응하기 위하여 2000년부터 소셜믹스 정책을 강화하였다. 한편으로는 모든 대도시권에서는 소셜 하우징의 최소 비율을 의무화하고, 어떤 지역에서는 소셜 하우징을 철거하는 대신 다양한 계층의 혼합주거로 대체했다.

2000년 집권 사회당은 '연대와 도시재생에 관한 법(SRU법)'[6]을 통해 2020년까지 대도시권에서 소셜 하우징 재고를 적어도 20%까지 확보하는 목표를 제시하였다. 2014년에는 주택이 심각하게 부족한 지역에 대해서는 최소 의무 비율을 25%로 상향 조정하였다.

2003년 집권한 자크 시라크Jaques Chirac 우파 정부는 '보를로법'[7]을 제정하여 소셜 하우징의 상당량을 멸실하고 혼합주거로 대체할 것을 중요 어젠다로 제시하고, 2005년 이를 실현하기 위한 종합적인 국가도시재생 프로그램(PNRU)[8]을 착수하였다.

SRU법이 소셜 하우징을 부유한 지자체에 배분하는 것이었다면, 보를로법은 타워형 및 고층 소셜 하우징 블럭을 철거하고 혼합주거로 재건축하여 혼합커뮤니티를 소셜 하우징 지역에 조성하는 것이었다.

SRU법과 보를로법 모두 소셜믹스를 명분으로 하였다. 전제는 소외지역에서의 삶은 불이익을 더욱 강화하고 재생산한다는 것이다. 신중산층이 소외지역으로 이주하면 지역 거주자들에게 긍정적인 영향을 미친다는 것이다. 이는 모범적인 시민의식 및 아이들을 위한 더 나은 학습 여건을 조성하기 때문이다. 또한 사회경제적 계층의 다양화는 고용 여건에 유리하고 사회적 자본의 교환을 통해 다양한 기회를 창출한다.

그러나 그 성과에 대한 평가는 다소 엇갈린다. 먼저, SRU법에 의거한 소셜 하우징 재고 의무 비율 요구는 일부 부유지역(리용 서부지역 등)을 제외하면 소셜 하우징 재고 증가에 기여하였다는 평가가 일반적이다. 반면, 보를로법에 의거한 소셜 하우징 철거가 소외지역의 소셜믹스에 미친 효과는 의문시된다. 재개발된 혼합주거지역에 유입되는 신규 중산층 가구는 대개 소셜 하우징 임차인과 통합되지 않는다. 혼합주거 정책은 사회통합을 고취하기보다는 분리를 강화하는 경향이 있다는 것이다. 소셜믹스라는 레토릭은 중산층에게 '통합'이라는 논리 속에서 문화적, 사회적 규범을 부과하고 '사회 유대'를 강조하지만 여전히 강한 갈등을 내포하고 있다. 즉 결코 자신이 선택하지 않은 사람들과의 이웃 관계, 사회적 위치가 하락하는 느낌, 사회적 인종적 거부감, 상이한 사회적 규범 간의 대립 등이다. 저소득층 입장에서는 사회통합, 중산층과의 공간적 근접성에 따른 교육적 효과 등은 결코 실제화되지 않았다.

국내에서도 서구의 경험에 기초하여 소셜믹스 정책이 추진되었다. 한편으로는 신도시계획에서 분양주택과 공공임대주택의 배합 비율을, 재개발 재건축 과정에서 공공임대주택 의무 비율을 규정하였다.

또 다른 한편으로는 공공임대주택과 분양주택 등 주택 유형의 물리적 혼합을 추진하였다. 서울시가 먼저 '공공임대주택 10만 호 건설계획(2003년)'에 입각하여 2007년에 장지·발산 지구에 분양·임대 혼합주택 단지를 최초로 공급하였다. 2015년 9월 기준, 서울시 혼합주택 단지 211개, 임대주택 5만 호이다. 중앙정부 차원에서는 '임대주택정책 개편방안(2005년)'에 입각하여 LH가 2009년부터 혼합 단지 공급을 추진하여 2016년 9월 기준 총 77개 단지를 공급했다. 이 중 임대주택과 분양주택을 혼합한 단지가 44개, 임대 유형 간 혼합 단지는 33개이다.

소셜믹스의 추진 배경에는 일단 물리적 환경이 혼합되면 사회적인 통합도 자연스럽게 가능할 것이라는 인식이 깔려 있었다. 그러나 당초 제도 도입의 취지와는 다르게 혼합주택 단지 내에서 발생하는 갈등과 사회적 배제 현상이 끊임없이 제기되었으며, 최근에는 이와 같은 갈등 양상이 사회문제로 대두되고 있다.

특히 민간 재건축사업에서 의무 공급되는 임대주택의 경우 외형적인 주거 동 형식의 차별이나 마감 수준의 차이, 단지 내 동 입지에서 임대주택과 분양주택의 차별 등으로 갈등이 매우 심각한 수준이다.

LH, SH 등 공공부문에서 추진하는 혼합 단지 사업에서는 외형적으로는 임대 동과 분양 동 간의 차이를 없애는 방향으로 나아가고 있으나, 단지 관리에서 입주자와 임차인 간의 갈등, 입주자 대표회의와 임차인 대표회의의 의결권 문제 등 근본적인 권리관계 상의 차이로 인한 갈등은 쉽게 해소하기 힘들다.

2019년 주거종합계획에서는 '포용적 주거복지 구현을 위한 기반 구축' 방안으로 '공공임대주택(국민, 영구, 행복주택)의 단계적 유형 통합'과 '재개발 임대주택 의무 비율 상한 상향 조정(수도권의 경우 15%에서 20%로)'을 제시하였다.

공공임대주택 유형 통합은 공공임대주택 재고의 효율적 운영 및 저소득계층 집단화 문제를 완화하는데 다소 기여할 것이다. 재개발 임대주택 의무 비율 상향은 최근 프랑스의 사례에서도 확인한 바와 같이, 도심 내 주택재고를 높여 공공임대주택이 도시 외곽으로 분리되는 문제를 완화하는데 기여할 것이다.

그러나 여전히 의문은 남아 있다. 공공임대주택은 저소득층의 거주지라는 인식이 여전하고 공공임대주택 임차인이라는 딱지는 붙어 있는데, 주택을 물리적 공간적으로 섞는다고 하여 계층 간의 사회적 배제가 완화될 수 있을까?

저성장시대, 주택문제를 바라보는 새로운 감수성

2000년대 글로벌 금융위기를 시작으로 전 세계는 저성장·양극화 구조가 자리 잡고, 사회통합 이슈가 거시적 담론으로 제기되었다. 사회통합, 사회적 포용 등의 개념은 경제협력개발기구(OECD), 세계은행 등 국제기구에서도 적극적으로 다루면서 지속 가능한 경제 사회 발전의 토대로 폭넓게 인식되고 있다.

OECD는 2011년 사회통합 개념을 구성하는 3가지 요소로 사회적 포용, 사회적 자본 그리고 사회적 이동성을 강조하고 있다. 사회적 포용은 사회적 배제, 빈곤, 불평등, 사회적 양극화의 반대를, 사회적 자본은 신뢰와 다양한 형태의 시민 참여를 그리고 사회적 이동은 계층 이동의 정도 및 가능성을 의미한다.

세계은행은 2015년 사회적 배제는 경제적으로는 기회 접근성 결여, 사회적으로는 차별, 공간적으로는 분리로 표현된다고 했다. 따라서 포용은 경제적, 사회적, 공간적 3가지 차원의 결합이 필요하다. 경제적 포용은 고용, 교육, 금융 등 모든 것에 대한 기회를 의미한다. 사회적 포용은 사회경제적 지위, 성gender, 연령, 인종에 따른 차별 없이 권리와 참여를 핵심으로 한다. 기존의 통합 노력은 민주적 의사결정 과정, 즉 소외그룹의 참여를 소홀히 함으로써 오히려 사회적 긴장과 불안정성, 주변화를 야기하는 경우가 많았기 때문이다. 공간적 포용은 토지, 주택, 인프라에의 접근성이 핵심이다. 많은 도시에서 슬럼에 대한 초기 대응은 대규모 공공주택 공급이었지만 비용 문제로 지가가 낮은 외곽지역에 품질이 떨어지는 주택을 건설함으로써 저소득계층의 집단화, 공간적 분리를 확대하는 결과를 낳은 사례가 많았기 때문이다.

서울시도 포용 도시를 지향하면서 이를 '모든 시민이 경제적, 사회적, 공간적으로 차별받지 않도록 개인의 경제적 역량을 높이고 사회적 배제를 최소화하는 도시'로 정의하고 있다.

한편 2017년 '다보스포럼'에서도 지속 가능한 발전을 저해하는 주요 위험요소로 불평등과 양극화 현상에 주목했다.

최근 경제학계에서는 토마 피케티Thomas Piketty의 『21세기 자본』이후 자산 불평등에 대한 논의가 증폭되고 있다. 저성장시대의 불평등 문제는 소득 불평등뿐만 아니라 자산 불평등이 더욱 문제가 되고 있는데, 특히 주택 등 부동산 자산의 불평등이 논쟁의 한가운데에 있다.

피케티는 지난 300년간의 자본주의 역사를 통해 주요 선진국들의 소득 대비 자본(자산) 비율 추이를 관찰하였다. 장기적으로 소득 대비 자본(자산) 비율은 상승하는 추세이다. 특히 저성장시대가 되면서 동 비율은 과거 시대의 3~4배에서 향후 6~7배까지 상승하는 추이를 보인다. 이는 궁극적으로 자본(자산) 계층으로 부의 집중이 심화되는 결과를 가져온다. 이 자본(자산)을 상속받은 자녀 세대는 자신의 능력이나 노력과는 상관없이 대를 이어 부를 이어가고 이들이 다시 사회의 지배계층이 되어가는 이른바 '세습 자본주의'의 모습을 보인다는 것이다.

OECD는 2014년 피케티와 그의 동료 학자들이 30여 개 국가를 대상으로 구축한 최상위 소득의 데이터베이스(WTID)를 이용하여 많은 선진국들에서 상위 1%가 세전 총소득에서 차지하는 비율이 지난 30년간 현저하게 상승하였음을 검증한 바 있다.

피케티의 주장을 둘러싼 국내외 연구는 광범위하게 진행되고 있다. 특히 피케티 이론을 둘러싼 쟁점 중 주택부문을 어떻게 취급할 것인가가 중요하게 거론된다. 1970년대 말 이후 소득 대비 자본(자산) 비율 증가의 대부분은 주택가격 상승에 기인하기 때문이다.[9] 이러한 점을 생각하면, 주택자산 소유 여부에 따른 격차 심화에 대한 대안이 없는 한, 향후 계층 간 사회적 경제적 격차를 완화하는 데는 한계가 있다.

최근 국내에서 사회·경제 분야를 망라하여 정책 담론으로 제시되고 있는 포용 성장, 소득주도성장, 경제민주화 등의 개념은 사회통합을 중시하는 경제성장 패러다임이라 할 수 있다. 이를 구체화한 정책으로 재정 및 복지 지출 확장, 일자리 창출, 최저임금 현실화, 비정규직 해소, 지역균형발전, 성차별 해소 등이 있다.

주택·도시 분야에서는 공공임대주택 확대, 주거비 지원 등 저소득층 및 청년·신혼부부·고령가구를 타깃으로 하는 경제적 지원정책이 주된 축을 이루고 있고, 이와 더불어 소셜믹스의 관점에서 젠트리피케이션의 방지, 사회혼합 단지 조성, 기존시가지 내 임대주택 공급 강화 등도 병행하고 있다.

이처럼 주택·도시 정책에서도 상위수준에서는 포용, 사회통합, 소셜믹스의 개념이 깊이 개입되어 있지만 하위 세부 정책 간에는 상충되는 요소가 있다. 저소득층과 특정 계층을 타깃으로 하는 공공임대주택이 이들 대상 계층에게는 포용적인 것이지만, 중산층을 포함한 여타 계층은 역으로 배제하는 것일 수 있고 소셜믹스 개념과도 맞지 않다. 주택의 물리적 혼합만으로는 소셜믹스에 한계가 있다는 것이 국내외 경험이다.

한편 거시적 관점에서 우리나라는 어떤 주택 시스템, 주택체제를 지향할 것인지, 또한 주택자산 격차의 심화에 대응하는 정책은 어떠해야 할 것인지에 대한 청사진이 잘 그려지지 않는다.

소득격차보다 자산 격차(특히 주택자산의 격차)가 더 주목되는 저성장·불평등의 시대에서는 무엇보다도 주택가격이 누구나 부담 가능한 수준에서 안정적으로 유지되는 것이 중요하다. 그러나 현실은 글로벌 과잉 유동성과 절제되지 않는 금융화를 배경으로 변동성이 확대되면서 자가를 소유한 계층과 무주택 계층 간의 자산 격차는 더욱 확대될 개연성이 크다.

주택문제에 접근하는 새로운 감수성이 요구되는 지점이 여기에 있다. 공공임대주택은 빈자에 대한 '안전망' 제공이라는 정당성에도 불구하고, 임차인이 계속 거주하기 위해서는 홈리스homeless이거나 다른 복합적 문제를 가지고 있음을 입증하여야 한다. 기존의 주택체제론에서는 이중모델이든 잔여모델이든 공공임대주택의 이러한 한계에 대한 감수성이 결여되어 있었다. 저소득 계층에게 공공임대주택은 최종안전망일 수는 있어도 사회 주류의 일원으로 통합되는 최선의 해법이라고 보기는 힘들기 때문이다.

소셜믹스의 방향

공공임대주택의 보편성 확대

우리나라 현행 주거지에서 소셜믹스는 단지 내에 상이한 주택 유형을 섞는 방식이다. 이 중에는 공공임대주택(영구임대, 국민임대, 행복주택, 장기전세 등)을 혼합하는 방식과 공공임대주택(주로 국민임대, 행복주택, 장기전세 등)과 분양주택을 혼합하는 방식으로 나눌 수 있다. 그런데 막상 배제와 분리의 정도가 가장 심한 영구임대주택의 경우, 국민임대주택과의 임대 유형 간 혼합 사례가 있지만, 분양주택과 단지 내 혼합은 거의 사례가 없다. 임대 유형 간 혼합의 경우는 비교적 갈등이 약하나, 분양주택과의 혼합에서는 또 다른 갈등관계가 발생하고 있다. 계층 간 근접에 따른 정서적 이질감과 주택관리체계에서 자가 소유자와 임차인 간의 이해상충 등이 나타나기 때문이다.

그럼에도 불구하고, 이런 단지 내 주택 혼합에 따른 문제점이 단지를 구분 배치할 경우 발생했던 문제점, 즉 이웃 분양 단지로부터의 통행로 차단, 울타리 설치 등에 따른 사회적 고립감, 빈곤 집중에 따른 사회적 병리현상 등에 비하면 더 나쁘다고 볼 수 없음은 물론이다.

사회통합과 포용의 관점에서 볼 때, 무엇보다도 사회경제적 기회가 차별 없이 제공되어야 한다. 사회적 기회라 함은 고용 기회, 교육 여건의 개선 등이 핵심이다. 이와 더불어 주거공간 차원에서는 인위적, 물리적 주택 혼합보다는 공간적 분리를 조장하는 원인을 해소하는 방향으로 재검토가 필요하다.

무엇보다 공공임대주택에 대한 사회적 낙인을 완화하고 이미지를 개선하기 위해서는 입주 대상 계층의 보편성을 확대하는 것이 필요하다. 취약계층에게는 최종 주거 안전망으로서 공공임대주택이 반드시 필요하지만, 또한 일반 국민이 보편적으로 접근 가능하고 정서적 이질감이 없는 일반재로서 위상 재정립이 필요하다.

　우리나라 공공임대주택 중 행복주택, 장기전세주택, 5년·10년 임대주택은 소득 기준으로는 도시근로자가구 평균소득의 100%(소득 6분위 계층에 해당) 이상을 포괄하고 있어 반드시 저소득층 대상이라고 보기는 힘들다. 그러나 이들 임대주택은 전체 공공임대주택의 20%에 불과하다. 공공임대주택의 주된 유형은 영구임대주택, 국민임대주택, 매입임대주택, 전세임대주택 등인데 기초생활수급자나 보훈 대상자, 주거취약계층(위안부 피해자, 한부모가족, 북한이탈주민, 장애인 등) 및 도시근로자가구 평균소득의 50% 이하(소득 1~2분위 계층에 해당), 70% 이하(소득 4분위 이하에 해당)를 주요 타깃 계층으로 하고 있다. 전체 공공임대주택 재고(2017년 기준)에서 차지하는 비중은 80% 수준이다. 지금도 영구임대주택과 국민임대주택의 유형 통합이 추진되고 있으나, 아예 모든 공공임대주택의 유형 구분을 없애고 대상 계층도 저소득층뿐만 아니라 중산층까지 폭넓게 포함하는 방안도 고려해볼 수 있다.

　신규 공공임대주택에서 보편성 확대와 더불어 기존 공공임대주택에 대해서는 퇴거 기준을 완화하는 방안을 적극적으로 고민해보아야 한다. 공공임대주택 자격 요건에 대한 이제까지의 주된 관점은 공적 자원 배분의 형평성 측면에서 자격 요건을 엄격히 유지하고 강화해야 한다는 것이다. 즉, 공공임대주택 재고는 한정되어 있는데 이를 원하는 대기자는 누적되어 있기 때문에 수혜의 형평성을 고려하여 소득 기준을 초과하는 가구에 대해서는 퇴거 조치를 하거나 상당한 임대료 상승이 필요하다는 관점이다. 그러나 소셜믹스의 관점에서는 퇴거 기준의 완화를 통해 자연스러운 계층 혼합을 유도하는 것이 바람직할 수 있다. 소득 수준 상승에 따라 일정 수준 임대료를 상승시키는 것은 불가피하나, 자활 의욕이나 구직 동기를 위축시키지 않는 수준이어야 한다.

공공임대 공급체계의 전환

10년 이상 운영되는 장기공공임대주택 재고는 2018년 기준 148만 호로 전체 주택재고의 7%이다. 정부는 2018~2022년간 70만 호를 추가 공급하여 200만 호를 달성할 계획이다. 이렇게 되면 전체 주택재고 대비 9%, 전체 가구 대비 10% 수준이 된다. 이 경우에도 저소득층을 주된 대상으로 하는 잔여적 모델을 여전히 가져갈 것인가에 대한 고민도 함께 이루어져야 한다.[10]

공공임대주택 재고의 효율적 운영이나 일반주택시장에의 파급효과 측면에서 공공임대주택이 일반주택시장과 단절되어 저소득층에 한정적으로 운영되기보다는 중산층도 포함하여 통합적으로 운영되는 것이 바람직하다.

공공임대주택에 대한 재정지원은 주택 유형 구분(영구임대, 국민임대 등)에 입각하는 방식에서 개별 입주가구의 소득계층에 따라 재정적, 금융적 지원을 차등화하는 방식으로 전환되어야 한다.[11] 공공임대주택이 열

등재로서 지역사회의 기피 대상이 되지 않는다면 공공임대주택 공급도 총량적으로는 지금보다 원활히 추진될 수 있다.

저성장과 소득·자산 격차 심화, 불평등의 시대에서 주택은 거주지뿐만 아니라 자산으로서의 중요성이 갈수록 부각되고 있다. 공공임대주택의 공급체계 및 공공분양주택, 민간주택 전반을 아우르는 주택체제(주택공급체계, 주택금융체계, 세제 등)의 재정립과 장기적 비전 제시가 필요하다.

7장

공공임대주택 재정지원, 어떻게 바꿔야 할까[1]

장경석[*]

공공임대주택 재정지원에 관한 이론적 논의[2]

공공임대주택 정책에 대한 이해를 돕기 위해 공공임대주택 보조금 정책에 관해서 간단히 살펴보고자 한다. 공공임대주택 건설사업은 주택사업자가 주택의 건설에 필요한 자금을 조달하여 투자하는 과정에 있어, 일반 분양 주택 사업과 큰 차이가 없다. 그러나 공공임대주택의 임대료는 일반 시장 임대료보다 저렴하기 때문에 공공주택 사업자 입장에서 임차인이 지불

● 국회입법조사처 입법조사관

공공임대주택 사업의 수입 및 비용 구조

수입			정부지원금(D)	주택임대료 수입(E)	잔존가치(F)
비용	택지개발비 (A)	주택건설비 (B)	주택관리비용(C)		
	택지개발 단계	주택건설 단계	주택관리 단계		사업기간 종료 단계

하는 임대료만으로는 사업비를 충당할 수 없고, 이에 따라 중앙정부와 지방정부로부터 다양한 형태의 보조금을 지급받아서 사업을 추진한다.[3]

주택건설 단계별로 공공주택 사업자의 재무적 측면에서 발생하는 비용과 수입 요소를 살펴보면 다음과 같다(위 그림). 우선 신규로 주택을 건설하여 공급하는 공공임대주택 사업은 사업 시행자 입장에서 크게 택지개발비, 주택건설비 그리고 사업 준공 이후 주택관리비용이 발생하게 된다. 주택건설 단계에서는 공공주택 사업자가 자체 조달하는 택지개발비(A), 주택건설비(B)가 비용 요소이고, 중앙정부나 지방정부로부터 지원받는 재정·주택도시기금[4] 등 정부지원금(D)이 수입 요소가 된다. 한편 주택관리 단계에서는 임차인으로부터 받는 임대보증금과 임대료(E)가 수입 요소이고, 주택관리비용(C)이 비용 요소이다. 그리고 공공임대주택 임대의무기간이 만료된 이후의 해당 주택과 토지의 잔존가치(F)가 수입 요소가 된다.

139면의 그림에서 보여주고 있는 공공주택 사업시행자의 공공임대주

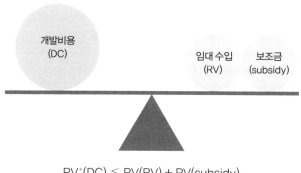

공공임대주택 공급을 위한 조건

개발비용
(DC)

임대 수입
(RV)

보조금
(subsidy)

$$PV^*(DC) \leq PV(RV) + PV(subsidy)$$

＊PV: 현재 가치

자료: 장경석, 「국민임대주택정책 보조금의 범위와 규모」, 『주택연구』, 제17권 2호, 한국주택학회, 2009.

택 공급을 위한 조건과 내용 및 공공임대주택 사업의 수입과 비용 요소를 동시에 고려할 경우, 공공주택 사업자는 공공임대주택 사업에 있어 다음과 같이 최소한 비용과 수입이 같거나 수입이 많게 되는 조건이 마련되도록 노력해야 한다는 것을 알 수 있다.

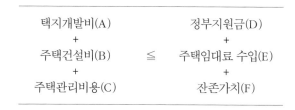

택지개발비(A)
+
주택건설비(B)   ≤
+
주택관리비용(C)

정부지원금(D)
+
주택임대료 수입(E)
+
잔존가치(F)

한편, 공공임대주택을 신규로 건설하지 않고 기존주택을 매입하여 공급하는 경우에는 주택매입비용(A')[5]과 매입 후 보수비용(B') 정도가 택지개발비(A)와 주택건설비(B)를 대신하게 된다. 이 경우에는 공공주택 사업자는 다음과 같은 조건이 만족되어야 공공임대주택 공급이 가능하게 된다.

$$
\begin{array}{ccc}
\text{주택매입비용(A')} & & \text{정부지원금(D)} \\
+ & & + \\
\text{매입 후 보수비용(B')} & \leq & \text{주택임대료 수입(E)} \\
+ & & + \\
\text{주택관리비용(C)} & & \text{잔존가치(F)}
\end{array}
$$

이처럼 공공주택 사업자에게 정부지원금과 같은 보조금이 적정하게 지원되지 않는다면, 적정한 공공임대주택의 건설·공급이 어려울 수 있다. 현재와 같이 공공임대주택 공급에 초점을 두고 있는 국내 상황에서 정부와 공공주택 사업자는 당장 주택공급효과를 발생시키기 위해 건설단계의 정부지원금과 같은 보조금에 초점을 두고 있다.[6]

공공임대주택 건설비용 조달 구조

공공임대주택 정책 등 주거복지정책을 총괄하고 있는 국토교통부의 일반회계 예산에서 주택 관련 부문을 살펴본 사람은 다소 의문을 가질 수 있다. 국토교통부 2020년 예산은 20.5조 원이고, 이 중 주택부문 예산은 1.8조 원에 불과하기 때문이다(141면 표 참조). 그중 저소득층을 위한 임차료 보조정책(주거급여) 예산이 1조 6,305억 원으로 주택부문 예산의

국토교통부 주거복지관련 일반회계 예산

(단위 : 억 원)

구분	2019년	2020년	증	감(A)
	(A)	(B)	(B-A)	%
합계	18,107	17,791	△316	△1.7
주거급여	16,729	16,305	△424	△2.5
주택가격조사	672	737	65	9.7
주택정책지원	38	50	12	31.6
주거환경개선	668	698	30	4.5

자료: 국토교통부, 「2020년 예산개요」(www.molit.go.kr)

대부분을 차지하고 있다. 그 외 주택분 재산세 납부의 근거가 되는 주택가격조사 예산, 노후 공공임대주택 시설개선 예산 등이 1,000억 원 남짓이다. 문재인 정부는 2017년 11월에 발표한 '주거복지 로드맵'을 통해서 연간 13만 호의 공공임대주택을 공급하기로 한 바 있는데, 그 많은 공공임대주택 건설은 무슨 재원으로 이루어진다는 말인가?

공공임대주택의 건설·공급을 위한 재원 구조를 잘 파악하기 위해서는 좀 더 깊은 이해가 필요하다. 우리나라의 공공임대주택 건설을 위한 재원은 재정예산, '독특한 예산 주머니'인 '주택도시기금', 공공주택 건설사업자 자체 재원, 공공임대주택 입주자가 부담하는 임대보증금으로 구성되어 있다. 현행 주택도시기금은 1981년 '국민주택기금'이라는 이름으로 구 '주택건설촉진법'(현 '주택법')에 처음 법제화된 이후, 지난 40년 가까이 공공임대주택·분양주택의 건설 지원, 주택구입자금 및 전세자금 지원 등을 담당해왔다. 주택도시기금은 정부재정, 국민주택채권 판매수입, 청

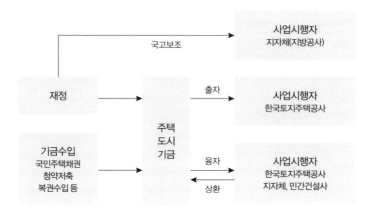

공공임대주택에 활용되는 주택도시기금의 출자와 융자

약저축액, 복권판매수익, 사업자에 대한 융자원리금 회수액 등을 주수입원으로 운영되고 있다.[7]

공공임대주택 건설·공급을 위한 공적 재원(재정예산, 주택도시기금)은 공공주택 사업자에 대한 보조금인데, 재정예산의 경우 공공주택 사업자가 누구인지에 따라 지원되는 방식이 다르다. 즉 '주택도시기금법'에 따라 재정예산이 한국토지주택공사(LH)에는 공사에 대한 출자금 형태로 지원되나, 지방정부가 설립한 지방공사에는 국고보조금으로 지원된다.

LH에 대한 재정지원은 주택도시기금을 통해 이루어지는데, '출자'와 '융자' 방식이 혼합되어 지원되고 있다. 출자는 정부의 일반회계 예산으로 편성된 자금이 주택도시기금에 전입되어 지출되는 것이다. LH에 출자된 재정자금은 LH의 자본금으로 활용되어 LH의 재무구조를 건전하게 할 수 있고, 건전한 재무구조는 LH가 공공임대주택 건설 재원을 마련하기 위해 공사채를 발행하거나 민간금융기관으로부터의 대출을 받는데 긍정적 영향을 줄 수 있다.[8] 그러나 지방공사는 재정예산을 출자 방식이 아니라, 국고보조금으로 받아 회계상 자본금으로 계상되지는 않는다.

한편 융자는 공공임대주택 사업자에게 대출 형식으로 지급되고, 해당 사업자는 원리금을 상환해야 한다. 주택도시기금의 융자는 택지 또는 대지 구입비용뿐만 아니라 주택을 건설하는 건축공사비 또는 매입비용으로 활용된다. 또한 공공임대주택 건설비용 중 출자(국고보조금)와 융자 이외에 사업시행자가 필요한 금액을 공사채의 발행 또는 금융기관으로부터 대출을 받아 자체 조달하거나, 임대주택 입주자로부터 받는 임대보증금으로 충당한다.

공공임대주택의 재원 분담 구조

정부가 계획한 대로 공공임대주택을 건설하려면 많은 재원이 필요하며, 그 재원은 중앙정부 및 지방정부의 재정뿐만 아니라, 주택도시기금, 공공주택 사업시행자의 자체 재원, 입주자 부담금[9] 등으로 구성된다. 공공임대주택 정책을 총괄하고 있는 국토교통부는 내부 기준으로 공공임대주택의 건설재원 분담 비율을 설정하여 유지하고 있다. 재정 및 주택도시기금의 지원 기준이 되는 '공공임대주택 재정지원 단가'[10]는 주택 유형별로 다르다. 국민임대주택의 경우, 2020년 기준 재정지원 단가는 3.3m²당 802만 5천 원이며, 전용면적 59m² 주택을 기준으로 호당 약 1억 4,348만

국민임대주택의 재정지원 단가와 재원 분담 기준에 따른 금액 산정(예시)

재원분담 비율	국민임대주택의 재정지원 단가(만 원)
계(59m²)	14,348
재정 30%	4,304
주택도시기금 40%	5,739
사업자 10%	1,435
입주민 20%	2,870

＊2020년 기준 3.3m2당 재정지원 단가 802.5만 원을 기준으로 산정함

원 수준이다. 이 금액을 기준으로 공공임대주택 유형별로 설정된 재정, 주택도시기금, 사업시행자, 입주민의 재원 부담 비율에 따라 공공주택 사업자에 대한 출자액, 융자액 등이 결정된다. 예를 들어 위에 제시한 1억 4,348만 원의 국민임대주택에 대해 재정 30%, 주택도시기금 40%, 사업자 10%, 입주자 20%로 재원이 분담되었다면, 호당 재정출자액은 4,304만 원, 주택도시기금 융자액은 5,739만 원이 된다.

영구임대주택의 건설비는 국가재정에서 85% 지원하고, 주택건설 이후 공공임대주택 사업자인 지방정부와 구 대한주택공사(현 LH)의 자산으로 귀속토록 하였다.[11] 주택건설 200만 호 건설계획 종료 후 중단되었던 영구임대주택 건설사업이 2008년 이명박 정부에서 재개되었는데, 재원 분담 비율은 여전히 재정 85%, 입주자 15%로 설계하였다.

1998년 김대중 정부에서 시작된 국민임대주택의 재원 분담의 경우, 재정 30%, 기금 40%, 입주자 20%, 공공주택 사업자 10% 부담으로 설계하였다. 2003년 이후로는 면적이 적은 공공임대주택은 재정 비율이 커지

기존주택 매입임대주택 재원 분담 비율(2018년 기준)

구분	호당 기준사업비	출자(보조)	융자(기금)	입주자
다가구	11,000만원	45%~50%	50%	0%~5%
청년·신혼부부	15,000만원	45%	50%	5%
원룸형	8,500만원	45%	50%	5%
공공리모델링	9,500만원	45%	50%	5%
매입리츠	30,000만원	20%	30%	50%

자료: 국토교통부, 「2019년도 주택업무편람」, 2019, p. 229.

고, 면적이 넓은 공공임대주택은 재정 비율이 낮아지도록 하였다. 다만 국민임대주택의 재정지원 비중은 평균적으로는 재정 30%, 기금 40%, 입주자 20%, 공공주택 사업자 10% 수준이 1998년부터 현재까지 유지되고 있다.

노무현 정부에서 시작된 '기존주택 매입임대주택' 사업은 공공주택 사업자가 다가구주택 등을 매입하여 개·보수 후 저소득층에게 저렴한 임대료로 임대하는 사업이다. 2017년 기준 매입비의 45%를 재정에서 출자하고 50%를 주택도시기금에서 공공주택 사업자에게 융자하고 있다.[12]

2005년 빈곤아동가정에 대한 주거지원을 위해 도입된 전세임대주택 사업은 사업비의 5%를 전세계약 등에 따른 필요경비로 봐서 주택도시기금에서 출자하고 있다(2017년 기준, 호당 103만 원 기준)[13]

2013년 출범한 박근혜 정부는 신혼부부, 사회초년생, 대학생 등 젊고 사회활동이 왕성한 계층을 위한 새로운 공공임대주택 정책으로 행복주택 정책을 추진하였다. 행복주택의 사업비 부담은 재정(출자) 30%, 주택도시기금 40%, 입주자·사업시행자 30% 비율로 설정하고 있다.

공공임대주택 사업자에 대한 출자 및 융자 현황과 추이

출자

2020년 기준 정부의 공공임대주택 지원 중 공공주택 사업자에 대한 출자 예산은 4조 5,272억 원이다. 임대주택 지원(출자)예산은 다가구매입임대주택, 국민임대주택, 5년임대주택 등 공공임대주택, 행복주택, 임대주택 리츠 등을 위한 출자 지원사업으로 구성된다. 이 중 예산 금액이 가장 큰 사업은 다가구매입임대주택 출자로 1조 7,103억 원이고, 행복주택 출자

2020년도 주택도시기금 임대주택 지원(출자) 지출 예산

(단위 : 억 원)

구분	2018결산	2019계획 (수정)(A)	2020년 예산 (B)	증감 (B-A)	증감률 (%)
합계	27,333	40,831	45,272	4,441	10.9
다가구매입임대 출자	9,074	18,665	17,103	-1,562	-8.4
국민임대 출자	1,531	4,014	5,682	1668	41.6
영구임대 출자	643	2,828	3,635	807	28.5
행복주택 출자	7,346	9,951	12,082	2,490	26.0
임대주택리츠 출자	7,829	4,427	5,501	1,074	24.3
전세임대 경상보조	909	946	1,269	323	34.2

자료: 국회 국토교통위원회, 「2020년도 국토교통위원회 예비심사보고서」,
2019 및 국토교통부, 「2020년 예산서(각목명세서)」, 2020.

1조 2,082억 원, 국민임대주택 5,682억 원 순이다.

지난 30년간 공공임대주택을 위한 재정출자 현황을 살펴보면 다음과 같다. 영구임대주택의 경우, 1989년 재정에서 5,227억 원이 출자된 이래 1993년까지 연간 약 5,000억 원~1조 원 규모의 출자가 이루어졌고 장기간의 사업 중단 이후 2009년부터 다시 재정출자가 이루어졌다. 국민임대주택의 경우 1998년부터 사업이 시작되었으나 정부 재정출자는 1999년부터 이루어졌는데, 2008년 1조 1,887억 원의 출자가 이루어져 가장 큰 규모였다. 다가구매입임대주택의 경우 노무현 정부에서 공급이 시작되었는데, 2005년 첫해 1,000억 원을 시작으로 2020년에는 1조 7,103억 원이 출자되었다. 행복주택에 대한 출자는 2013년 시작되어, 2020년에 1조 2,082억 원의 예산이 출자되었다. 민간재원 등을 활용한 리츠 형태의 공공임대주택 공급을 위해 2014년 개시된 공공임대리츠의 경우, 2016년 1조 1,563억 원의 출자가 이루어졌으나, 이후 감소하여 2020년에는 5,501억 원의 예산이 마련되었다.

과거 30년간 공공임대주택 사업자에 대한 재정출자액을 총괄해보면, 1990년대 초 영구임대주택 건설기간 동안 출자가 있었으나, 영구임대주택 사업 종료와 함께 출자가 중단되었고, 1998년 국민임대주택 건설이 본격화되면서 재정 지출이 지속적으로 증가했음을 알 수 있다. 다만, 정권별로 중요도를 두었던 공공임대주택에 재정지원이 집중됨으로써 재정출자액의 상승·하강이 뚜렷하게 나타나고 있다. 국민임대주택의 경우, 국민임대주택 100만 호 건설계획을 추진했던 노무현 정부(2003. 2~2008. 2)가 마지막으로 편성한 2008년 예산에서 역대 가장 많았던 약 1조 1,887

공공임대주택 사업자에 대한 재정출자액 추이

(단위: 억 원)

연도	영구임대	국민임대	다가구매입	행복주택	임대주택리츠
1989	5,227	-	-	-	-
1990	6,950	-	-	-	-
1991	9,950	-	-	-	-
1992	6,744	-	-	-	-
1993	5,040	-	-	-	-
1994	-	-	-	-	-
1995	-	-	-	-	-
1996	-	-	-	-	-
1997	-	-	-	-	-
1998	-	-	-	-	-
1999	-	851	-	-	-
2000	-	1,545	-	-	-
2001	-	2,364	-	-	-
2002	-	4,531	-	-	-
2003	-	7,426	-	-	-
2004	-	8,526	-	-	-
2005	-	9,281	1,000	-	-
2006	-	8,989	1,413	-	-
2007	-	10,658	2,511	-	-
2008	-	11,887	2,245	-	-
2009	708	10,550	2,491	-	-
2010	2,740	9,826	2,311	-	-
2011	3,892	3,434	2,504	-	-
2012	4,014	2,876	1,926	-	-
2013	2,246	4,105	4,149	19	-
2014	1,754	6,034	3,979	1,332	3,074
2015	1,571	2,145	5,081	3,721	10,299
2016	837	2,374	4,599	6,593	11,563
2017	869	988	6,517	9,315	4,799
2018	643	1,531	9,074	7,346	7,829
2019	2,828	4,014	14,980	9,951	4,427
2020	3,635	5,682	17,103	12,082	5,501

자료: 대한민국정부 각년도 예산안 및 결산, 국토교통부 각년도 「주택도시기금 업무편람」의 내용을 종합하여 제시한 것임

억 원(결산액 기준)을 기록한 이후 급격하게 감소하는 경향을 보였다. 이명박 정부(2008. 2.~ 2013. 2.)에서는 영구임대주택 건설이 재개되면서 2012년 4,014억 원까지 재정출자가 증가하였다가 이후 감소하는 모습을 보였으며, 2019년 이후 다시 증가하고 있다. 박근혜 정부(2013. 2~2017. 5)가 추진한 행복주택 사업과 임대주택리츠 사업은 정부의 관심 속에 지속적으로 재정 지출이 증가하였는데, 문재인 정부(2017. 5~현재) 출범 이후 임대주택리츠는 감소세를 보였다. 다만 행복주택의 경우, 2018년 감소세를 보였다가 2019년 이후 증가세를 보이고 있다.

한편 노무현 정부에서 시작된 다가구매입임대주택 사업의 경우 저소득층을 위한 기성도시 내 임대주택 공급 대안으로 시작되었다. 그 뒤 2017년 청년·신혼부부 매입임대주택이 도입되고, 2018년 청년과 고령자에게 주로 공급하기 위한 공공리모델링사업, 2019년 신혼부부Ⅱ 사업, 아이돌봄시설, 기숙사형 매입임대사업이 각각 도입되었고, 2020년에는 리모델링Ⅱ 사업이 도입될 계획이며, 재정지원 단가도 증액되어 출자액이 급속히 증가하고 있다.[14]

융자

주택도시기금의 공공임대주택 지원(융자) 프로그램은 공공주택 사업자에 대한 국민임대주택, 공공임대주택, 다가구매입임대주택, 행복주택, 전세임대주택 융자 지원사업으로 구성된다. 2020년 기준 예산은 2019년도 예산 대비 1조 6,327억 원이 증가한 11조 2,518억 원이다. 융자 프로그램 중에 가장 많은 금액을 차지하는 것은 전세임대주택 융자로 3조 8,733억 원이

2020년도 주택도시기금 임대주택지원(융자) 지출계획안

(단위 : 억 원)

구분	2018결산	2019년예산 (A)	2020년 예산 (B)	증감 (B-A)	%
합계	103,569	96,191	112,518	16,327	17.0%
국민임대주택건설	5,331	7,952	8,154	202	2.5%
공공임대주택건설	15,193	15,442	8,972	-6,470	-41.9%
민간임대융자	19,480	14,525	19,076	4,551	31.3%
다가구매입임대융자	9,759	15,930	20,870	4,940	31.0%
행복주택건설	9,230	13,269	16,713	3,444	26.0%
전세임대융자	44,575	29,073	38,733	9,660	33.2%

* 국토교통위원회, 「2020년도 국토교통위원회 예비심사보고서」, 2019 및 국토교통부, 「2020년 예산서(각목명세서)」, 2020.

고, 다가구매입임대주택 융자 2조 870억 원, 행복주택 융자 1조 6,713억 원, 공공임대주택 융자 8,972억 원, 국민임대주택 융자 8,154억 원 순이다. 다가구매입임대주택 융자 지원액이 최근 들어 급속히 증가하게 된 이유는 최근 청년·신혼부부 매입임대주택, 공공리모델링사업 등 새로운 사업 유형이 추가되었고 융자 지원 단가도 일부 상승했기 때문이다. 전세임대주택 사업은 신규로 주택을 건설하여 공급하는 것은 아니나, 정책 대상 계층에게 기성도시 내 저렴한 주택을 공급하는 대안으로 2020년 3조 8,733억 원 규모의 융자 예산이 마련되었다.[15]

공공임대주택 건설·공급을 위한 주택도시기금 융자액의 연도별 추세를 살펴보면, 전반적으로 주택도시기금 융자액의 규모는 1998년 1조 4,975억 원에서 2020년 11조 2,518억 원으로 약 7.5배 증가하였다.[16] 장기공공임대주택에 대한 융자 규모 추이에 대해서 국민임대주택에 대한 융자가 개시된 1999년부터 시작되었다는 점을 고려하여, 1999년 현황부터 살펴보았다. 임대주택 유형별로는 융자 규모의 변동이 있었는데, 1999년 첫 융자가 이루어진 국민임대주택 사업자에 대한 융자 지원액은 2007년까지 연간 3조 원 규모로 꾸준히 증가하다가 2008년 이후 등락폭이 커져서 상승과 하락을 반복하였으며, 2020년 2조 9,024억 원의 융자 예산이 책정되었다. 다만 이 중 2조 870억 원은 다가구매입임대주택 예산이고, 8,154억 원은 국민임대주택 건설 융자 예산이다. 이는 2017년 발표한 국토교통부의 '주거복지 로드맵'에 따른 공공임대주택 물량계획을 집행하기 위해, 단기간에 기성도시 내에 기존주택을 매입하여 공급하고, 주택을 쉽게 매입할 수 있도록 매입단가를 인상하였기 때문이다.

최근 2005년 시작된 전세임대주택에 대한 융자액이 급속히 증가하고 있는데, 이는 다가구매입임대주택의 경우와 마찬가지로 단기간 내 임대주택 공급 효과가 있는 전세임대에 대한 지원을 강화하고 지원 단가를 상향 조정한 결과로 이해된다. 또한 2013년 시작된 신혼부부, 사회초년생을 위한 행복주택 융자 규모가 지속적으로 상승세를 보이고 있다. 한편 융자 예산 중 '공공임대주택' 부문은 분양전환용 임대주택인 5년, 10년 임대주택 등의 건설 예산을 말하는 것으로 국민임대주택, 행복주택, 전세임대주택 등 공공성이 강한 임대주택의 공급이 적을 때는 그 융자 규모가 증가하다가 반대의 경우에는 융자 규모가 감소했다. 2020년에는 8,972억 원의 예산이 편성되었다.

주요 공공임대주택 융자액 추이

(단위 : 억 원)

구분	국민임대주택(소계)		공공임대 주택	행복 주택	전세임대 주택	합계
	국민임대 주택 (건설)	다가구 매입임대 주택				
1998	-	-	14,975	-	-	14,975
1999	2,620	-	11,405	-	-	14,025
2000	1,600	-	12,810	-	-	14,410
2001	8,134	-	13,596	-	-	21,730
2002	11,665	-	10,618	-	-	22,283
2003	14,699	-	5,855	-	-	20,554
2004	20,603	-	7,881	-	-	28,484
2005	23,570	-	5,203	-	975	29,748
2006	32,004	-	8,362	-	2,981	43,347
2007	32,631	-	8,500	-	3,815	44,946
2008	16,261	-	10,159	-	4,610	31,030
2009	39,653	-	12,255	-	7,497	59,405
2010	13,299	-	24,097	-	7,193	44,589
2011	14,621	-	14,185	-	6,632	35,438
2012	6,067	-	29,820	-	13,581	49,468
2013	10,533	-	24,625	39	14,930	50,127
2014	12,815	-	24,979	2,650	16,155	56,599
2015	31,346	4,173	5,511	25,835	6,288	25,265	88,734
2016	26,974	4,157	5,035	21,939	6,615	29,019	84,547
2017	11,549	4,449	7,100	31,599	10,673	29,529	83,350
2018	15,090	5,331	9,759	15,193	9,230	44,575	84,088
2019	31,545	7,342	17,522	13,270	18,664	41,567	98,514
2020	29,024	8,154	20,870	8,972	16,713	38,733	93,442

* 2015년 이후 다가구매입임대 융자는 국민임대 계정에서 분리됨. 2014년까지는 구분되지 않고 합산되어 있었음.
전세임대는 2017년까지는 근로자·서민전세자금대출(현 버팀목 전세대출)융자항목이 포함되어 있어
세부 지원액을 알 수 없어, 부득이 지원 단가와 지원 실적을 토대로 추정한 금액임. 이 표는 2020년 기준
공공지원 민간임대주택과 사회주택 공급을 위한 '민간임대융자'(1조 9,076억 원)가 포함되지 않음.
자료: 국토교통부, 「주택도시기금업무편람」, 각년도 및 국토교통부, 「예산서」, 각년도.

공공임대주택 재정지원 관련 개선 과제

공공임대주택 공급계획과 재정지원계획 연계

지난 30년간 공공임대주택 건설·공급이 지속적으로 확대되어왔다. 그러나 이는 장기계획에 근거한 것이었다기보다는 시대적 상황, 대선공약의 이행, 공공주택 사업자의 재무 상황 등에 따라 지속적으로 부침을 겪어왔다. 노태우 정부가 추진한 영구임대주택은 주택건설비의 85%를 국가재정에서 충당하도록 하였다. 그런데 1998년 김대중 정부에서 시작된 국민임대주택의 경우, 국가재정 분담 비율이 축소되었다. 즉 IMF 경제위기 상황에서 공공임대주택 사업을 추진하기 위해 애초 선거공약이었던 '영구임대주택 5만 호 건설계획'을 '국민임대주택 20만 호 건설계획'으로 변경하면서 재원 분담도 재정 30%, 국민주택기금(현 주택도시기금) 40%, 입주자 20%, 사업시행자 10%로 설정되었다. 그 뒤 기성도시 내 임대주택 공급 대안으로 설계된 다가구매입임대주택은 매입비의 45%는 재정, 50%는 주택도시기금을 통해 조달하고 있다. 행복주택은 국민임대주택과 유사한 재원조달 구조로 운영하고 있다.

2003년 기존의 '주택건설촉진법'이 전부 개정되어 '주택법'으로 개편되었다. '주택법'은 국토교통부로 하여금 10년 단위의 주택종합계획(현 '주거기본법'에 따른 주거종합계획)을 수립하도록 규정하였고, 10년 단위의 공공임대주택 공급계획도 이에 포함되었다. 또한 2015년 개정된 '공공주택 특별법' 제3조는 10년 단위의 주거종합계획과 연계하여 5년마다 별도의 '공공주택 공급·관리계획'을 수립하도록 의무화하고 있다. 그런데 주거종합계획이나 공공주택 공급·관리계획에도 불구하고 정권교체 후에는 대통령 선거공약 등의 내용을 토대로 공공임대주택 공급계획이 변경될 수밖에 없어, 일관성 있는 공공임대주택의 재원 구조를 설계하는데 장애가 있는 것이 사실이다.

이러한 점으로 고려할 때, 공공임대주택 건설·공급계획의 연속성을 보장하기 위해 공공임대주택의 건설·공급계획을 단순한 물량계획에만 그치도록 할 것이 아니라, 국가재정 및 주택도시기금 운용계획과 연계하여 수립하는 것이 요구된다. 이를 위해 주거종합계획에 맞추어 중장기 재정 및 주택도시기금 운용계획을 수립하여 활용 방안도 검토해 볼 필요가 있다.

공공임대주택 건설부문 구분회계 정보 공개와 재정지원 기준 마련

공공임대주택의 건설을 위한 재정 및 주택도시기금 지원이 공공주택 사업자 입장에서는 충분하지 못한 실정이다. 진미윤(2015)에 따르면, 국토교통부의 공공임대주택 재정지원 단가가 실제 사업비에 미치지 못하고, 이에 따라 공공주택 사업자인 LH의 자체 부담이 크다. 예를 들어 공공주택 사업자인 LH가 국민임대주택의 건설비의 10%를 부담하도록 하고 있으나, 1998~2013년간 LH가 35%를 부담하였다고 한다. 동 기간 동안 LH가 수행한 국민임대주택 사업의 총사업비 67.7조 원 중 재정지원은 10.8조 원(16.0%), 주택도시기금 21.9조 원(32.3%), 입주자 부담 11.5조 원(17.0%), LH 재원 23.4조 원(34.6%)으로 나타났다.

그런데 LH는 공공임대주택 건설로 인한 손실 규모를 정확히 공개하고

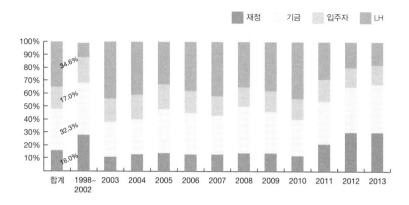

국민임대주택 건설비의 분담 비율 추이

자료: 진미윤, 「공공임대주택의 운영손실보전을 위한 재정지원 연구: PSO 적용가능성을 중심으로」,
－토지주택연구원, 2015, p.52의 표를 그림으로 나타냄.

있지 않아 실질적인 손실 규모가 어느 정도인지를 알기 어려운 실정이다.
현행 '한국토지주택공사법' 제11조의2제2항은 공공임대주택 건설사업
에 대해 구분하여 회계를 처리하도록 하고 있으나, LH는 관련 정보를 내
부정보로만 생산할 뿐 이를 공개하고 있지 않다. 공공임대주택 건설비에

「한국토지주택공사법」

제11조의2(공익사업 등의 회계구분)

① 공사는 제11조제2항 단서에 따른 손실보전 대상 공익사업에 대하여
　　각각 구분하여 회계처리를 하여야 한다.

② 공사는 「공공주택 특별법」 제2조제1호가목에 따른 공공임대주택 관
　　련 사업에 대하여 그 밖의 사업과 구분하여 회계처리를 하여야 한다.

[본조신설 2015. 12. 29.]

따른 손실을 정확히 파악하여 보조금을 산정하는 것이 공공주택 사업자 입장에서 중요한 만큼 해당 정보를 공개하는 것이 필요하다.

향후 전국의 상당수 지역에서 공공임대주택 사업을 수행하는 LH의 구분회계 정보를 활용하여 공공임대주택의 공급단가를 지역별로 산정하고 이를 토대로 보조금 지급 기준을 마련할 필요가 있다. 이를 통해 공공임대주택 사업시행자의 재무적 부담을 적정수준에서 유지할 수 있도록 관리하는 것이 필요하다.

주택의 수명주기를 고려한 재정지원 방안 마련

한편 공공임대주택 공급으로 인한 공공주택 사업자의 재무적 손실 산정 시 간과되고 있는 문제가 있다. 공공임대주택의 잔존가치에 관한 것이다. 현행 공공임대주택의 공급을 위한 재정지원 단가는 공공임대주택 건설비용(토지조성비용+주택건설비용)을 고려하여 산정하고 있는데, 공공재원이 투입되어 건설된 주택은 공공주택 사업시행자의 소유가 되어 법정 임대의무기간 동안 공공임대주택으로 운영된다. 그런데, 법정 임대의무기간이 종료된 이후에 발생하는 잔존가치에 대한 정책적 고려가 아직까지 없는 실정이다. 특별한 규정은 없지만 현재와 같은 상태에서는 공공임대주택 사업을 위한 토지취득 시점부터 공공임대주택 사업이 종료된 시점까지의 토지가격 상승분은 모두 공공주택 사업자에게 귀결된다.

이와 관련하여 소셜 하우징의 역사가 오래된 네덜란드의 경우, 1990년대 소셜 하우징에 대한 재정 개혁을 통해 소셜 하우징 공급 주체인 주택협회에게 보조금을 더 이상 지급하지 않기로 결정한 바 있다. 1995년 당시 '주택·공간 계획·환경부' 장관이었던 에네위스 헤이르마Enneus Heerma 는 핵심사업의 하나로 주택협회가 정부에 그때까지 갚아야 하는 대출금 과 정부에서 받고 있던 보조금을 상계하는 '부루터링brutering'이라는 조치 를 취한 바 있다.[17] 이는 향후 우리나라 공공임대주택의 보조금제도에 대 해 시사하는 바가 있다. 즉 일정 수준 이상의 공공임대주택이 지속적으 로 공급된다면, 공공주택 사업자가 보유한 임대자산을 활용하여 경제적 인 방식으로 재건축, 리모델링할 수 있고 이를 통해 정부의 보조금을 받 지 않거나 최소한으로만 받고도 저렴한 임대료를 받는 공공임대주택을 공급할 수 있는 구조가 만들어질 수 있기 때문이다.

우리나라의 경우도 '공공주택 특별법'에서 공공임대주택의 법정 임대 의무기간 이후 임대자산을 활용하여 임대주택의 공급 및 관리 방법을 검 토하여 법제화함으로써, 공공주택 사업자가 미래를 대비할 수 있도록 하 려고 한다.

공공재원의 적극적 활용을 위한 모색

2020년 기준 공공임대주택 공급의 핵심 재원인 주택도시기금이 융자하 는 금액은 연간 11.3조 원에 달하고, 주택 수요자를 위한 분양자금, 전세 자금대출 등을 합하면 2019년 결산 기준으로 22.0조 원이다. 그런데 주 택도시기금 중 직접사업비로 운용되지 못하고 '여유자금'이라는 이름으 로 운용되는 중장기자금이 2019년 기준 36.8조 원에 달한다. 이는 2017 년 41.3조 원, 2018년 37.8조 원에 비해 줄어든 규모이다. 이 자금은 국내 주식, 해외주식, 대체투자, 해외채권 등에 투자되고 있는데, 2019년의 경

주택도시기금 중장기 여유자금 운용 현황

(단위 : 백만 원)

구분	여유자금 규모*	여유자금 운용 현황(평균잔액)			
		소계 (수익률)	직접 운용 (수익률)	위탁 운용	
				연기금투자풀 (수익률)	전담운용기관 (수익률)
2017	41,347,962	42,137,088 (4.43%)	1,004,650 (1.62%)	3,411,435 (4.31%)	37,721,003 (4.50%)
2018	37,801,878	40,156,841 (-0.42%)	990,819 (1.67%)	2,375,075 (-0.52%)	36,790,947 (-0.49%)
2019	36,829,855	38,410,038 (6.06%)	1,064,334 (1.49%)	2,312,244 (4.49%)	35,033,460 (6.35%)

*2019년말 잔액 기준 여유자금임

자료: 국회 국토교통위원회, 「2019 회계연도 결산 및 예비비지출 승인의 건 검토보고」, 2020.8.

우 수익률이 6.06%에 달했으나 2018년의 경우에는 -0.42%를 기록하여 손실이 발생하기로 하였다.

주택도시기금은 국민들이 가입하는 주택청약저축, '주택법'에 따른 5년 만기 국민주택채권을 주 수입원으로 운용하여, 장기적인 자금 운용이 어려운 구조적 문제가 있다. 그럼에도 불구하고 여유자금의 규모가 연간 30~40조 원에 달하는 것은 주택도시기금이 국민 주거복지를 위해 투자할 수 있는 사업 아이템이 부족하다는 것을 보여준다. 이러한 점은 향후 주택도시기금을 공공임대주택 공급에 보다 적극적으로 활용할 필요가 있고, 또 그러한 여력이 있다는 것을 의미한다. 영구임대주택을 공급한 지 30년이 경과하였고, 국민임대주택은 20년이 다 되어간다. 이제는 신규 공급에 더해 공공임대주택의 리모델링, 재건축 등 새로운 사업모델을 만들고 이를 시행하려는 노력이 절실히 필요하다.

8장

민간부문의 자금을
어떻게 활용할 것인가

유승동*, 임병권**

본 장에서는 공공임대주택 개발사업에 필요한 자금조달에 대하여 살펴본다. 부동산 개발사업을 위해서는 대규모 자금이 필요하며, 부동산 개발업자 가운데에서도 개발사업에 필요한 대규모 자본을 소유한 개발업자는 극히 소수에 불과하다. 공공임대주택 개발사업이 소규모로 진행된다면 정부의 한정된 재정만으로도 사업을 추진할 수 있다. 그러나 정부의 자금만으로 공공임대주택 사업을 대규모로 진행하는 것은 어렵다. 특히 공공기관 중심의 국내 공공임대주택 사업은 자금조달 측면에서 손실 누

● 상명대학교 경제금융학부 부교수
● ● 한국소비자원 정책연구실 선임연구원

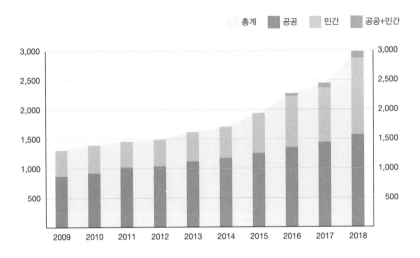

임대사업자 유형별 임대 호수　　　　　　　(단위 : 천 호)

　　　　　　　　　총계　■ 공공　■ 민간　■ 공공+민간

＊공공+민간 : 기업형임대주택('16년~'18년)과 공공지원민간임대주택('18년)을 의미함

자료 : 국토교통부 통계누리

증 우려 등의 한계가 있다. 따라서 민간자금을 조달하기 위한 다양한 방안에 대한 모색이 필요하다.[1]

 '국토교통통계누리'에 공시된 임대주택 통계에서 임대사업자별 임대주택의 현황을 살펴보면 이와 같은 상황을 이해할 수 있다.[2] 민간부문 사업자가 관리하는 주택은 2009년 약 45만 호에서 2018년까지 약 192%p가 늘어났지만, 동기간 공공부문에서 관리하는 주택은 82%p가 확대되는 데 머물렀다. 최근 민간 부분이 급격하게 확대된 것은 정책 환경의 변화에 따른 민간 임대사업자의 등록 증가로 보인다. 임대주택시장에서 민간의 역할도 중요하지만, 현재 공공임대주택 사업에서는 정부 지원 및 공공사

업시행자 재원을 통한 자금조달이 일반적이다. 따라서 민간자금을 이용한 공공임대주택 개발사업의 활성화도 절실한 상황이다.[3]

본 장의 구성은 다음과 같다. 먼저 우리나라 공공임대주택 건설사업의 자금조달을 살펴본다. 국내와 마찬가지로 유럽의 주택시장에서도 세계 전쟁 이후 상당 기간 공공임대주택 건설사업은 공공자금으로 추진되었지만, 수요가 다양해지는 주택시장에 부응하기 위하여 점진적으로 민간자금 조달이 활성화되었다. 최근에는 민·관이 상호 협력하는 형태로 자금조달이 이루어지는 경우를 빈번하게 찾아볼 수 있다. 다음으로 유럽에서 특징적인 자금조달 구조를 보유한 4개 국가(네델란드, 영국, 프랑스 그리고 덴마크)를 대상으로 자금조달 방식을 소개한다. 마지막으로 우리나라 공공임대주택 시장에서 자금조달에 대한 시사점과 방향성을 점검한다. 참고로 주택사업의 생애주기를 고려하면 개발 단계와 운영 단계로 구분된다. 건물의 준공(혹은 사용 승인)이 완료된 이후 즉 운영 단계에서는 준공된 건물을 담보물로 제공하고, 사업자는 금융기관에서 주택담보대출 일명 모기지 형태로 자금조달이 가능하다.[4, 5]

공공임대주택 건설사업의 자금조달

과거의 공공임대주택 건설사업은 사업자가 주로 (중앙)정부 지원과 대출에 의존하는 사업 구조였다.[6] 최근 공공임대주택에 대한 (정책적, 사회적) 수요 확대, 그리고 공공부문 주택사업자의 재정 부담 가중에 대한 우려로 공공임대주택의 건설에서 민간부문 참여가 강조되고 있다.

공공임대주택 자금조달을 기존 1) 공공주택 사업자가 재정을 부담하는 기업금융 모델, 그리고 최근 주목받고 있는 2) 민간과 공공이 협업하는 모델로 구분하여 설명한다. 최근에는 주택건설을 담당하고 있는 공공기관도 기존의 기업금융에서 벗어나, 다양한 방식으로 민간과 협업할 수 있는 새로운 구조를 설계하여 실행하고 있다. 그리고 3) 민간-공공 협업모델 중에서 주택시장에서 빈번하게 논의되는 서울특별시의 사회주택 공급 사례를 소개한다.[7]

주택 공급 기관의 기업금융을 활용한 자금조달

우리나라는 1960년대부터 주택 공급을 위해 다양한 기관과 조직을 구성하기 시작하였다. 여기서 기업금융이란 이런 기관과 조직이 자신의 사업을 영위하는데 필요한 자금을 대외적으로 조달하는 일련의 과정이라고 볼 수 있다. 경제 성장기에 주택 공급은 임대보다는 분양에 초점을 맞추어 진행되었다. 그리고 공공에서 임대주택이 건설되기 시작한 1980년대 초반에 주택을 공급하는 기관의 자금조달 방식은 분양주택과 임대주택의 경계가 분명하지 않았다.

전통적으로 공공사업시행자는 중앙정부 등의 재정 투자와 더불어 기업금융으로 재원을 확보하여 공공임대주택 건설사업을 진행하였다.[8] 공공임대주택을 공급하기 위한 공공사업시행자의 자금조달 수단은 크게 4가지 유형으로 구분된다. 첫 번째는 국가 또는 지방자치단체의 재정지원이다. 지원금은 대부분 상환의무가 없으므로, 지원금이 많을수록 사업자의 재정 부담이 줄어든다. 동시에 재정지원은 정책 목표를 수반하므로 대다수의 경우 주택사업에서 정책 목표에 부합하는 기준이 요구된다.[9]

두 번째로 정부, 공공기관 또는 공적 기금으로 대표적으로 주택도시기금(과거 국민주택기금)의 대출(지원)이 있다. 주택도시기금은 주거복지 증진과 도시재생 활성화를 지원하기 위해 1981년에 만들어진 기금으로, 국민주택채권 발행, 청약저축, 공공자금관리기금 예수금 등을 활용하여 주택 건설과 구입을 지원하는 자금을 조성하고 있다. 대출은 원금과 이자를 상환해야 하는 의무가 따른다. 그러니 이 경우에는 이자비용 즉 대출 금리가 시중 금리보다 낮은 경우가 많다. (시장에서 합리적으로 책정되는 시장금리보다) 낮은 금리는 정책적으로 개발사업에 제공되는 지원으로 간주할 수 있다.[10] 대출을 이용할 수 없는 경제 주체가 정부의 대출을 이용할 수 있다는 것도 해당 경제 주체에 대한 지원으로 간주될 수 있다.

세 번째로 공공사업시행자는 자체 재원을 조성하여 공공임대주택 개발사업을 진행할 수 있다. 이들은 임대주택 건설을 위해 자체 잉여금, 공사채 등의 채권 발행, 은행 차입 등을 활용하여 재원을 조달한다. 마지막으로 공공임대주택에 거주하는 입주자의 임대보증금도 공공임대주택 건설사업에 활용할 수 있다.[11]

공공임대주택 사업에서는 언급한 유형의 자금조달 수단이 적절하게 혼합되어 사용된다. 공공임대주택에서 재원조달 구조는 공공임대주택의 유형, 사업자 등에 따라 구분할 수 있다. 영구임대주택 또는 50년공공임대주택은 주로 국가 또는 지자체 재정을 이용하는 반면에, 그 이외의 임대주택 유형은 주로 기금융자 또는 LH나 지방공사 등 사업시행자의 재원을

공공임대주택 종류별 재원 구조

유형	사업 주체	비용 부담
영구 및 50년공공임대	국가, 지자체, 한국토지주택공사	국가·지자체 재정: 85% 이상 사업자 및 입주자부담: 15% '92~'93 사업분: 재정 50%, 기금 20%, 입주자 30% '94년 이후: 규모별로 기금지원
국민임대	한국토지주택공사, 지자체	재정(20~50%), 주택기금(37~42%) 사업자(10%), 임차인(3~28%)
장기전세	한국토지주택공사, 지자체	건설: 공공임대와 동일 매입: 사업시행자 100%
공공임대 (5년,10년)	한국토지주택공사, 지방공사, 민간업체	규모별로 기금지원 상이 (85m² 이하) 택지는 149m² 까지 공급
사원임대	한국토지주택공사, 지방공사, 민간업체, 고용자	규모별로 기금지원 상이 (85m² 이하) 택지는 149m² 까지 공급

자료: 국토교통부(2018)

활용하고 있다.

공공임대주택 공급 정책을 추진하면 건설 단계뿐만 아니라 운영 단계에서도 재정 부담이 가중될 수 있다. 임차인들에게 합리적 비용에 상응하는 혹은 시장 임대료 수준과 유사한 임대료를 부과하기 어렵다. 거주자의 자격이 제한되고 이들이 부담하는 임대료도 규제되어, 대부분의 공공임대주택은 주변 시세와 비교하여 낮은 임대료가 책정된다. 유승동·김주영(2017)은 공공임대주택의 임대료가 민간임대주택의 임대료의 50~54%에 불과하다고 분석한다.[12] 물론 공공임대주택에 부과하는 임대료를 시장 수준으로 조정한다면, 정부의 재정적 부담을 완화할 수 있다. 하지만 공공임대주택의 임대료는 시장의 일반적 임대료보다 '저렴'해야

한다는 사회적 공감대가 형성되어 있다.[13]

현재 일반적인 구조는 운영 기간 중 발생하는 임대료 수입이 개발 기간과 운영 기간에 발생하는 전체 비용에 미달하여, 공공임대주택 재고가 확대됨에 따라 운영 손실이 가중되는 구조이다. 공공사업시행자의 재정 부담 또한 마찬가지다. 공공임대주택의 건설과 운영에서 중요한 역할을 수행하는 한국토지주택공사(LH)의 임대사업 매출손익의 경우 장인석 등의 2018년『LH재원조달 다각화를 위한 부동산금융 활용 방안』을 찾아보면 확인할 수 있다.[14] 임대사업에서 발생하는 수입이 제한된 상황에서 사업자의 경영 효율화만으로 사업의 수익성을 확보하기는 어렵다. 수익성이 확보되기 어려운 상황은 신규 사업을 위한 자금조달 또한 어렵게 만든다.

민간부문의 참여를 통한 주택사업 자금조달

공공임대주택은 전통적으로 공공영역이 배타적으로 공급·관리하는 주택을 의미하며, 국내의 경우 최근까지도 공공과 민간이 협업하는 형태는 거의 없었다. 공공임대주택을 대규모로 공급하는데 공공재원에만 의존하는 것은 한계가 있다. 주택건설에는 초기 건설자금이 과도하게 소요되기 때문이다. 따라서 공공부문에서 초기 건설자금 부담을 완화하기 위하여 민간자금을 활용할 수 있다. 민간 참여를 유도하기 위해서는 최근 다양한 부동산금융이 활용되고 있다.

공공임대주택 사업에서 민간 참여를 논의하기 위하여 부동산의 일반적 투자 방식인 직접 또는 간접 투자에 대한 설명이 필요하다. 직접투자는 개인이나 기업 등이 거주, 사업, 임대소득 창출, 부동산가격 상승에 따른 자본이득 등을 목적으로 한다. 반면 간접투자는 개인이나 기업 등이 부동산간접투자기구에 투자하고 창출된 수익(임대 또는 매각)을 공유하는 투자 방식이다. 직접투자와 간접투자의 가장 큰 차이로 이영호 외(2016)는 간접투자에서는 다수의 소액투자자들 자금이 부동산시장에 유입할 수 있다는 측면을 강조한다.

간접투자와 관련하여 우리나라에서는 2000년대 초·중반 부동산금융과 관련된 법적 근거가 마련되기 시작하였으며, 자본시장의 발달에 따라 부동산과 관련된 금융기법도 본격적으로 활성화되기 시작하였다. 일반적으로 부동산 개발 및 임대 운영 등을 위해 자금을 조달하는 부동산금융은 리츠(REITs)와 부동산펀드(REFs)가 대표적이다. 부동산금융에 있어 펀드나 리츠는 유사한 간접투자 금융상품이지만 관련 법률, 법적 성격, 투자 대상 등에서 차이가 있다.[15] 두 가지 상품의 차별성은 임병권·장한익(2018)을 참조할 수 있다.

2010년 중반 민간이 참여하는 임대주택은 준공공임대주택, 공공지원민간임대주택 그리고 사회주택 또는 사회임대주택 등이 있다. 부동산금융에 대한 높은 관심, 공공사업시행자의 재정 부담 완화 및 지속적인 임대주택 공급을 위해 부동산금융 가운데에서도 리츠가 적극적으로 활용되고 있다. 민간부문은 리츠에 투자하거나 주택도시기금 융자 등을 통하여 임대주택 건설에 참여하고 있다.

공공과 민간의 협업 하에 공급되는 공공임대리츠 사업 구조는 다음 그림과 같다. 해당 리츠는 주택도시기금, LH 등 공공부문이 공동으로 출자

공공임대리츠 자금조달 구조

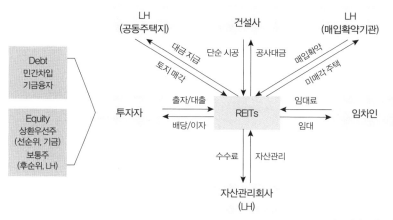

자료: 장인석 외(2018)

하여 설립되며, 민간부문의 재원을 조달하여 임대주택을 공급하는 구조이다. 리츠는 LH 등의 공기업으로부터 택지를 매입하여 임대주택을 건설한 후, 특정 기간 예를 들어 10년간 임대하여 운영한 이후 일반분양으로 전환하는 형태로 운영되고 있다. 사업의 위험관리 수단으로 운영이 완료된 이후 분양으로 전환하는 과정에서 미분양 등이 발생하는 경우, 해당 주택을 공공부문(LH 등)에서 매입하기도 한다. 민간부문에서 정부의 지원과 별개로 운영되는 리츠와는 사업 구조가 차별적이다.

일반적인 리츠와 비교할 때 공공임대리츠는 1) 사전 토지확보로 인하여 전체 사업비 절감, 2) LH 등 공기업이 보통주 출자자로 참여, 3) 공공부문의 매입확약을 통해 분양전환하는 경우 리스크를 관리할 수 있다는 장점이 있다. 또 주택개발 사업에서 주택도시기금과 LH의 지분 참여와 민

공공임대리츠 자금조달 구조 예시

출자금		대출 및 융자금		입주자 임대보증금
기금(우선주)	LH(보통주)	기금(후순위)	민간(선순위)	
8%	2%	25%	35%	30%

자료: 봉인식 외(2018)

간과 기금의 부채투자를 동시에 활용하고 있으며, 입주자의 임대보증금
도 활용한다.

서울특별시 사회주택 사업의 자금조달

최근 서울시에서 진행하고 있는 사회주택이 주택시장에서 빈번하게 논의
되고 있다.[16] 서울이란 대도시의 특수성을 고려하여 토지 조성, 자금조달,
그리고 건설 및 운영 등에서 민관이 협력하여 자금조달 구조를 개발하였
다.[17]

　서울시의회에서 2015년 사회주택 관련 조례가 제정됨에 따라 공공과
민간이 협력하는 사회주택 공급 사업이 본격화되었다. 동 사업은 민간과
협력 방식에 따라 크게 2가지 유형으로 구분된다. 토지임대부는 사회주
택 사업자에게 장기간(예를 들어 30년 이상) 저리로 토지를 임대하고, 사
업자는 정책 대상자에게 사회주택을 건설 또는 리모델링하여 임대·운영
하는 구조이다. 리모델링은 노후 고시원 등을 매입 또는 임대한 후 리모델
링하여, 사업자가 정책 대상자에게 임대하여 운영하는 방식이다. 대도시
의 경우 주택개발사업의 전체 사업비 가운데 토지비용이 차지하는 비중
이 가장 크다. 임대료에는 사회적인 요구(즉 시장 임대료의 80% 수준)를

현행 사회주택 사업에 대한 금융지원체계

융자 대출	공공	서울시 사회투자기금 사업비의 70~90%(최대 25억 원)	국토교통부 주택도시기금 담보가액의 70%~80% (가구당 0.5억 원~1억 원)
	민간	주택도시보증공사의 보증심사 후 민간은행으로부터 대출 사업비의 최대 90%까지 대출	
공공 보증	국토 교통부	주택도시보증공사(HUG) PF(건설형) 및 매입자금(매입형)	주택금융공사(HF) 사업자 건설자금 및 임차인 전세자금
	서울시	서울신용보증재단 인증 사회경제적 조직(비영리 및 공익법인) 대상	
이차 보전	서울시	민간은행 대출 시 서울시의 이차 보전 최대 2.0%까지 대출이자 지원	
리츠		사회주택리츠 토지임대부 등을 지원	토지 지원 리츠 전략부지형 등을 지원

자료: 박은철(2018)

반영함과 동시에 부지비용에는 정책적 지원을 반영하였다. 서울시의 다양한 재정지원 프로그램 그리고 금융대출 프로그램과 연결성 강화도 임대주택사업의 지속성을 확보하는 기반이 되었다.

서울시는 중앙정부·민간은행 등과 협약하여 사회주택 사업자를 지원하고 있다. 위 표와 같이 자체기금 및 주택도시기금을 통해 사업자에게 대출을 제공한다. 그리고 주택관련 공적 기관(주택도시보증공사와 주택금융공사)과 협약하여 보증상품도 제공하고 있다. 서울시 자체재원에서 사회주택 사업자의 사업비 대출 이자 지원 그리고 사회주택 관련 리츠(공공과 민간이 출자)를 통해 사회주택 건설이나 매입 사업에 필요한 출자나 대출, 토지임대 등도 지원하고 있다.

유럽 주택금융시장의 자금조달

여기서는 유럽에서 일반적으로 활용하는 소셜 하우징을 대상으로 하는 특징적인 형태의 자금조달 방식을 살펴보자.[18]

유럽에서는 각 국가의 금융 및 주택시장 환경과 법률적, 제도적 환경에 따라 다양한 지원정책을 결합하여 소셜 하우징의 고유한 자금조달 방식을 개발하여 운영하고 있다. 세계대전 이후 각국의 주택시장에서 소셜 하우징 수요가 급격하게 늘어남에 따라 초기의 대응은 정부의 재정지원이었다. 그리고 지방분권화가 발달한 사회에서는 중앙정부뿐만 아니라 지방정부도 주택시장에 재정을 지원하였다.

이후 소셜 하우징 시장수요가 확대되면서 개별 국가들은 금융시장 및 주택시장 환경에 따라 고유한 금융조달 방식을 개발하기 시작하였다. 본 절에서는 유럽의 특징적인 국가들의 금융조달 모형을 살펴보기로 한다.[19]

네덜란드: 보증제도를 활용한 자금조달

네델란드에서는 비영리 단체인 주택협회가 19세기 중반 자연적으로 생성되어 소셜 하우징 공급과 운영에 주요한 역할을 수행한다. 세계대전 이후 주택시장의 상황이 변하면서 지방정부가 주택시장에서 주도적 역할을 하였다. 사회적 다양성과 이로 인한 주택 수요의 다양성은 주택시장에서 여러 이해집단의 출현으로 이어지고, 이에 따라 주택협회 중심의 시장으로 개편되었다.[20]

주택협회의 기본적인 재원조달 방안은 금융기관에서 대출을 받는 것이며, 단 정부가 기금을 조성하고 동 기금에서 대출을 보증한다는 점이 특징적이다. 정부의 직접 보조금보다는 민간을 주축으로 보증제도와 간접적인 정부의 기금 지원이 소셜 하우징 자금조달의 활성화를 도모하고 있다. 1901년 '주택법'을 제정하여 소셜 하우징 공급 주체를 대상으로 장기·저리 대출을 제공할 수 있는 법적인 기반을 확보하였다. 이후 중앙정부의 대출상품, 보조금 지급 등으로 주택협회를 직접 지원하기도 하였지만, 재정 건전성 이슈로 민간과 공공이 공동으로 협력하는 체계가 구축된다.

보증제도를 운영하기 위해 두 가지 기금을 설립하여 운영하고 있다. 사회주택보증기금(WSW)[21]은 1983년 설립된 민관 공동 출연재단으로 민간 비영리재단의 성격이나 정부와의 손실보전 협약을 통해 주택협회에 대한 대출 보증 등의 공적 역할을 담당한다. 동 기금은 소셜 하우징 개·보수자금, 신규 건설자금, 토지 취득 등 소셜 하우징 건설을 위한 대출 보증을 제공한다. 주택협회는 시장금리보다 저렴하게 자금을 조달한다. WSW는 주택협회에 대한 지급보증, 대출의 부실위험을 관리하며 재무 건전성을 관리하기 위한 점검과 평가도 실행한다.[22]

다음으로 중앙사회주택기금(CFV)[23]은 1988년 중앙정부 산하에 설립된 기구로 재정적 어려움에 직면한 주택협회 등을 지원하고 있다. 동 기금의 재원은 주택협회별 자산 규모를 기준으로 출자한 의무 분담액으로 조성된다. 주택협회의 재정 건전성 관리·감독과 함께 재무 건전성이 취약한 주택협회에 긴급 채무조정자금을 제공함으로써 구조조정 업무를 담당한다. 대출 부실화 및 채무불이행 위험에 노출된 주택협회에 대해 무이

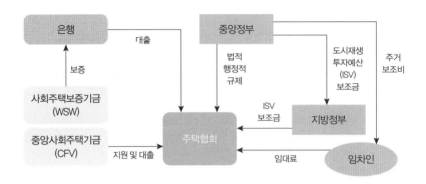

네덜란드 소셜 하우징 자금조달체계

자료: 김란수(2015)

자 대출을 지원하고, 최장 10년에 걸친 채무조정·구조조정을 진행하며, 경우에 따라 주택협회의 인수합병 과정에도 참여한다.

주택협회는 금융기관에서 대출을 받아 자금을 조달한다. 자금조달 과정에서 WSW의 대출 보증이 이루어진다. 금융기관과 보증기관은 채무자의 부실이 발생하는 경우 부정적 충격에 노출될 수 있다. CFV가 부실한 채무자인 주택협회에 대한 채무조정, 구조조정 등을 진행한다. 참고할 사업 구조는 보증에서 사전적 위험관리와 사후적 위험관리가 구분되며, 이들이 유기적인 관계를 맺어야 한다. 주택시장에서 다양한 참여자의 특성을 존중하기 위하여 주택협회 중심으로 주택시장을 구축하고, 정부에서는 간접적 지원 방식으로 민간의 활동을 지원한다.

영국: 자본시장 중심의 자금조달

2000년대 초반까지 영국에서 소셜 하우징 공급은 지방정부를 중심으로 이루어졌다. 최근에는 주택협회, 민간부문 주택조합 및 커뮤니티 조직인 주택신탁, 주택협동조합 등에 의하여 소셜 하우징 공급이 진행되고 있다. 참고로 최상희 외(2018)는 '주택협회법'에 근거한 주택협회와 주택신탁 그리고 '주택조합 및 커뮤니티법'에 의한 주택협동조합으로 구분하기도 한다.

국제금융의 중심지인 런던을 중심으로 다양한 금융기관이 수많은 금융상품을 제공하고 있다. 따라서 주택금융시장에서도 사업자들이 자금조달하기에 상대적으로 양호한 금융환경이 조성되어 있다. 대규모 사업자가 런던의 금융시장에서 대출 혹은 채권발행을 통해 자금조달하기가 다른 국가들에서보다 상대적으로 수월하다. 사업자는 중앙정부인 주택·지역사회청(HCA)[24]의 보조금 지원과 감독도 받고 있다.

자본시장 접근성이 높더라도 소규모 주택사업자는 여전히 자금조달에 어려움을 겪을 수 있다. 따라서 금융시장에서 협동조합 형태의 주택금융유한회사(THFC)[25]가 채권 신디케이터 역할을 수행하고 있다. 자금조달을 지원하기 위하여, 주택협회가 보유한 자산에 대한 담보대출을 집합적으로 취합하고 채권발행을 통하여 필요한 자금을 조달한다. 대출 풀pool을 조성하여 경제성을 확보하는 방식을 활용하며, 동 과정에서 정부는 THFC에 대한 공신력 제고와 간접적 보증을 제공한다. 참고로 자금조달 총액은 주택사업자들이 자금조달을 위하여 제공하는 기초자산의 가치에 비교하여 현저하게 낮다. 선순위 주택담보대출만을 기초로 채권을 발

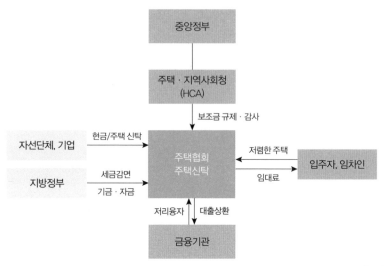

주택협회와 주택신탁의 자금조달

자료: 최상희 외(2018)

행하므로 조달비용은 낮출 수 있다. 동시에 소셜 하우징 사업자는 이미
정부의 지원을 받고 있다는 것도 장점으로 작용한다. 물론 주택사업자는
자체자금 조달도 가능하므로 자체자금 조달과 THFC를 통한 신디케이션
을 선택할 수 있어 자금조달에서 투자자의 경쟁을 유도할 수 있다.

　소규모 주택협동조합은 주택협동조합들의 협동조합을 구성하여 원활
한 자금조달을 도모하기도 한다. 래디컬루츠Radical Routes는 저소득층에
주택을 공급할 목적으로 1980년 설립된 협동조합으로, 1992년 정부 승
인을 거쳐 기금을 설립하여 주택협동조합을 지원하고 있다. 그리고 협동
주택금융(CHFS)[26]이 제공하는 주택담보대출 이자보증과 래디컬루츠 등
이 제공하는 낮은 금리의 주택담보대출상품을 활용하여 자금을 조달한

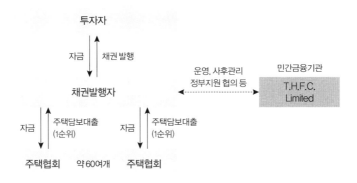

주택금융유한회사(THFC)의 자금조달

투자자

자금 ↕ 채권 발행

채권발행자 ←----→ T.H.F.C. Limited
운영, 사후관리 정부지원 협의 등 | 민간금융기관

자금 ↕ 주택담보대출(1순위)   자금 ↕ 주택담보대출(1순위)

주택협회   약 60여개   주택협회

* 자금조달 구조를 단순화
자료: 유승동 외(2019)

다. 그러나 주택금융시장에서 이들의 자금조달 규모는 제한적이다.

영국에서는 런던을 중심으로 조성된 금융시장에서 소셜 하우징 공급 주체가 대출, 채권발행 등을 경쟁적 방식으로 자금조달이 가능하다. 주택사업자의 자금조달을 활성화하기 위해 THFC도 운영하고, 협동조합들은 자금조달을 위한 협동조합도 설립하여 운영하고 있다. 참고할 만한 사항은 금융시장이 활성화된 환경에서 사업자들은 개별적으로 사업자금을 조달하고 있지만, 이와 같은 상황에서도 자금조달이 어려운 소규모 사업자는 협동조합이란 매개체를 활용한다는 것이다. 정부에서는 자금조달에서 경쟁을 도모하기 위하여 새로운 형태의 구조화 금융 방식을 도입하여 활용하고 있다.

프랑스: 국가 금융기관 중심의 자금조달

프랑스에서 소셜 하우징은 적정임대료주택(HLM)[27]으로 불리며, 중산층 및 저소득층을 대상으로 HLM이 공급되고 있다. 공급 주체인 공공기관, 사회적 기업, 협동조합 등에 대한 자금 공급은 1816년 설립된 공적인 금융기관인 국립공탁은행(CDC)[28]이 담당한다.

고유한 저축제도인 리브레아Livret A를 기반으로 금융기관을 통하여 자금을 조성한다. 리브레아는 프랑스 인구의 80% 이상이 계좌를 보유하고 있는 보편화된 저축상품으로 일반 저축보다 예금금리가 높으며, 우리나라의 주택청약과 유사한 상품이다. 사회임대주택보증기금[29]에서 예금자보험도 제공한다. 조성된 자금은 소셜 하우징 건설자금과 더불어 중소기업 대출과 인프라 사업에도 투자된다. 전반적 사업총괄은 CDC에서 담당하고 있으며, CDC는 주택, 경제 그리고 재무 관련 부처의 관리 감독을 동시에 받고 있다.

HLM 재원조달은 CDC를 통한 장기·저리 대출과 더불어 정부 재정지원(보조금), 1% 주택기금을 통한 보조금 또는 대출, 사업자의 자기자본으로 구성된다. 소셜 하우징의 건설을 위해서 중앙정부와 지방정부의 지원이 있고, 소셜 하우징 건설에 대한 지방정부 간의 경쟁관계도 형성되어 있어 지방정부에서는 소셜 하우징 개발을 위한 부지를 제공하기도 한다.

소셜 하우징 건설사업을 진행하기 위하여 공적 금융기관인 CDC를 통하여 자금조달이 이루어지고 있다. 가계의 저축자금은 소셜 하우징 등 다양한 포트폴리오에 투자되어 효율적으로 운영되고 있다. 건설사업 자금조달은 다양한 보증 및 지원제도와 연결되어 운영되고 있다. 참고할 만

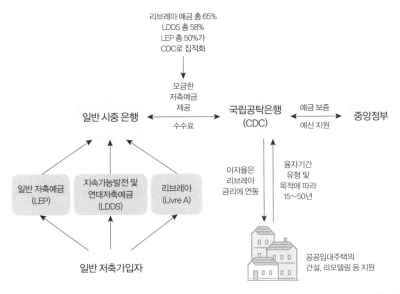

국립공탁은행(CDC)의 자금조달

리브레아 예금 총 65%
LDDS 총 58%
LEP 총 50%가
CDC로 집적화

모금한
저축예금
제공

일반 시중 은행

수수료

국립공탁은행
(CDC)

예금 보증

예산 지원

중앙정부

일반 저축예금
(LEP)

지속가능발전 및
연대저축예금
(LDDS)

리브레아
(Livre A)

일반 저축가입자

이자율은
리브레아
금리에 연동

융자기간
유형 및
목적에 따라
15~50년

공공임대주택의
건설, 리모델링 등 지원

자료: 진미윤 외(2019)

한 점은 공적 금융기관을 적극적으로 활용하며 동시에 은행 시스템을 활용하여 자금조달을 추진한다. 장기 주택투자와 저축자금에 대한 상호 연계를 통한 보증과 위험관리가 진행되고 있다. 이와 더불어 지방정부가 직접 잠재적 위험을 부담하는 것은 우리나라 주택시장에 시사점이 될 수도 있다.

덴마크: 자본시장과 금융기관이 연계한 자금조달

덴마크의 소셜 하우징은 공동주택 또는 비영리주택으로 지칭되며, 지자체, 협동조합, 비영리 조직이 공급하고 있다. 소셜 하우징의 재원조달 구조는 일반적으로 주택조합 등의 대출이 대부분을 차지하고 있으며, 지방정부의 보조금 그리고 입주자의 보증금이 있다.[30] 소셜 하우징을 건설하기 위해 주택담보대출이 자금조달 수단으로 활용되고 있다.

금융시장에서 커버드 본드 covered bond 는 200년 이상 활용된 금융상품이다. 커버드 본드 투자자는 (커버드 본드 발행회사인) 금융기관 도산 시 담보자산에 대한 우선 청구권을 보장받고, 담보자산에 대한 상환재원이 부족한 경우 (발행회사인) 금융기관의 여타 자산에 대한 청구권도 보유한다. 주택금융시장에서도 이를 활용한 매칭자금시스템을 유지하고 있다. 이는 1차 시장에서 차입자가 은행에게 차입한 대출과 2차 시장에서 발행한 채권과 (이미 언급한) 차입자와 은행의 대출이 서로 상호 연계되었음을 의미한다. 지방정부는 행정구역에서 발생한 주택담보대출에 대하여 1차 시장에서 보증 그리고 이를 기반으로 발행된 커버드 본드에 대하여 2차 시장에서 보증하는 것으로 알려져 있다. 이는 지역정책과 주택정책 그리고 금융정책이 상호 연계되어 운영되고 있음을 시사한다. 물론 커버드 본드, 모기지 뱅크 등은 금융감독청의 감독을 받고 있다.

전통적으로 자본시장과 연계한 커버드 본드 발행을 통한 자금조달이 진행하고 있다. 소셜 하우징 사업자는 입주자가 조달한 담보대출을 통하여 주택사업을 진행하는 것으로 알려져 있다.[31] 참고할 만한 사항은 은행 시스템을 통하여 민간의 주택시장 참여를 도모하고 있다는 것이다. 위기상황을 관리할 수 있는 적절한 방안을 발굴하여 투자자들이 신뢰할 수 있고 주택사업에 간접적으로 투자할 수 있는 시스템을 조성하였다.

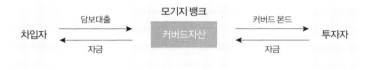

커버드 본드를 통한 자금조달

차입자 →(담보대출) 모기지 뱅크 커버드자산 →(커버드 본드) 투자자
차입자 ←(자금) 커버드자산 ←(자금) 투자자

*커버드 본드의 관점에서 자금조달 구조를 단순화
자료: 유승동 외 (2019)

자금조달을 위한 새로운 길을 찾아서

우리나라도 해외 주택시장에서 발견되는 공공임대주택 활성화를 위한 다양한 정책 도구들을 보유하고 있다. 해외에서는 개별 국가가 보유한 고유의 금융시장 및 주택시장의 환경에 적합하게 자금조달 시스템이 개발되었다. 시장구조 개선과 더불어 시장 참여자의 인센티브와 위험관리 방안을 동시에 고려한 자금조달 모형이 구축되었다. 국내에서는 공공부문에서 해결할 수 없는 부분을 민간에서 처리해줄 수 있다는 수동적 관점으로 주택시장의 민간 참여를 바라보는 경향도 있다. 공공부문만으로는 해결할 수 없으므로, 향후 정부와 민간이 상호 협력하여 해결 방안을 모색한다는 적극적인 변화가 필요하다. 즉 공공부문에서 민간부문의 자금을 활용하여 공공임대주택 개발·운영하기 위해서는 시장 참여자의 인센티브와 위험관리에 대응하는 환경을 조성해야 한다.

특히 우리나라 금융기관은 주택사업에 대한 지분투자equity investment보다는 부채투자debt investment를 선호하는 분위기가 형성되어 있다. 세계적 금융위기를 경험한 이후 일부 투자자들과 (금융)정책 결정자들은 주택시장에 대한 보수적 견해를 견지하고 있다. 경제위기와 같은 기대하지 못한 충격의 가능성과 현실화될 수 있는 잠재적 손실의 크기를 과대하게 평가하고 있는 것이다. 따라서 위기의 가능성에 대한 인식을 개선할 수 있는 정책 지원도 필요하다. 민간 금융시장에서 이를 보완할 수 있는 정교한 위험관리 기법에 대한 자발적 논의가 미흡한 상황이기 때문이다. 그리고 직간접적 정부 지원을 받는 주택금융기관의 역할이 필요하다. 금융안정이란 측면과 더불어 경제활동을 지원할 수 있는 금융의 근본 역할인 금융 포용과 관련된 고민이 선행될 필요가 있다.

9장

노후 공공임대주택을
재생하자

남원석[*], 윤영호[**]

30년을 맞이한 공공임대주택

1989년 영구임대주택 공급 정책을 출발점으로 본다면, 2020년은 30년을 넘은 공공임대주택이 본격적으로 등장하는 시기이다. 제도적인 측면에서 경과 연수가 30년이 지났다는 것은 재건축사업의 대상이 될 수 있음을 의미하는 것이지만, 굳이 30년이라는 숫자에 연연하지 않더라도 이제는 공공임대주택의 노후화에 대해서도 정책적 관심을 기울여야 할 때가

● 서울연구원 연구위원
● ● 서울주택도시공사 인재개발원 원장

되었다. 실제로 중앙정부는 지난 2016년 4월 28일 '맞춤형 주거지원을 통한 주거비 경감 방안'의 하나로 노후 임대 단지의 재개발중장기계획 수립을 검토하겠다는 입장을 발표하였으며, 2017년 11월 29일 발표한 '주거복지 로드맵'에는 노후 영구임대 단지의 재건축에 관한 사항이 포함된 바 있다.

그런데, 공공임대주택의 노후화는 단순히 물리적인 시설개선 이상의 과제를 함축하고 있다. 주지하다시피, 경과 연수가 오래된 공공임대주택일수록 단지를 이루고 있는데, 저소득가구가 다수 거주하고 있고, 노인, 장애인이 늘어나면서 주변 지역사회로부터의 고립, 활력 저하 등이 지적되고 있음은 어제 오늘의 일이 아니다. 이 상황에서 공공임대주택의 물리적 노후화는 해당 문제를 더욱 악화시킬 소지가 있다. 공공임대주택의 무용론으로까지 번지지는 않으리라 바라지만, 공공임대주택 재고가 어떻게 관리되는지는 공공임대주택 정책에 대한 국민의 인식에 영향을 줄 수 있다는 점에서 중요한 정책적 사안이 아닐 수 없다.

해외의 경우, 초창기에는 물리적인 정비 위주의 정책을 추진하다가 점차 주변 지역사회나 입주자의 사회경제적 개선까지 아우르는 방식으로 물리적 노후화에 대응하고 있는 추세이다. 물리적인 정비 역시 주택관리로 개선이 어려운 심각한 노후상태의 주택을 제외하면, 거주가구의 생활에 큰 충격을 줄 수 있는 재건축을 시행하기보다 리모델링을 선호하고 있다. 최근 주택시장 불안을 이유로 갓 30년이 경과된 공공임대주택을 재건축하여 주택의 신규 공급을 늘리겠다고 발표한 정부의 정책과는 대조적이다.

이 글은 노후화가 진행되고 있는 공공임대주택에 대해 어떠한 정책적 접근을 취해야 하는지에 대한 고민을 담고자 하였다.[1] 공공임대주택의 신규 공급을 늘리는 것이 중요한 정책 과제임은 부인할 수 없겠으나, 기 공급된 공공임대주택을 효과적으로 관리하는 것도 그에 못지않은 중요한 과제이기 때문이다. 이하에서는 우선 노후 공공임대주택의 현 상황과 문제점을 서울을 사례로 살펴본다. 다음으로 노후 공공임대주택의 관리와 관련된 중앙정부와 지방정부의 정책을 종합적으로 검토하면서 정부 정책의 한계를 지적하고자 한다. 결론에서는 '단지 재생'이라는 관점에서 몇 가지 정책과제를 제안한다.

노후 공공임대주택의 현황과 문제: 서울을 사례로

노후 공공임대주택 현황

2020년 7월 기준, 서울 소재 공공임대주택 재고는 33.5만 호이다. 이 중 서울주택도시공사(SH)가 공급한 주택이 23.3만 호, 한국토지주택공사(LH)가 공급한 주택이 10.2만 호로, SH의 공급물량이 약 70%를 차지하고 있다. 유형별로 살펴보면, 영구임대주택 4.8만 호, 50년공공임대주택 2.2만 호, 재개발·주거환경 임대주택 6.9만 호, 국민임대주택 2.8만 호, 장기전세주택 3.3만 호, 행복주택 1.5만 호, 매입이나 임차 방식으로 공급된 주택 11.9만 호이다. SH는 건설 방식으로 공급한 주택이 과반을 차지하고 있는 반면, LH는 매입이나 임차 방식으로 공급한 주택이 절반을

준공 후 30년 이상 경과 단지 수(서울, 누적)

구분 \ 연도	'17	'18	'19	'20	'21	'22	'23	'24	'25	'26
영구임대	-	-	1	3	10	15	19	25	28	28
50년공공임대	-	-	-	-	1	4	4	4	8	9
재개발 주거환경 임대	-	-	-	-	-	1	2	4	10
혼합 단지	-	-	-	-	-	1	1	2	2	3
합계	-	-	1	3	11	20	25	33	42	50
전년 대비 단지 증가 수	-	-	1	2	8	9	5	8	9	8
주택 수(천 호, 누적)	-	-	0.6	2.6	16	32	38	48	57	61

자료: SH 내부자료

넘는다.

이 중에서 단지 형태로 건설하여 공급한 공공임대주택을 살펴보면 다음과 같다. 2017년 4월 현재, 서울에는 총 454개의 공공임대 단지가 운영되고 있으며, 재개발·주거환경 임대주택(200개), 혼합 단지(96개), 장기전세주택(89개), 영구임대주택(29개) 순으로 많이 분포하고 있다. 주택재고는 총 18.3만 호이며, 2006년 이후 10년간 가장 많은 공공임대 단지가 공급된 반면 그 이후에는 급격히 감소하는 추세이다. 사업자별로 구분하면, SH가 공급한 공공임대 단지는 총 427개이며, 주택재고는 15.3만 호이다. 같은 기간 동안 LH는 총 27개 단지를 공급했고, 주택재고는 3만 호를 운영하고 있다. SH는 시기에 따라 부침은 있지만 지속적으로 단지 형태의 공공임대주택을 공급하고 있으나, LH는 영구임대주택 공급이 마무리된 1990년대 중반 이후, 건설을 통한 공급이 거의 이뤄지지 않고 있다.

한편, 재건축 법정 연한(30년 이상)에 도달하는 단지는 2019년에 처음 출현한 이후 점차 늘어나 2020년 3개 단지에서 2026년 50개 단지까지 늘어날 것으로 전망된다. 2021년부터 매년 8개 내외의 단지가 지속적으로 추가되며, 그에 따라 주택 수도 2020년 2,600호에서 2026년 6.1만 호까지 늘어난다. 공공임대주택 유형별로는 영구임대주택 단지가 가장 많고, 재개발·주거환경 임대주택, 50년공공임대주택이 그 다음으로 많다.

노후 공공임대주택의 문제
물리적 노후화

경과 연수가 오래된 공공임대 단지는 공용 및 전용 공간이 노후화될 수밖에 없다. 물리적 노후화가 심각해지면, 기본적으로 거주가구가 안전하고 쾌적한 주거생활을 영위할 수 없게 된다. 이는 거주하는 당사자의 심리적 위축이나 불건강을 유발할 수 있을 뿐만 아니라, 주변 지역사회와 단절 또는 공공임대주택 정책에 대한 불신이 심화되는 요인이 될 수 있다.

일례로 2017년 상반기에 시행한 SH의 '시설물 개선 관련 조사'에 따르면, 영구임대주택 단지, 50년공공임대주택 단지, 혼합 단지에서 공용 및 전용 공간의 개선이 필요한 것으로 나타났다. 특히 전용 공간의 개선은 그동안 상대적으로 소홀하게 다뤄진 측면이 있다. 공용부분은 뒤에서 살펴볼 시설개선사업 등을 통해 준공 초기에 비해 많은 부분이 개선되었지만, 전용 공간은 입주 당시와 거의 동일한 상태라고 해도 과언이 아니다. 수납공간 부족, 협소한 주방과 화장실, 발코니 노후화 등의 문제는 거주 가구들이 늘상 지적하는 사항이다. 특히 거동이 불편한 노인과 장애인에게는 문턱, 손잡이, 방문, 세면대, 변기, 개수대, 바닥 등에 무장애화의 적용이 필요하지만, 이에 대한 고려가 충분하게 이뤄지고 있지 않다.

또한 협소한 주거면적도 문제다. SH에 따르면, 현재 서울 소재 영구임대주택은 전용 30m² 미만이 63%, 30~40m² 미만이 34%를 차지하고 있으며, 50년공공임대주택은 전용 30~40m² 미만이 78%, 40~50m² 미만이 17%를 점하고 있다. 준공 시점에는 적절한 규모였을지 모르지만, 현 시점에서는 최저주거기준을 보장하면서 여러 연령 세대가 함께 거주하거나 다자녀가구가 거주하기에는 적절한 주택이라고 보기 어렵다.

단지 내 활력 저하

경과 연수가 30년을 넘어서는 단지가 출현하는 영구임대주택, 50년공공임대주택, 재개발·주거환경 임대주택을 중심으로 거주가구의 특징을 살펴보면 다음과 같다. 우선, 가구원 수의 경우, 2017년 4월 기준 1인 가구가 37.3%, 2인 가구가 30.8%를 차지하고 있어 1~2인 가구가 68.1%에 이르고 있다. 이는 서울시 전체 가구 중 1~2인 가구의 비율인 54.7%를 상회하는 수준이다. 반면, 3인 가구 이상의 비중은 서울시 전체에 비해

SH 공공임대주택 거주가구의 가구원 수별 분포(2017년 4월 기준, %)

구분	1인	2인	3인	4인 이상	계
영구 · 50년공공 · 재개발 · 주거환경 임대주택	37.3	30.8	18.4	13.5	100
서울시 전체(2016)	30.1	24.6	21.6	23.7	100

자료: SH 내부자료; 통계청 국가통계포털(www.kosis.kr)

SH 공공임대주택 거주가구의 가구주 연령별 분포(2017년 4월 기준, %)

구분	30대 이하	40대	50대	60대	70대	80대	계
영구 · 50년공공 · 재개발 · 주거환경 임대주택	5.3	10.7	25.9	28.9	20.4	8.9	100
서울시 전체(2016)	28	21.9	22.7	15.6	8.9	2.8	100

자료: SH 내부자료; 통계청 국가통계포털(www.kosis.kr)

낮은 양상을 보인다.

거주가구의 가구주 연령분포도 특징적이다. 60대 이상의 비율이 58.2%를 차지하고 있어 서울시 전체(27.3%)의 두 배 수준에 이르고 있다. 그에 반해 청년층인 40대 이하 가구주의 비중은 16%로 서울시 전체(49.9%)의 3분의 1 수준에도 미치지 못하고 있다.

이처럼, 노후 공공임대 단지에 거주하는 가구들은 1~2인으로 구성되어 있으며, 고령화가 상당한 정도로 진행돼 있다고 할 수 있다. 여기에 더하여 기초생활수급자, 차상위계층, 한부모가정, 장애인, 탈북자, 국가유공자 등 취약계층의 비중이 70%에 육박하고 있음을 고려하면 현재의 공공임대 단지에서 활력을 기대하기는 어려운 상황이다. 이러한 단지에서는 자녀양육가구 등 젊은 층이 신규로 입주하더라도 주거지로서의 매력이나 자녀양육의 편리성 등에 만족하지 못하여 이주를 계획할 수밖에 없다. 단지 내 커뮤니티 활동이 위축되고, 비어 있는 상가가 늘어나는 등 임대 단지가 주변 지역사회로부터 고립되는 상태가 더욱 심화되는 악순환이 나타날 수 있다.

노후 공공임대주택 개선을 위한 정부 정책

서울을 사례로 노후 공공임대 단지의 현황과 예상되는 문제점을 살펴보았다. 이러한 노후 공공임대 단지의 물리적 개선과 활력 제고를 위한 정부의 노력이 전혀 없었던 것은 아니다. 대체로 2000년대 후반부터 정부 차원의 지원이 이루어졌고, 그 영향으로 지방정부 차원의 움직임도 나타났으며, 제도적 기반으로서 독자 법률이 제정되기도 했다. 이하에서는 노후 공공임대 단지를 개선하기 위해 시행된 공공부문의 정책 및 사업을 검토하고자 한다.

법률 제정

2009년 '장기공공임대주택 입주자 삶의 질 향상 지원법(이하 장기공공임대주택법)'이 제정되기 전의 공공임대주택 관련 법률은 주로 공급에 초점을 맞춘 것들이었다. 양적으로 부족한 공공임대주택을 지속 공급하는 데 초점이 있었으며, 기존 공공임대주택 거주가구들의 주거환경을 개선하는 것까지 다루지는 못했다. 이에 따라 임대의무기간이 30년 이상인 공공임대주택을 대상으로 2009년 '장기공공임대주택법'이 제정되었으며, 2010년 1월부터 시행되었다. 이 법은 노후 장기공공임대주택의 유지보수 및 기능 향상에 필요한 비용을 국가 및 지방자치단체가 지원하도록 규정하고 있으며, 주택의 공용 및 전용 공간의 개선, 단지환경개선, 고령자 및 장애인을 위한 맞춤형 프로그램 등을 통해 입주자의 삶의 질을 향상시키는 것을 내용으로 하고 있다.

우선, 물리적인 개선과 관련해서는, 법 제9조에서 장기공공임대주택 및 복지서비스 시설을 재건축할 수 있으며, 재건축은 기존 장기공공임대주택 세대수 이상으로 하여야 함을 명시하고 있고, 제10조에서 리모델링 또는 재건축 시, 건폐율·용적률·높이 제한을 완화하여 적용할 수 있음을 규정했다. 이후 2010년 4월 동 법을 개정하면서 장기공공임대주택 단지 내 유휴 부지를 활용하여 별도의 동을 증축할 수 있는 법적 근거를 마련했다. 장기공공임대주택 단지에 별도의 동을 증축하여 주택을 건설·공급할 수 있으며, 증축되는 건물 및 대지에 대해서는 건축 기준, 주택건설 기준 등을 완화하는 조항을 추가했다.

'장기공공임대주택법'은 노후 시설의 물리적인 개선뿐만 아니라 입주자에 대한 지원 관련 사항도 포함하고 있다. 제3조에서 국토교통부장관은 입주자 삶의 질 향상을 위해 5년마다 '입주자 삶의 질 향상 기본계획'을 수립해야 하며, 이를 위해 중앙정부 및 지방정부는 재정적 지원을 하도록 규정하고 있다. 이 계획에는 공동체 활성화, 편의시설 설치 및 보수, 시설물 기능 향상, 복지서비스 시설 운영, 입주자의 주거복지 증진 등을 종합적으로 다루도록 규정돼 있다. 또한 제4조에서는 임대사업자가 입주자의 커뮤니티를 활성화하기 위한 계획을 수립하여 입주자의 참여를 촉진하고 입주자와 협력해야 함을 의무사항으로 정하고 있다.

노후시설개선

시설개선사업

공공임대주택의 유지·관리 및 성능 개선 관련 사업은 시설개선사업과 장기수선계획으로 구분할 수 있다. 시설개선사업이 도입되기 전인 2009년 이전의 공공임대주택은 '공동주택관리법' 등에 근거하여 공동주택 일반에 적용되는 '장기수선계획'을 통해 유지·보수되었다. 하지만, 영구임대주택을 포함하여 장기공공임대주택의 성능 개선 필요성에 대한 공감대가 확산되면서 2009년부터 중앙정부, 지방정부, LH의 매칭펀드 방식으로 '노후 공공임대주택 시설개선사업'을 시행하기 시작했다. 2009년 당시 영구임대주택 126개 단지와 노후화가 심한 50년공공임대주택 32개 단지를 대상으로 시행하였다.

2010년부터는 '장기공공임대주택법'이 시행되면서 시설개선사업의 제도적 기반을 확보할 수 있었다. 시설개선사업은 공공임대주택의 공용부분과 전용공간 일부의 수선 및 성능 개선을 포함한다. 국토교통부는 이 사업을 통해 공공임대주택의 성능 향상, 입주자의 관리비 절감, 주거환경개선 등을 추진했으며, 노인과 장애인이 집중되어 있는 공공임대주택의 특성을 반영하여 무장애화barrier-free●도 적용하였다. 시설개선사업은 무장애화, 에너지 절약, 성능 향상을 위한 수선과 신설, 복지와 사회통합, 이미지 개선, 커뮤니티 강화, 방범·안전 등으로 세분화하여 시행되었다. 2009~2016년간 총사업비는 6,115.7억 원(연평균 764.5억 원)이 소요되었으며, 2,270건(연평균 284건)의 시설개선이 이루어졌다.[2]

한편, 2020년부터 '그린리모델링사업'이 시행되고 있다. 정부의 그린뉴딜사업과 연계하여 준공 후 15년 이상 경과한 영구임대주택과 매입임대

● 노인이나 장애인 등 사회적 약자들의 생활에 지장이 되는 물리적·제도적·심리적인 장애물을 없애기 위해 시행하는 시책 또는 운동을 말한다.

주택의 에너지 효율을 높이고 취약계층의 주거환경을 개선하는 데 목적을 두었다. 2020년 사업 물량은 영구임대주택 300호, 매입임대주택 1만 호로 설정되었다. 이 중 영구임대주택의 경우, 고효율 단열재, 고성능 창호, 절수형 수도꼭지 설치 등 에너지 성능 강화와 태양광 패널 등 친환경 에너지 생산설비 설치, 비내력벽* 철거를 통한 세대통합 공사 등이 이루어진다.

지난 10여 년간 진행된 시설개선사업은 해마다 노후시설개선, 그린홈 사업, 복지서비스와의 연계 등 사업 대상과 방식을 다변화하며 추진되었다. 이를 통해 경제적으로 취약하거나 거동이 불편한 주민들의 삶의 질을 향상시키는 사업으로서 나름대로의 역할을 수행해왔다고 평가할 수 있다. 향후 시설개선사업을 지속가능한 공공사업으로서 어떻게 발전시킬 것인지에 대한 고민이 필요한 시점이다.

상가 리모델링

중앙정부의 시설개선사업과 별개로 서울시는 3개 영구임대 단지를 대상으로 상가 리모델링 사업을 시행했다. 2014년 10월에 '임대주택종합대책 시범사업'을 추진하면서, 가양 4·5단지와 성산단지의 상가를 대상지로 선정했다. 이들 상가는 상가 출입구 및 배관의 노후, 환기 및 누수 문제, 공실 증가, 영업 부진 등 다양한 문제가 있었다. 상가 리모델링 사업은 조사 및 연구부터 공사 완료까지 총 15개월이 소요되었고, 공사비용은 가

● 건축물에서 지붕의 무게나 위층 구조물의 무게를 견디거나 힘을 전달하기 위해 만든 건축물의 주요 구조부를 내력벽이라 하며, 하중을 지지하고 있지 않고 단순히 칸막이 역할을 하는 벽은 비내력벽이라 한다.

양4단지 10억 원, 가양5단지 20억 원, 성산단지 10억 원으로 총 40억 원이 투입되었다. 이를 통해 상가건물의 설비, 지하공간, 외장재, 간판 등이 전반적으로 보완되었다.

별동 증축: 주거복지동과 공공실버주택

그동안 정부는 공공임대주택 건설을 지속적으로 추진해왔지만, 도심 내 가용택지의 부족, 높은 지가 등으로 인해 공공임대주택 건설에 필요한 부지를 확보하기 어려웠다. 이에 2010년 '장기공공임대주택법'을 개정하여 주거복지동 사업을 추진하게 되었다. 주거복지동은 기존 장기공공임대주택 단지 내 여유 부지를 활용하여 건립하며, 공공임대주택과 복지시설을 함께 공급하는 방식으로 설계한다. 주거복지동 사업은 주거와 복지서비스를 연계한 주택을 기존 단지 내에 공급하여 기존 거주자들의 생활안정과 공공임대주택의 신규 공급이라는 두 가지 목적을 실현하는 데 목적이 있다.

주거복지동의 주택 부분은 '공공주택 특별법'에 따라 공공임대주택으로 공급할 수 있다. 그동안 진행된 주거복지동 사업 중 1개 단지를 제외하고 모두 영구임대주택으로 공급되었다. 2017년 6월 착공한 청주 산남2-1단지는 입주민의 반대를 완화하기 위해 주거복지동 1개 동을 영구임대주택(64세대)과 행복주택(66세대)으로 공급하고자 했다. 만일 임대 단지 상황에 따라 주거복지동을 2개 동 이상 건립할 수 있는 경우 복지시설 상부의 주택은 주거약자용 주택(고령자·장애인용)으로 공급하고, 복지시설이 없는 주거동은 일반 공공임대주택으로 공급한다.

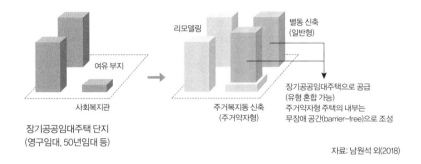

여유 부지

리모델링

별동 신축
(일반형)

사회복지관

주거복지동 신축
(주거약자형)

장기공공임대주택으로 공급
(유형 혼합 가능)
주거약자형 주택의 내부는
무장애 공간(barrier-free)으로 조성

장기공공임대주택 단지
(영구임대, 50년임대 등)

자료: 남원석 외(2018)

주거복지동에는 단지 내 고령자 및 장애인이 우선 입주하며, 기존 거주자가 이주한 후 비어 있는 주택과 주거복지동의 잔여 주택에 대해 신규 입주자를 선발한다. 따라서 기존 거주자는 주거환경을 개선할 수 있으며 입주대기가구에 대해 신규 공급이 가능하다는 두 가지 이점이 있다. 주거복지동은 전동 휠체어가 다니기 편리하도록 복도의 폭을 넓히는 등 고령자나 장애인이 거주하는 데 불편을 최소화하는 방식으로 건립한다. 특히 주거약자용 주택은 내부를 무장애 공간으로 만들고 현관·욕실 안전 손잡이, 거실 야간센서 등, 비상호출 버튼 등이 설치된다. 주거복지동의 복지시설 부분에는 재활치료실, 보육시설, 자원봉사실, 공동식당, 체력단련실 등 다양한 시설이 설치된다. 이 시설들은 시·군·구청이 LH 등 임대사업자로부터 무상으로 인계받은 후 복지법인에 위탁운영하고 있다.

한편, 정부는 노인 주거 문제에 대응하고자 2015년 12월 '공공주택 특별법' 개정을 통해 공공실버주택(고령자 맞춤형 주택)을 도입했다. 공공

주거복지동 사업 추진 현황

단지명	유형	사업 승인	착공	입주자 모집	입주 시기
서울 중계 주공3	주거복지동	'11. 12월	'12. 12월	'16. 06월	'16. 10월
서울 중계9	주거복지동	'11. 12월	'12. 12월	'17. 03월	'17. 09월
분당 목련1	주거복지동+공공실버주택	'11. 12월	'12. 12월	'16. 06월	'16. 12월
분당 한솔7	주거복지동	'11. 12월	'12. 12월	'15. 03월	'15. 05월
인천 삼산1	주거복지동	'11. 12월	'13. 12월	'16. 04월	'17. 02월
경주 용강1	주거복지동	'16. 05월	'16. 12월	'18. 10월	'19. 05월
익산 부송1	주거복지동	'16. 05월	'16. 12월	'18. 10월	'19. 05월
청주 산남2-1	주거복지동	'16. 05월	'17. 06월	'19. 02월	'19. 09월
대전 중촌2	주거복지동	'16. 05월	'16. 12월	'18. 09월	'19. 05월

자료: 마이홈포털(www.myhome.go.kr)

실버주택은 저층부(1~2층)에 복지관을 설치하여 주거와 복지서비스를 함께 제공하는 영구임대주택으로 민간기업의 사회공헌 자금과 재정으로 건립된다. 공공실버주택은 택지개발지구나 지방정부 소유 부지 등을 활용할 뿐만 아니라, 기존 영구임대 단지에서 증축하는 방식으로도 공급할 수 있게 함으로써, 위의 주거복지동 사업과 연계가 가능하도록 했다. 2015년 공공실버주택에 대한 근거 규정이 마련된 이후, 국토교통부는 2016년부터 본격적으로 사업에 착수했으며, 이 중 기존주택 단지를 증축하여 공급한 공공실버주택은 성남의 목련1단지가 있다. 현재까지 추진된 주거복지동 사업을 정리하면 위 표와 같다.

주민 지원

물리적 시설개선이 아닌 주민 대상 서비스 지원은 주민들을 직접 접하고 있는 지방정부, 임대사업자(LH 및 지방공사), 관리 조직(주택관리공단) 등이 제공하고 있다. 주민 지원은 단지 내 공동체를 활성화하여 주민들의 자존감을 높이고, 관리주체와 주민의 협력관계를 구축하여 주택관리가 원활히 이루어지리라는 기대에 근거하고 있다. 또한 단지의 활력을 높여 지역사회와의 관계를 회복하는 데에도 도움이 될 수 있을 것으로 보고 있다.

비교적 주민 지원 프로그램이 활발히 운영되고 있는 서울 사례를 살펴보면 다음과 같다. 서울에서 주민 지원 프로그램 운영의 발단이 된 것은 2012년 한 영구임대주택 단지에서 잇달아 발생한 주민 자살사건 때문이었다. 주민 자살의 배경과 영향을 검토하면서, 공공임대주택 거주민을 위한 지원 서비스의 필요성에 대해 공감대가 커졌다. 이에 서울시는 2013년 '임대주택 종합개선대책 추진계획'을 수립하고 일자리 창출, 커뮤니티 활성화, 주거복지서비스 등의 성공적인 모델을 육성하고자 했다. 그에 따라 SH는 지역별 센터를 거점으로 공공임대주택 거주민에 대한 지원 서비스를 확대해왔다. 지역센터들은 입주민 입·퇴거 관리, 시설관리 등의 전통적인 주택관리 업무만을 해오다가, 주거 상담, 자살예방, 일자리 상담 등과 함께 침체된 공공임대주택 단지를 활성화하기 위한 여러 프로그램을 기획·지원하는 업무로까지 활동영역을 확대해왔다. 그 결과, SH에 의한 공공임대주택 입주민 지원 서비스는 다음 표와 같이 이전 시기와 다르게 다양한 내용으로 확대되었다.

이러한 주민 지원 서비스는 SH 외에도 LH와 주택관리공단도 나름의
형식과 내용으로 제공하고 있다. LH는 생활 지원 서비스라는 이름으로
커뮤니티 활성화, 자녀교육 및 육아, 취약계층 돌봄서비스, 경제적 자립

SH가 시행한 주민 지원 서비스의 종류(2017년 기준)

지원 서비스		주요 내용
일자리 지원	희망돌보미 사업	8개월간 한시적으로 입주민을 채용하여 공공임대주택 단지 관리, 취약계층 돌봄 등의 업무에 배치
	일자리 상담센터 운영	영구임대주택 단지 내 일자리 상담센터를 설치하고 유관기관과의 네트워크를 구축하여 입주민 대상 일자리 상담 및 정보 제공, 창업 또는 취업 지원
	어르신 택배사업	공공임대주택으로 들어오는 택배물량을 노인들이 인수하여 각 가정으로 배송하는 사업으로, 노인 일자리 창출이 목적
	사회적기업 연계 사업	공공임대주택 입주민을 채용하는 조건으로 SH가 집수리분야 사회적기업에 대해 공공임대주택의 도배 및 장판 교체, 도장공사 등의 일감을 지원
	유휴공간 활용	공공임대주택 단지 내 유휴공간을 정비하여 공동작업장, 마을공방 등으로 활용
공동체 활성화	공동체 코디네이터 파견	공동체 코디네이터를 공공임대주택 단지에 파견하여 입주민들과 함께 공동체 프로그램 기획 및 추진
	작은 도서관 활성화	작은 도서관이 단지 내 공동체 활성화의 거점공간으로 기능할 수 있도록 지원
자살예방		자살예방 교육, 생명존중 캠페인, 유관기관 네트워크 구축, 현장상담소 운영, 정신건강 검진, 정신건강 향상 프로그램, 자살예방 시설물 설치, 주민봉사단 조직 등
주민리더 지원		임대사업자, 관리주체, 주민자치 조직 등이 참여하는 단지별 소통워크숍 개최
사회공헌활동		교육환경(어린이 그림그리기대회 등 5개 사업), 문화예술(영화제 등 8개 사업), 노인복지(장수사진촬영 등 8개 사업), 봉사활동(무료법률상담 등 13개 사업), 여성행복(합동결혼식 등 4개 사업)

자료: 남원석 외(2017)를 요약

등과 관련된 프로그램을 시행하고 있으며, 주택관리공단도 일자리 지원, 위기 예방 및 치료, 교육 및 문화 프로그램 운영, 주민 모임 지원, 공동체 공간 운영 등의 프로그램을 운영하고 있다.

현 정책의 한계

이상에서 노후 공공임대 단지를 대상으로 시행해온 노후시설개선, 별동 증축, 주민 지원 프로그램을 개괄했다. 노후 공공임대 단지가 갖는 문제에 대해 그동안 중앙정부나 지방정부가 외면해온 것은 아니지만, 그렇다고 적극적인 정책을 시행해온 것도 아니다. 우선순위 측면에서 노후 공공임대 단지의 관리와 정비는 언제나 신규 공급에 뒤처져왔기 때문이다. 공공임대주택의 공급은 앞으로도 지속돼야 하지만, 그 와중에 일부 공공임대주택은 노후화라는 문제에 직면해 있음도 인지할 필요가 있다. 공공임대주택에 대한 사회적 인식을 부정에서 긍정으로 전환시키고, 주민들이 안전하고 안정적인 주거생활을 지속할 수 있기 위해서는 기존 임대주택의 성능 향상 노력이 수반되어야 한다. 이런 점에서 공공임대주택의 신규 공급뿐만 아니라 기존주택의 정비에 대해서도 체계적인 정책 운용이 필요하다. 보다 구체적으로 현 정책의 한계를 정리하면 다음과 같다.

첫째, 세대 내부의 리모델링을 다룰 수 있는 정책 수단이 부족하다. 그동안 중앙정부와 지방정부가 매칭펀드 방식으로 시행해온 시설개선사업은 주로 옥외환경의 개선에 초점을 맞췄다. 세대 내부라 하더라도 신발장 등의 개선에 그쳐 주민들이 실제로 필요로 하는 바를 충족시키지 못하고 있다. 주민들이 체감할 수 있는 수준의 정비가 이뤄지기 위해서는 세대 내부의 리모델링이 본격화될 필요가 있다.

둘째, 주거복지동과 같은 별동 증축 방식을 재정비와 연계하여 적극적으로 활용하는 방안을 고려해야 한다. 주거복지동 사업이 시행된 단지는 9개에 그치고 있을 정도로 추진이 미흡한 상황이다. 게다가 주거복지동을 신규 공급의 수단으로만 활용할 뿐 노후 공공임대 단지의 정비와 연계하는 등의 접근으로까지 나아가지 못하고 있다. 노인, 장애인이 다수 거주하는 장기공공임대 단지의 특성을 감안하면, 재건축이나 기존 동의 수직·수평 증축과 같은 방식보다는 별동 증축이 단기적으로 수용 가능한 정비 방식이 될 수 있다. 이런 점에서 별동 증축의 기능과 역할을 새롭게 정립할 필요가 있다.

셋째, 현재 주민 지원 서비스는 질적인 충실도보다 양적인 확대에 그치고 있다고 해도 과언이 아니다. 체계적인 혹은 전략적인 프로그램 운영보다는 실적 위주의 사업 추진이 우선시되고 있는 상황이다. 주민 지원은 단순히 일방향적인 서비스 제공 자체가 목적이 아니다. 주민들이 노후 공공임대 단지 운영에 적극 참여하고 변화의 주체로서 성장할 수 있게 한다는 목표 하에 주민 지원 프로그램이 구상되어야 한다.

넷째, 중앙정부와 지방정부의 지원이 미흡하다. 시설개선사업을 예로 들면 2009년 사업개시 이후 시간이 지나면서 점차 국고보조 규모가 줄어들고 있으며 최근에는 사업의 종료까지도 검토되는 등 노후 공공임대 단지의 개선에 대한 중앙정부의 지원은 소극적인 상황이다. 서울시도 상가 리모델링 사업을 3개 단지에서 시행한 바 있지만 다른 단지로 확산하는 데 있어서 재정적 여건이 뒷받침되지 못하고 있다. 주민 지원 프로그램 역시 '장기공공임대주택법'에 의하면 중앙정부와 지방정부의 재정지원이 명시되어 있지만, 현재는 임대사업자 및 관리 조직의 예산으로만 시행되고 있다.

다섯째, 노후 공공임대 단지의 정비 정책이 개별적 또는 파편적으로 이루어지고 있다. 위에서 개괄한 각종 정책은 서로 유기적인 관계 속에서 시행되고 있지 않아 시너지 효과를 발휘하기 어려운 상황이다. 이와 같은 접근으로는 노후 공공임대 단지의 정비를 통해 기대하는 바를 달성하기 어렵다. 향후에는 세대 내부의 리모델링, 무장애화, 시설개선, 별동 증축, 상가 리모델링, 주민 지원 등이 종합적인 정책체계 속에서 시행될 필요가 있으며, 단지의 특성에 따라 적절한 정책 수단의 조합이 이루어져야 정책 효과가 극대화될 수 있다.

노후 공공임대 단지의 재생 정책이 필요하다

현 정책의 한계들을 나열해봤지만, 이러한 한계들을 포괄하면서 노후 공공임대 단지의 물리적 노후화를 개선하고 주민 지원을 통해 단지가 활력을 찾아가는 것을 종합하는 정책적 개념이 필요하다. 이 글에서는 '단지 재생 정책'으로 명명하고자 하는데, 기존의 '정비'라는 표현만으로는 주민의 사회경제적 여건 개선 등을 포괄하는 데 한계가 있기 때문이다. 이와 같은 단지 재생 정책은 '주택 및 시설의 성능 향상'과 '단지 활력 제고'를 종합하는 접근이라 할 수 있다. 중앙정부와 지방정부는 '장기공공임대주

노후 공공임대 단지의 재생 정책 개념

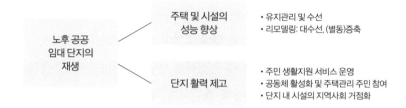

택법'을 토대로, 노후 공공임대 단지의 재생을 새로운 정책으로 체계화할 필요가 있다.

이와 같은 단지 재생 정책 하에서 세부 정책 방향을 제안하면 다음과 같다. 첫째, 단지 재생은 재건축보다는 주택의 수명을 연장하는 방향으로 추진한다. 기존 단지를 신규 공급의 원천으로 간주하기보다는 주민들이 지역사회와 함께 안정적으로 거주할 수 있는 주거지를 만든다는 데 초점을 맞춰야 한다. 실제로 이는 미국, 일본, 영국 등 주요 국가들에서도 나타나고 있는 추세이기도 하다. 이들 국가에서는 공공임대주택의 장수명화長壽命化를 바탕으로 주민들의 고용, 교육, 복지, 공동체 활성화를 아우르는 종합적인 프로그램을 시행하고 있다.

둘째, 중앙정부와 지방정부의 매칭펀드로 운영하는 기존 시설개선사업의 규모를 확대하고, 세대 내부 리모델링까지 포괄하는 지원사업으로 개편한다. 중앙정부는 주거복지 로드맵에서 시설개선사업을 노후 시설, 생활안전, 전기 시설, 교통안전 중심으로 개편한다고 발표한 바 있지만, 주민들이 실질적으로 체감할 수 있도록 세대 내부 리모델링에 대한 지원을 비중 있게 고려해야 한다.[3] 일례로 일본은 1970년대 중·후반부터 주호개량사업과 환경개선사업을 개별적으로 시행하다가 1980년 두 프로그램을 통합 운영하기 시작했고, 노인과 장애인을 고려한 무장애화 사업을 지속적으로 추진하고 있다.

셋째, 별동 증축 방식을 활용한 단지 재생 방안을 체계화한다. 여유 부지에 증축동을 건립하고, 기존 주호, 주동, 단지에 대해서는 시설개선사업을 연계하여 증축동에 준하는 성능 향상을 꾀한다. 별동 증축으로 기존 주민이 이주하면, 비어 있는 주택에 시설개선사업을 적용하는 방식이 그 예가 될 수 있다. 더불어 증축동 내 복리시설은 다양한 프로그램을 운영하여 단지 주변의 지역주민들도 활발히 이용할 수 있도록 함으로써 지역사회의 거점 시설로 기능할 수 있도록 한다. 이는 공공임대 단지가 지역사회와 소통하는 계기가 될 것이며, 나아가 공공임대 단지가 위치한 지역전체의 재생으로도 발전할 수 있을 것이다.[4]

넷째, 공공임대 단지를 운영하는 임대사업자는 주민들에게 적절한 서비스를 제공함으로써 주민 참여와 공동체 활성화를 촉진한다. 이는 공공임대주택에 대한 부정적 인식을 완화하는 데 도움이 될 수 있으며, 주민들의 문제해결 역량 향상과 관리 서비스 개선에도 기여할 수 있다. 구체적으로는 가구 특성을 고려한 맞춤형 생활 지원 서비스 제공과 함께 공동체 활성화 및 주택관리에 주민들이 참여할 수 있는 여건을 만들어나가는 것이 필요하다. 한편, 임대사업자가 지원하는 서비스는 '장기공공임대주택법'에 근거한 기본계획, 커뮤니티 활성화 계획, 지방정부 조례와 재정지원 등을 통해 뒷받침되어야 체계적인 운영이 가능하다.

그동안 공공임대주택 정책은 주택재고를 늘리는 것이 시급한 정책 목표였다. 기존 공공임대주택 재고가 가지고 있는 문제나 관리 방향에 대해서는 크게 관심을 갖지 못했던 것이 사실이다. 하지만, 공공임대 단지가 노후화되고, 주변 지역으로부터 고립될수록 공공임대주택에 대한 부정적 인식은 더욱 강화된다. 이는 공공임대주택 정책 전반에 대한 불신으로 이어질 수 있다. 이런 점에서 노후 공공임대 단지의 재생은 새롭게 고려해야 하는 정책이어야 한다. 이제 공공임대주택의 신규 공급과 노후 단지의 재생을 병행하는 정책을 모색할 시기가 되었다.

영구임대주택의 리모델링 유형 예시(부록)

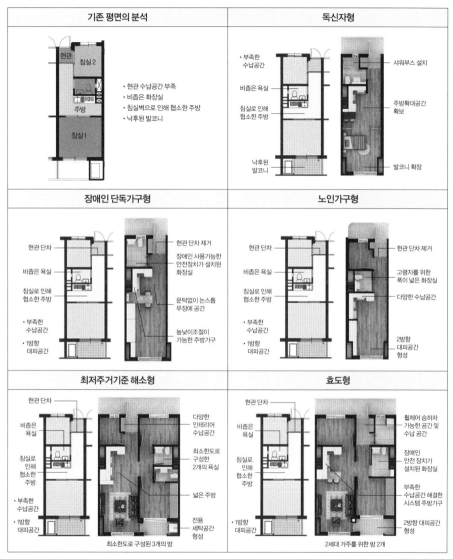

기존 평면의 분석	독신자형
침실2 **현관** **주방** **침실1** • 현관 수납공간 부족 • 비좁은 화장실 • 침실벽으로 인해 협소한 주방 • 낙후된 발코니	• 부족한 수납공간 • 비좁은 욕실 • 침실로 인해 협소한 주방 • 낙후된 발코니 • 샤워부스 설치 • 주방확대공간 확보 • 발코니 확장
장애인 단독가구형	**노인가구형**
• 현관 단차 • 비좁은 욕실 • 침실로 인해 협소한 주방 • 부족한 수납공간 • 1방향 대피공간 • 현관 단차 제거 • 장애인 사용가능한 안전장치가 설치된 화장실 • 문턱없이 논스톱 무장애 공간 • 높낮이조절이 가능한 주방가구	• 현관 단차 • 비좁은 욕실 • 침실로 인해 협소한 주방 • 부족한 수납공간 • 1방향 대피공간 • 현관 단차 제거 • 고령자를 위한 폭이 넓은 화장실 • 다양한 수납공간 • 2방향 대피공간 형성
최저주거기준 해소형	**효도형**
• 현관 단차 • 비좁은 욕실 • 침실로 인해 협소한 주방 • 부족한 수납공간 • 1방향 대피공간 • 다양한 인테리어 수납공간 • 최소동선로 구성된 2개의 욕실 • 넓은 주방 • 전용 세탁공간 형성 최소한도로 구성된 3개의 방	• 현관 단차 • 비좁은 욕실 • 침실로 인해 협소한 주방 • 1방향 대피공간 • 휠체어 승하차 가능한 공간 및 수납 공간 • 장애인 안전 장치가 설치된 화장실 • 부족한 수납공간 해결한 시스템 주방가구 • 2방향 대피공간 형성 2세대 거주를 위한 방 2개

자료: 윤영호 외(2016)

10장

공공임대주택 정책의
혁신을 위하여

남원석*

'89체제'로서 공공임대주택 정책

'89체제'의 특징

1989년 노태우 정부가 영구임대주택 공급 정책을 시행한 이래, 공공임대주택 정책을 운용하는 방식이나 집행 구조의 측면에서는 큰 변화가 없었다. 노태우 정부 이후 여러 정부가 새롭게 들어서면서 공공임대주택 정책이 내용적으로 변하기는 했지만, 정책의 운용 방식이 변할 정도는 아니었

● 이 글은 진남영(새로운 사회를 여는 연구원 원장), 봉인식(경기연구원 선임연구위원), 남원석(서울연구원 연구위원)의 논의 내용을 기초로 하여 남원석이 대표로 집필했다.

다. 곧 한국의 공공임대주택 정책은 1989년 이후 구조적으로 큰 변화 없이 추진되어 왔다고 볼 수 있으며, 이를 집약적으로 표현한다면, 정책 시행 시점을 반영하여 소위 '89체제'로 명명해도 무리가 없을 것 같다. '89체제'의 특징을 다양하게 거론할 수 있겠으나, 이하에서는 네 가지 정도로 요약하고자 한다.

첫째, '89체제'는 물량주의에 근거한 대량 공급 정책을 특징으로 한다. 공공임대주택 재고가 충분하지 않은 상황에서 정부의 주요 목표는 대량 공급 정책을 통해 공공임대주택 재고율*을 끌어올리는 것이었다. OECD 평균 수준의 재고율과 우리나라의 재고율을 비교하면서 재고율 상향의 필요성을 피력하기도 했다. 그리고 이를 위해 택지개발을 통한 대규모 공급 방식을 선호해왔으며, 제도적으로는 다양한 인허가 의제 처리가 가능한 특별법을 제정해왔다. 예를 들어 '국민임대주택건설 등에 관한 특별조치법', '보금자리주택 건설 등에 관한 특별법', '공공주택 건설 등에 관한 특별법', '공공주택 특별법' 등은 각 정부마다 운용해온 특별법이었다. 이러한 대량 공급 정책에 힘입어 1989~2018년 동안 공급의 부침은 다소 있었지만 연평균 10만 4,800호의 공공임대주택이 공급되었으며, 누적으로 157만 호(2018년말 기준)의 공공임대주택이 운영되고 있다. 유럽 등 해외 주요 국가들은 이미 대량 공급 시기를 지나 과거보다 공급량이 축소되는 추세이지만, 우리나라는 공급량이 유지되거나 늘어나고 있는 상황이다. 2018년 말 현재 우리나라의 공공임대주택 재고량은 전체 주택의

● 재고율은 전체 주택 수 대비 공공임대주택 수의 비율로 계산하는 것이 일반적이다.

사업자별 공공임대주택 재고 분포(2018년말 기준)

구분	LH	지방공사	민간업체	합계
주택 수(만 호)	111.9	27.0	18.2	157.0
비중(%)	71.2	17.2	11.6	100

자료: 국토교통부(2020)

7.5%, 무주택가구의 18%를 포괄하는, 적지 않은 수준이라고 할 수 있다.[1]

둘째, '89체제'는 중앙정부와 중앙 공기업이 주축이 되는 중앙집중적 공급체계로 운영되었다. 중앙정부가 공급량 목표를 설정하게 되면, 중앙 공기업인 한국토지주택공사(LH)는 일사불란하게 움직이면서 해당 공급 목표를 주어진 기간 내에 달성하는 식이었다. 다시 말하면, 중앙정부는 중앙 공기업의 활동을 조정·통제함으로써 공급 목표를 효율적으로 달성할 수 있었다. 이 과정에서 지방정부의 역할은 사실상 크지 않았다. 실제로 2018년 말 기준 157만 호인 공공임대주택 재고 중 LH가 공급한 주택은 71.2%(111.9만 호)를 차지하고 있는 반면, 지방공사가 공급한 주택은 17.2%(27만 호)에 그치고 있다.

특히, 공공임대주택 건설 인허가를 기준으로 사업자별 공급 비중을 살펴보면, 지방정부 공급 비중은 노태우 정부 시기에 정점을 찍은 이후 낮은 수준이 지속되고 있다. 반면, LH의 공급 비중은 2000년대 초반부터 급등하면서 지방정부와의 격차가 더욱 확대되는 추세이다. 2019년에는 전체 공공임대주택 건설 인허가 중 LH가 82.5%, 지방정부가 8.6%를 차지하는 것으로 나타났다. 이처럼 중앙집중적 공급체계는 지금도 유지되고 있으며, 이를 통해 공공임대주택의 대량 공급이 가능했다고 할 수 있다.

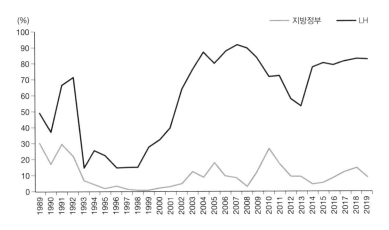

사업자별 공공임대주택 건설 인허가 비중 추이

자료: 국토교통통계누리(www.stat.molit.go.kr)

　셋째, '89체제'는 정권의 필요에 따라 임기응변식으로 새로운 유형이
개발되는 유형별 공급·운영체계에 근거하고 있다. 현재 '공공주택 특별
법' 시행령 제2조에는 7종류의 공공임대주택 유형이 제시되어 있다. 이것
만해도 적지 않은 수의 유형이지만, 실제로는 그 이상으로 많은 유형이
존재한다. 일례로 노태우 정부에서는 영구임대주택과 사원임대주택, 김영
삼 정부는 50년공공임대주택, 김대중 정부는 국민임대주택, 노무현 정부
는 10년공공임대주택 및 매입·전세임대주택, 이명박 정부는 장기전세주
택, 10년분납임대주택, 박근혜 정부는 행복주택을 처음으로 공급하기 시
작했다. 정부가 바뀌면서 기존 유형의 공급이 위축되고 해당 정부가 처음
으로 도입한 유형의 공급이 정책적으로 촉진되는 경우가 많았다. 각 정부
는 단일한 유형 내에서 공급 대상을 다양하게 설정하기보다는 여러 종류

각 정부에서 최초로 공급된 주요 공공임대주택 유형

구분	공공임대주택 유형
노태우 정부	영구임대주택, 사원임대주택
김영삼 정부	50년공공임대주택
김대중 정부	국민임대주택
노무현 정부	10년공공임대주택, 기존주택 매입임대주택, 기존주택 전세임대주택
이명박 정부	장기전세주택, 10년분납임대주택
박근혜 정부	행복주택

로 주택 유형을 추가하는 방식으로 새로운 수요에 대응해왔다고 할 수 있는데, 이는 새로운 유형을 제시함으로써 정치적 선명성, 이전 정부와의 차별성 등을 확보하려는 전략의 일환으로도 볼 수 있다. 하지만 수요자 입장에서는 정부의 성격에 따라 매 시기 주력으로 공급하는 공공임대주택 유형이 다르고, 이에 따라 정책 대상 계층도 상이하여 공공임대주택 정책에 접근하는 데 제약이 발생할 수도 있다.

넷째, '89체제'는 공공임대주택 공급과 운영 재원 측면에서 사업자의 부담이 크다는 특징이 있다. 그동안 우리나라는 서구의 복지국가와 달리 서민의 주거 안정을 위해 정부가 충분한 재원을 제공하지 못했다. 정부가 공급 재원의 일부를 지원하고, 나머지 공급 재원과 유지 관리에 대한 부담은 사업자가 담당할 수밖에 없는 파행적 자금조달 구조가 지속되었다. 이에 사업자가 택지를 개발하여 민간부문에 매각하거나 공공분양주택을 공급하여 수익을 거두고, 이를 공공임대주택 공급 및 관리 재원으로 활용하는 교차보조가 일반화되었다. 정부는 재원을 추가로 지원하지 않앉지만, 사업자가 수익을 거둘 수 있는 사업 여건을 마련해주었다. 이 과정에서 주택시장에서 공공과 민간이 경합하여 수익을 추구하는 현상이 나타나기도 했다. 한편, '공공주택 특별법'에서 분양전환 공공임대주택이 여전히 하나의 유형으로 유지되고 있는 것도 장기간 임대주택으로 운영하는 것에 대한 재정적 부담을 덜고자 하는 정부 및 사업자의 이해관계와 무관할 수 없다. 그동안 5년 또는 10년 동안만 공공임대주택으로 운영하고 그 뒤 임차인 등에게 매각하는 분양전환 공공임대주택을 공공임대주택의 하위 유형으로 포함시킬 것인가에 대해 많은 논란이 있었다. 분양전환이 이루어지면 더 이상 공공임대주택의 기능을 수행할 수 없기 때문에, 공공임대주택 재고 통계에서 제외하고 자가소유로 간주해야 한다는 주장이 있었던 반면, 주택재고의 양적 측면을 강조하는 정부는 공공임대주택에 포함시켜 통계를 관리해왔다. 실제로 국토교통부의 통계자료에 의하면, 2018년 말 기준으로 5년 및 10년 공공임대주택 재고가 27.2만 호에 달하고 있으며, 최근에도 연간 3만 호 내외의 물량이 분양전환 공공임대주택으로 공급되고 있다.

'89체제'의 취약성

이상에서 '89체제'로 명명한 지난 30여 년간의 공공임대주택 정책의 특징을 살펴보았다. '89체제'가 과연 옳은 방식이었는가를 따지는 것은 적절치 않다. 당시의 사회경제적 여건 등을 고려했을 때, 정부가 전략적으로 선택할 수밖에 없는 정책 운용 방식이지 않았을까 생각된다. 불과 30여 년 만에 공공임대주택 재고율이 7.5%에 이를 정도로 많은 양의 공공임대주택이 공급된 것은 '89체제'의 중요한 성과였다고 평가할 수 있다. '일단 양이 충분해야 한다'는 공감대 하에서 공공부문을 일사불란하게 움직이게 하는 중앙집중적 공급체계와 이전 정부와의 차별성을 드러내기 위한 유형별 공급체계가 서로를 강화하면서 물량주의를 실현한 결과였다. 그렇다면, '89체제'로 대별되는 현재의 공공임대주택 정책체제가 앞으로도 여전히 유효할 수 있을까? 결론부터 이야기하자면, 일정 정도의 재고량을 확보한 현재에서는 정책 운용 방식의 전환을 모색할 때가 되었다고 생각한다. 예상컨대 이제 '89체제'의 유지는 득보다 실이 더 많을 수 있다. 우리가 생각하는 '89체제'의 취약성은 다음과 같다.

우선, 물량주의에 기반한 '89체제'는 현재의 정책 여건과 부합하지 않는다. 지금은 가용토지가 많지 않기 때문에, 과거와 같이 광대한 규모의 택지개발을 통해 공공임대주택 공급량을 크게 늘릴 수 있는 시기도 아니다. 더욱이 주거급여, 임대보증금 융자 등 수요자 지원정책이 점차 다양해지고 양적으로 늘어나고 있는 경향도 고려해야 한다. 결국 택지개발에 기반한 집중형 공급이 소규모 물량 중심의 분산형 공급체계로 전환돼야 하는 상황에서 과거와 같은 물량주의를 고수하기는 어려울 것이다. 나아가 물량주의는 공급량 확대에 치중하면서, 지역별 공공임대주택 수급 불균형 등 지역의 주거 사정에 대해서는 부차적인 문제로 다루게 된다. 지역별로는 공공임대주택을 필요로 하는 주거소요 가구가 불균등하게 분포할 수 있지만, 물량주의에 경도될 경우 이에 대해서는 충분히 고려하지 않는다. 공공임대주택 정책의 운용에 있어서 문제가 일부 있더라도 주택 재고를 늘려야 한다는 당위가 더 강조되기 때문이다. 그러다보면 공공임대주택을 건설할 수 있는 부지, 매입 가능한 적정가격의 민간주택이 어디에 얼마만큼 있는지가 더 중요해질 수밖에 없다. 30여 년이 지난 지금 시점에서 공공임대주택 정책을 점검하고 더 나은 방향으로 개선하기 위해서는 이와 같은 물량주의와 거리를 둘 필요가 있다. 공공임대주택 재고의 양적 확대와 정책의 개선을 균형 있게 접근해야 할 필요성이 점차 커지고 있음을 인지해야 한다.

또한, '89체제'는 중앙정부와 중앙 공기업에 과도하게 의존하면서 변화와 혁신에 소극적일 수밖에 없다. 공급의 효율성을 위해 구성된 현재의 중앙집중적 공급체계는 공공임대주택 정책에 내재해 있는 다양한 문제를 해결하려는 동력을 형성하기 어렵다. 공급 목표량을 달성하기 위한 최적의 공급체계일 수는 있겠지만, 그로 인해 변화와 혁신의 요구에 소극적으로 대응할 가능성이 높다. 예를 들어 지방정부 차원의 다양한 정책적 노력과 사회주택 정책을 매개로 하는 민간부문의 다양한 시도를 정책적으로 수용하는 데 있어서 중앙집중적 공급체계는 오히려 장애요인이 될 수 있다. 또한, 공공임대주택 공급에 있어서 중앙 공기업의 역할이 커지고 경쟁 구도가 부재함으로써 비용 절감 등 자체적인 사업 프로세스 개선 노력도 소홀해지기 쉽다.

한편, '89체제'의 유형별 공급체계는 주거소요 가구의 특성에 대해서도 적절히 대응하기 어렵다. 주택 유형이 지나치게 많다보니 주거소요 가구에게는 정보 부족, 제도 이해의 어려움을 낳고 있으며, 이는 공공임대주택 정책에 대한 접근성 제약으로 이어지고 있다. 또한 주택 유형에 따라 공급 대상이 구분되므로 지역별로 정책의 사각지대가 발생할 수 있으며,

임대료 산정 방식도 상이하여 주택 유형별 입주자간 형평성 문제도 나타날 수 있다. 유형별 공급체계는 기존 공급 유형을 그대로 두면서도 새로운 수요층을 위한 공공임대주택 유형 개발이 가능하다는 이점이 있지만, 주택 유형이 과도하게 많아지면 위와 같은 다양한 문제를 유발하게 된다. 그동안 유형별 공급체계에 대한 개선의 목소리가 전혀 없었던 것은 아니나, 이미 언급한 대로 공공임대주택 정책의 물량주의와 중앙집중적 공급체계는 이를 적극적으로 수용하기 어려운 한계를 가지고 있다.

마지막으로, '89체제'는 공공임대주택이 갖는 사회적 가치를 충분히 구현하지 못하는 한계를 내포하고 있다. 공공임대주택의 공급 및 운영에 대한 정부의 재정지원이 충분하지 않고 사업자의 부담이 과중할 경우, 개발사업을 통한 교차보조와 분양전환 공공임대주택의 존속에 대한 필요성은 지속될 것이다. 이는 주택시장에서 민간과 공공의 불필요한 경합을 발생시키는 한편, 공공임대주택 정책에 있어서 경제성과 효율성이 우선시되면서 본연의 사회적 가치가 훼손될 수 있다. 일례로 1982년부터 2018년까지 사업승인 받은 분양전환 공공임대주택이 총 150만 호에 이르지만, 현재 남아 있는 재고는 27.2만 호뿐이다. 100만 호 이상의 공공임대주택이 분양전환을 통해 사유화된 것이다. 충분한 재원이 뒷받침되었다면 상당한 양의 공공임대주택이 지금도 저소득가구를 위해 지속적으로 운영될 수 있었을 것이다. 이상에서 논의한 '89체제'의 취약성을 정리하면 다음 표와 같다.

'89체제'의 특징과 취약성

특징	취약성
물량주의에 기반한 대량 공급	• 소규모 분산형 공급으로의 전환과 상충 택지개발이 가능한 대규모 가용토지 부족 • 지역별 수급 불균형 등 지역 주거 사정은 부차적 문제로 간주

중앙집중적 공급체계	• 정책의 변화와 혁신에 소홀
	  지방정부와 민간부문의 혁신 시도 수용 지체
	  사업자간 경쟁 구도 부재로 사업 개선 노력 소홀

임기응변식 유형 도입과 배분	• 주거소요 가구의 특성에 대응하기 곤란
	  공공임대주택 정책에 대한 접근성 제약
	  정책 사각지대 및 입주자간 형평성 문제 발생

파행적 자금조달 구조	• 공공임대주택의 사회적 가치 구현에 한계
	  주택시장에서 민간부문과 불필요한 경합 발생
	  분양전환 공공임대주택의 존속 초래

공공임대주택 정책, 이렇게 혁신하자

혁신의 방향

'89체제'로서 현행 공공임대주택 정책은 향후 어떠한 방향과 내용으로 혁신되어야 할까? 당연한 이야기겠지만, 혁신의 방향은 기존 '89체제'의 취약성을 극복할 수 있도록 설정되어야 한다. 첫째, 분권과 협력에 바탕을 둔 공급체계로 전환한다. 중앙정부와 중앙 공기업을 주축으로 하는 중앙 집중적 공급체계를 혁신하여 지방정부의 역할을 확대하는 한편, 공공과 민간의 다양한 주체들의 협력이 가능할 수 있는 기반을 만드는 것을 기본 방향으로 한다. 이러한 분권과 협력은 지역의 주거소요에 민감하게 반응할 수 있는 공급체계를 만드는 데 기여할 수 있다.

둘째, 공공임대주택 정책을 수요자 지향으로 전환한다. 수요자 지향은 예전부터 빈번히 거론되어 왔지만, 돌아보면 정책 변화는 크지 않았고 당위적 또는 수사적 표현을 넘어서지 못했다. 실질적인 수요자 지향 정책으로 공공임대주택 정책을 전환하려면 현행 물량주의와 주택 유형별 공급·운영 체계가 갖는 취약성을 해소하고 주거소요에 효과적으로 대응할 수 있는 정책이 강구될 필요가 있다.

셋째, 적극적인 재원 마련 전략이 필요하다. 주택의 공급과 관리에 사업자의 재정적 부담이 가중되지 않도록 기존 공공재원을 효과적으로 활용하거나 민간의 재원을 새롭게 발굴하는 등의 노력을 강구해야 한다. 이는 공공임대주택이 본연의 사회적 가치를 충실히 구현하는 데 기여할 수 있다.

넷째, 노후 공공임대주택 관리를 강화한다. 경과 연수가 30년이 넘은 노후 공공임대주택이 이제 출현하고 있기 때문에 그동안 '89체제'에서는 이 문제를 고려할 수 없었다. 향후에는 노후 공공임대주택이 더욱 늘어날 것으로 예상되므로 이와 관련한 새로운 주택관리 정책을 모색할 때가 되었다.

혁신을 위한 과제[2]
지역 중심의 공공임대주택 정책 추진
지역 중심의 공공임대주택 정책은 중앙정부가 아닌 지방정부가 정책 수행 주체로서 전면에 나서는 것을 가리킨다. 공공임대주택 정책이 물량주의라는 구심력에서 벗어나 지역적 균형과 다양성, 사회적 형평성을 지향하는 정책으로 전환하기 위해서는 지역의 주거 사정을 잘 파악하고 있는 지방정부의 역할이 커질 수밖에 없다. 이러한 측면에서 중앙정부와 지방정부의 역할은 재편되어야 한다. 지방정부가 공공임대주택의 공급·관리 계획을 수립하고 중앙정부는 재정지원 규모를 설정하고 정책 모니터링을 담당하는 방식이라고 할 수 있다. 구체적으로는 지방정부가 공공(LH 및 지방공사)과 민간의 사업자들과 협의하여 관할 행정구역의 수요 특성에 부합하는 공급계획을 수립한다. 중앙정부는 지방정부의 공급·관리 계획에 근거하여 예산배분계획을 수립하고 예산을 배분하는 한편, 지방정부의 예산 집행 및 정책 추진에 대해 정기적으로 모니터링을 수행한다. 이를 통해 주민과 가장 가까운 지방정부가 정책 추진의 중심 역할을 맡게 될 것이며, 공공임대주택 정책은 중앙정부와 지방정부가 상호협력하며 수평적인 관계를 형성하는 새로운 체계로 전환될 것이다.

민간사업자의 참여를 포괄하는 새로운 임대주택 구상

최근 들어 '사회주택'이라는 이름으로 민간사업자에 의한 저렴한 임대주택을 공급하는 움직임이 나타나고 있다. 일부 지방정부가 조례 제정 등을 통해 중앙정부보다 먼저 발 빠르게 지원해왔고, 중앙정부도 자금 융자·보증 등 재원에 대한 지원체계를 갖추고 있는 중이다. 이제 그 다음 단계는 민간사업자를 육성하고, 이들이 공급하는 임대주택이 공공임대주택과 유사한 기능을 수행하도록 제도적 기반을 만드는 것이다. 이렇게 공급되는 임대주택에 대해서는 유럽의 국가들처럼 '사회주택'으로 명명하거나 '공익주택' 등 새로운 명칭을 부여하는 방식으로 공공임대주택보다 상위의 주택 개념을 설정해볼 수 있다. 이 새로운 임대주택 모델은 공공사업자와 민간사업자를 포괄하며, 민간이 공급한 임대주택이라 하더라도 공공임대주택과 동일한 지원을 제공하는 조건으로 높은 수준의 공공성을 이행하도록 하는 것이 핵심이다. 더불어 공급 주체가 다양화됨에 따라 공공성 이행 등에 대한 관리·감독 기능을 중앙정부가 담당할 필요가 있다. 사업자의 등록 접수 및 인증, 공공성 이행과 제한적 영리성 유지 등에 대한 관리·감독을 위한 별도의 조직을 중앙부처에 설치해야 한다. 이와 같은 새로운 임대주택 모델은 지방정부가 주축이 되는 지역 중심의 정책추진 체계와 연계하여 지역의 주거소요에 효과적으로 대응하는 정책 수단이 될 것이다.

도시재생과 공공임대주택 정책의 연계

저층 노후 주거지는 기존주택 매입임대사업의 주요 근거지가 되고 있지만, 그동안 도시재생 정책과 공공임대주택 정책의 관계는 분명하지 않았다. 그러나 최근 소규모주택 정비사업과 공적임대주택이 인센티브로 연계되고 도시재생을 통해 실행 사례가 축적되면서, 다양한 정책 실험과 공공임대주택 정책의 접점도 확대되고 있다. 자율주택정비사업을 통한 매입임대주택이나 민간의 사회주택 공급, 빈집 사업과 자율주택정비사업의 연계 등 다양한 가능성이 열렸다. 무엇보다 정비사업에 의해 저렴주택의 총량 감소나 도시 외곽의 녹지 훼손 없이 공공임대주택을 공급하면서 노후 주거지의 재생까지 도모할 수 있게 되었다는 점은 중요한 변화이다. 그러나, 어렵게 만들어온 변화의 가능성을 발전시켜가기 위해서는 양적 공급 확대 시대에 구축된 재정지원 및 인센티브 구조의 혁신이 요구된다. 우선, 초소형 공공임대주택을 양산하고 노인·장애인을 위한 범용 디자인의 도입을 어렵게 만드는 호당 재정지원 방식을 단위면적당 재정지원으로 전환할 필요가 있다. 적어도 공적임대주택은 용적률 게임에서 벗어나 저층 주거지의 공간적 가치를 높이는 데 이바지할 수 있도록 적정규모 개발과 우수 디자인에 대한 보상체계를 만들어야 한다. 마지막으로, 도시재생과 공적임대주택의 접점에서 주거취약계층을 위한 주택과 주거서비스를 제공하는 민간사업자에게도 공익성에 상응하는 재정지원을 허용하는 구조적 변화가 필요하다.

공공임대주택 유형 통합과 임대료 개편

공공임대주택의 복잡한 유형은 체계적으로 정책을 정비하는 좀 더 힘든 일을 회피하고 당면한 요구에만 대응해온 결과이다. 새로운 공공임대주택 유형이 만들어질 때마다 배제되는 가구가 생겨났으며, 이를 보완하기 위해 다시 새로운 유형을 고안하는 현상이 나타났다. 개별 공공임대주택 유형이 경직된 구조를 가지고 있었기 때문에 새로운 유형을 만드는 방식으로 상황 변화에 대응해온 것이다. 이제는 또다시 새로운 유형을 만드는 방식이 아니라 정책의 체계를 유연하고 합리적으로 만드는 선택을 할 필요가 있다. 배제되는 사람이 없으면서도 한계적인 집단만을 위한 정책으로 제한되지 않는 공공임대주택 공급체계를 갖춰야 한다. 한편으로는 공공임대주택 유형을 단일화하고 입주 대상층을 적절한 수준까지 확대하면서, 다른 한편으로는 적정한 수준의 주거비를 부담하도록 임대료 체계를 만들어야 한다. 이와 같이 체계를 정비하면 새로운 공공임대주택 유형을 만들어야 할 필요가 사라질 것이다. 수요층이 접근하기 쉽고, 다양한 계층이 함께 거주하며, 지불 능력에 따라 적정한 주거비를 부담할 수 있도록 하기 위해서는 주택 유형 통합과 임대료 개편이 필수적이다. 더욱이 단지 수준에서 분양주택과 공공임대주택을 인위적으로 섞는 소셜믹스 방식은 실효성이 의문시되고 있다. 입주 대상층의 확대를 전제로 하는 공공임대주택의 유형 통합과 임대료 개편은 그에 대한 대안이 될 수 있다.

대기자명부를 통한 공공임대주택 배분

그동안 공공임대주택 정책은 가능한 빠른 시간 내 많은 주택을 건설·공급하여 일정량의 공공임대주택 재고를 확보하는 데 중점을 두었으며, 배분문제는 주요 고려 대상이 아니었다. 그래서 지금의 공공임대주택 배분 체계는 지난 30여 년 동안 건설·공급된 각 유형별 공공임대주택의 운영 매뉴얼을 합쳐놓은 것에 불과하다고 해도 과언이 아니다. 공공임대주택의 배분은 정책 철학을 반영하고 있을 뿐만 아니라 실제 정책을 구현하는 과정이다. 어떤 사람들에게 어떤 기준으로 주택을 제공할 것인지에 대한 원칙을 정해야 하며, 효율적으로 주택을 제공할 수 있는 방식을 마련해야 한다. 이러한 맥락에서 공공임대주택 입주 희망자의 명단인 대기자명부 제도를 조속히 도입해야 한다. 기존의 공모 신청 방식은 입주 희망자의 불편과 임대사업자의 행정 부담 등을 낳는 불합리한 배분 방식일 뿐만 아니라 수요를 파악하고 예측하기 어렵다는 한계를 안고 있다. 대기자명부 제도가 도입되면, 중앙정부가 대기자명부의 구축 및 관리를 담당하고 지방정부가 대기자명부를 활용한 주택 배분·운영을 맡는 방식으로 역할을 구분할 수 있다. 대기자명부 제도는 소득 6분위 이하의 가구를 공공임대주택 주요 대상 계층으로 하여 대기자 전체를 일괄 관리하거나 몇 개의 집단으로 나누어 차등 관리하는데, 명부 등록을 기준으로 주거소요 등을 평가하여 공공임대주택 입주가 이루어진다.

공공재원의 효과적 활용과 민간자금 조달 모색

공공임대주택을 지속적으로 공급하려면 충분한 재원이 필수적이다. 그런데 정부가 바뀔 때마다 정부가 관심 있는 유형에 대해서는 재원을 적극 조달하고, 그렇지 않은 유형에 대해서는 지원이 줄어드는 양상을 보여왔다. 향후 공공임대주택의 재원조달계획은 공공임대주택의 공급계획과 유기적으로 연계되어 수립되고 운영될 필요가 있다. 이러한 점에서 연간으로 작성되는 주택도시기금 운용계획뿐만 아니라 중장기적 계획 수립도 필요하다. 또한 LH, 지방공사 등 사업자의 재원 부담을 경감시키기 위해 정부는 공급 비용 규모를 지속 관리·점검함으로써 보다 적정한 수준의 보조금 규모를 국민들에게 알리고 공공임대주택 공급 예산의 필요성을 설득할 수 있는 역량을 갖추어야 한다. 특히 LH와 달리, 지방공사는 주택도시기금으로부터 출자를 받지 못하고 국고보조금 형태로만 자금을 지원받고 있는 상황도 개선이 필요하다. 지방정부가 공공임대주택 정책에서 중추적인 역할을 수행할 수 있도록 지방공사에 대해서도 주택도시기금의 출자가 이뤄지도록 하는 방안에 대해 깊이 있는 검토가 필요하다. 영구임대주택을 필두로 경과 연수가 30년이 넘는 노후 공공임대주택이 나타나고 있다. 시대적 요구에 맞게 주거 단지를 개선하는 방안에 대한 고민이 필요하며, 이와 관련하여 주택도시기금의 활용방안도 모색되어야할 것이다. 한편, 정부재정과 주택도시기금으로 대별되는 기존 재원에 대해 추가적인 재원 발굴도 중요하다. 국민연금과 같은 연기금을 공공임대주택 사업에 투자하도록 하거나, 대출보증 등 해외에서 시행되고 있는 다양한 민간자금 조달체계를 검토하여 국내에 적용할 수 있는 방안을 모색하는 것도 중요한 과제라 할 수 있다.

노후 공공임대 단지의 재생 정책 추진

공공임대주택 역사가 일천한 우리나라에서 공공임대주택 정책은 주택재고를 일정 수준 이상 늘리는 것이 중요하고 시급한 정책 목표였다. 그 결과, 기존 공공임대주택 재고가 가지고 있는 문제점이나 관리 방향 등에 대해서는 크게 관심을 갖지 못했던 것이 사실이다. 하지만, 대규모로 공급된 공공임대 단지가 노후화될수록, 공공임대 단지에 거주하는 주민들이 심리적으로 위축되고 자존감이 낮아진다. 그래서 공공임대 단지가 주변 지역사회로부터 점차 고립되고 공공임대주택에 대한 부정적 인식은 더욱 악화될 것이다. 그리고 이는 공공임대주택 정책 전반에 대한 불신으로 이어질 수 있다. 이런 점에서 노후 공공임대 단지의 재생은 우리사회가 새롭게 고려해야 하는 정책이어야 한다. 이와 같은 단지 재생 정책은 '주택 및 시설의 성능 향상'과 '단지 활력 제고'를 종합하는 접근이라 할 수 있다. 시설개선사업, 세대 내부 리모델링, 별동 증축 등 여러 정책 수단을 토대로 주택 장수명화의 기반을 마련하는 동시에 주민들의 생활과 공동체를 지원하는 프로그램을 통해 단지의 활력을 높이고 주변 지역사회와의 소통을 활성화할 필요가 있다. 중앙정부와 지방정부는 '장기공공임대주택 입주자 삶의 질 향상 지원법'에 근거하여 기본계획 수립, 조례 제정, 재정지원 등으로 단지 재생을 뒷받침해야 한다.

정책의 전환을 기대하며

본 글은 '89체제'에 대한 비판적 성찰을 출발점으로 하여 우리나라 공공임대주택 정책의 혁신과제를 7개로 요약하여 제안하였다. 그런데 이러한 과제를 실현하기 위해서는 관련 법률을 함께 정비해나가야 한다. 현행 '공공주택 특별법'을 소셜 하우징의 일반 개념을 바탕으로 공공임대주택과 민간이 공급하는 저렴한 임대주택을 종합적으로 규율하는 법률로 전면 개정하는 것이 또 하나의 과제이다. 이 법은 기존 공공임대주택까지 포괄하는 새로운 개념의 임대주택에 대한 정의, 임대료 및 배분체계, 사업자 유형과 자격 요건, 관리·감독 기구의 설치, 재원조달, 공급·관리 계획 수립, 노후주택의 개선 등 주택의 공급·배분·관리에 대한 전반적인 사항을 일체화할 수 있어야 한다. 이렇게 되면, '공공주택 특별법'이라는 법률명은 적절치 않다. '공익주택 특별법' '사회주택 특별법' '공적임대주택 특별법' 등 어떤 법률명을 사용해도 무방할 것이나, 공공주택 사업자가 공급하는 공공임대주택을 포괄하는 더 넓은 의미의 임대주택에 대한 법률이어야 한다는 점에 초점을 맞춰야 한다.

공공임대주택 혁신과제들은 궁극적으로 '필요한 곳에, 필요한 사람들에게 더 질 좋고 저렴한 임대주택을 더 많이 공급'하는 방안을 모색하는 가운데 도출된 것들이다. 지역 중심의 정책 운용은 지역 내 주거소요에 민감하게 반응할 수 있으며, 공급 주체가 다양해지면 수요층은 원하는 동네에서 원하는 주택에 입주할 수 있는 가능성이 높아질 것이다. 외곽지역이 아닌 기성시가지 내에서 많은 양의 저렴한 임대주택 공급도 가능할 것이다. 또한, 그동안 공공임대주택을 공급해온 공기업 등 공공사업자의 효율성 향상과 사업 수행의 혁신을 기대할 수 있으며, 입주를 원하는 가구들은 정책과 제도에 대해 쉽게 이해할 수 있어 정책에 대한 접근성도 높아질 것이다. 정책에 대한 만족도가 높아지면 정부의 정책에 대한 정당성과 신뢰 확보가 가능해질 것이며, 이를 통해 재원조달 등이 수월해지고 안정적인 정책 집행이 이뤄질 수 있다. '89체제'로 요약할 수 있는 현재의 공공임대주택 정책은 이러한 기대를 충족시키기에 여러모로 많은 한계를 가지고 있다. 따라서 이제 역사적 소임을 다한 '89체제'는 하루빨리 새로운 정책체제로 전환되어야 한다. 수년이 지난 후 '21체제' 또는 '22체제'에 대한 평가와 과제를 논의할 수 있는 날이 오기를 고대한다.

| 1장 | 공공임대주택 정책의 주체는 중앙정부인가 지방정부인가

박헌주, "우리나라 주택정책의 모형화 시론", 『국토연구』, 제19권, 국토연구원, 1993

봉인식, "공공임대주택 정책에 대한 중앙과 지방정부의 역할 재편 가능성에 대한 연구", 『주택도시연구』 3권 2호, SH연구원, 2013. 12

봉인식, "주거정책의 지방분권, 왜 필요한가?", 주택학회 춘계학술대회 자료집, 2018. 5.

봉인식, 최혜진, "새로운 길을 찾는 공공임대주택", 『이슈&진단』 355호, 경기연구원, 2019. 1

한귀현, "지방자치법상 보충성의 원칙에 관한 연구", 『공법학연구』, 제13권 제3호, 2012

Samuelson, P.A., "The pure theory of public expenditure", 『The Review of Economics and Statistics』, Vol. 36, No. 4 (Nov., 1954), pp. 387-389

Tiebout C.M., A Pure Theory of Local Expenditures, 『Journal of Political Economy』, Vol. 64, No. 5 (Oct., 1956), pp. 416-424

Peterson P.E., 『City Limits』, The University of Chicago Press, 1981

봉인식 외(2019), "Ghekiere의 유형론을 활용한 한국 공공임대주택 정책에 대한 탐구", 『주택연구』 27권 1호, 2019. 2

국토교통통계누리(www.stat.molit.go.kr)

강세진, 2015, "서울특별시 사회주택 활성화 지원에 관한 조례 제정의 의의", 『한국주
　거학회지』 10(1)

김란수 외, 2015, "사회적 경제 조직에 의한 사회주택 활성화 방안", 서울시사회적경
　제지원센터

김혜승 외, 2013, "사회적 경제 조직에 의한 주택공급 방안 연구", 국토연구원

남원석, 2017, "공적임대주택의 공급체계에 대한 모색", 『공간과사회』 제27권 3호(통
　권 61호)

남원석, 2020, "서울시 주택시장 진단과 안정화방안", 서울시 주택정책 현황 및 과제,
　정책토론회

남원석, 2020, "한국 사회주택 정책의 전개와 향후 과제", 미발표

박은철, 2018, "사회주택의 공공성과 공급·운영자 지원방향", 서울연구원

봉인식 외, 2018, "공익적 임대주택 공급 확대를 위한 민간의 역할에 관한 연구", 경기
　연구원

조성문, 2018, "사회적 경제 조직의 임대주택 개발 정책의 적정성", 서울대학교 대학
　원

진남영 외, 2018, "사회주택 활성화를 위한 법제도 개선 방안", 새로운사회를여는연
　구원

최상희 외, 2018, "사회주택 모델구상 및 주체별 협력방안 연구", LH토지주택연구원

| 3장 | 도시재생 시대, 공공임대주택의 길

건설교통부, 『매입임대주택 업무처리지침』, 2006.

건설교통부, 『국민임대주택 업무편람』, 2007.

김지은·이보람·남원석·김무영, 『고령친화 주택개조 활성화를 위한 공공지원 방안』,
　서울: 서울싱크탱크협의체, 2018.

유병권, "도시재생활성화 및 지원에 관한 특별법의 입법과정," 『국토계획』, 제48권 제
   6호, 대한국토도시계획학회, 2013, pp.367-385.
장경석·박인숙, "공공임대주택 유형별 주택규모의 현황과 시사점", 『NARS 지표로 보
   는 이슈』, 제147호, 국회입법조사처, 2019.
장영희, 『재개발 임대주택정책 개선방안』, 서울: 서울시정개발연구원, 2007.
장영희·박은철, 『뉴타운사업의 단계적 시행방안』, 서울: 서울시정개발연구원, 2008.
조승연·정소이·권혁삼·최은희·정재진·오명훈, 『기존주택 매입임대사업의 성과분
   석 및 발전방향 연구』, 대전: LH토지주택연구원, 2016.

| 4장 | 혁신의 시작은 유형 통합으로부터

김정섭 외, 『공공임대주택 보증금 산정 개선 방안 연구용역』, 서울주택도시공사,
   2019
박은철 외, 『공공임대주택의 유형 통합을 위한 배분체계 및 임대료체계 개선방안』,
   서울연구원·서울주택도시공사·SeTTA, 2020
서종균, "주거비 보조 제도의 쟁점", 홍인옥 외, 『주거복지의 새로운 패러다임』, 사회평
   론, 2011
서울특별시 주거복지센터, 『서울시주거복지센터 상담용 매뉴얼』, 2020
Allen, C., M. Camina, R. Casey, S. Coward & M. Wood, 『Mixed Tenure Twenty
   Years On-Nothing Out of the Ordinary』, Joseph Rowntree Foundation &
   Chartered Institute of Housing, 2005

| 5장 | 공공임대주택, 누구에게 어떻게 배분할 것인가

국토교통부, "주거복지 로드맵 2.0(보도자료)", 2020.
권세훈, "프랑스의 주거정책과 주거권", 『법제』, 통권 제675호, 법제처, 2016.

서울주택도시공사,『공공임대주택 배분체계로서 대기자명부 운영방안』, 2017.

서울주택도시공사,『미국 및 영국 대기자명부 운영사례 비교분석』, 2019.

서울주택도시공사,『프랑스 및 캐나다 대기자명부 운영사례 비교분석』, 2019.

서울특별시 주거복지센터,『서울시 주거복지센터 상담매뉴얼』, 2019.

서종균, "공공임대주택의 새로운 배분체계",『공공임대주택의 배분체계 및 임대료체계 개선을 위한 오픈 집담회 자료집』, 2019.

홍인옥, "공공임대주택 배분체계의 현황 및 과제",『공공임대주택 유형 통합을 위한 오픈 집담회 자료집』, 2019.

Cowan, D.,『Housing Law & Policy』, Cambridge University Press, 2011.

Craig, C.,『Toronto's New Social Housing Waiting List: putting the choice-based rental model into local context, Degree of Master of Plannng in Urban Development』, Ryerson University, 2016.

| 6장 | 저성장시대, 공공임대주택 공급체계에서 소셜믹스의 실현 방향

고정희·서용석, "한국 사회주택의 잔여적 성격의 원인에 관한 연구",『주택연구』, 제26권 제2호, 한국주택학회, 2018, pp.5-40.

김수현, "동아시아 주택정책 모델 논의와 시사점: 자산기반 복지 논의를 중심으로",『주택연구』, 제21권 2호, 2013a, pp.93-118.

김수현, "독일의 자가소유율이 낮은 이유 - 주택체제론(housing regime) 관점의 검토",『주택연구』, 제21권 3호, 2013b, pp.05-36

김수현, "한국 공공임대주택의 전개과정과 성격", 서울대환경대학원 박사학위논문, 1996.

김정현·임정현, "경기도 영구임대 단지 사회복지관의 성과와 과제", 경기도 영구임대 단지 종합사회복지관 네트워크 1차 세미나 발표자료. 2019.

김주진·서수정·정경일(2005), "사회통합을 고려한 임대주택정책 및 개발사례의 특성 연구",『국토계획』, 제60권 제6호 : 159-176.

남상호, "사회적 혼합 주거 단지 내 입주민간 간 갈등영향 요인", 강원대학교 부동산학 박사학위논문, 2016.

남원석, "저소득가구의 주거 안정을 위한 정책방안", 『국토』, 2014년 9월호, 국토연구원, 2014.

백혜선·이영환, 『공급유형 혼합단지 계획 기준 및 관리방안 연구』, 토지주택연구원, 2016.

봉인식·최혜진, "Ghekiere의 유형론을 활용한 한국 공공임대주택 정책에 대한 탐구", 『주택연구』, 제27권 1호, 2019, pp.31-51.

서수정·김주진·정경일·설정임, "국민임대주택의 사회통합적 계획방안 연구", 토지주택연구원, 2004.

서종균, "영구임대주택, 분리와 배제의 공간", 『도시와 빈곤』, 통권29호, 한국도시연구소, 1997, pp.5-19.

신진욱·이지은, "독일의 사회적 시장경제와 주택체제 : 금융자본주의 시대의 독일 주택정책과 제도", 『한독사회과학논총』, 제24권 제1호, 2014, pp.3-30.

오정석, 남상호, 박홍철, "서울시 혼합주택단지의 갈등관리를 위한 입주민 인식조사 연구", 『분쟁해결연구』, 14(1), 2016, pp.5-32.

유종일, "한국경제 양극화의 역사적 기원, 구조적 원인, 해소 전략 - 외환위기 기원론과 성장체제전환 지체론", 『경제발전연구』, 제24권 제1호, 2018, pp.1-31.

이선우 외, 저소득층 집중거주에 따른 문제점 및 개선방안에 관한 연구,

이우진, "한국의 소득유형별 분배구조의 변화", 『예산정책연구』, 제5권 제2호, 국회예산정책처, 2016, pp.1-40.

이종권·김명식·정소이·이영은·이슬해, 『사회통합을 위한 공공주택 공급체계 및 계획모델 연구』, 토지주택연구원, 2019.

이현정, 이종권, "세계경제위기에 따른 서유럽 복지국가의 주택시스템 변화 분석", 『부동산연구』, 24(1), 2014, pp.105-120.

전강수, "헨리 조지의 눈으로 본 토마 피케티의 21세기 자본", 『경제발전연구』, 제21권 제1호, 2015, pp.1-20.

주상영, "피케티 이론으로 본 한국의 분배문제", 『경제발전연구』, 제21권 제1호, 한국

경제발전학회, 2015, pp.21-76.

진미윤·김경미, "프랑스 공공임대주택의 지속 성장의 기반과 최근 정책 딜레마",『주택연구』, 제27권, 3호, 2019. pp.5-40.

최은희·권치홍·전세란,『공공주택 입주·관리의 공공성 강화 연구』, 국토교통부, 2014.

최제민·김성현·박상연, "글로벌 금융위기 이후 한국의 소득불평등 변화에 관한 연구",『경제학연구』, 제67집 제1호, 한국경제학회, 2018, pp.116-142.

홍민기,『노동소득과 재산소득의 관련성』, 한국노동연구원, 2018.

홍인옥 외,『공공임대주택 입주민 사회통합방안 모색』, 2004.

Andrews, D., A.C. Sanchez and A. Johansson, A., "Housing Markets and Structural Policies in OECD Countries",『OECD Economics Department Working Papers』No.836. OECD Publishing. 2011.

Arthurson, K, "Creating inclusive communities through balancing social mix : A critical relationship or tenuous link?"『Urban Policy and Research』, 20(3), 2002, pp.245-261.

Atkinson, R and Kintrea, K., "Disentangling area effects : Evidence from deprived and non-deprived neighbourhoods",『Urban Studies』, 38(12), 2001, pp.2277-2298.

Carpenter, Juliet, "'Social Mix' as 'Sustainability Fix'? Exploring Social Sustainability in the French Suburbs",『Urban Planning』, Vol. 3, Issue 4. 2018, pp.29-37.

CECODHAS Housing Europe,『Housing Europe Review 2012』.

Fitzpatrick, S., & Pawson, H., "Ending security of tenure for social renters: Transitioning to 'ambulance service' social housing?"『Housing Studies』(ahead-of-print), 9(5), 2013, pp. 597-615.

Fernandez, R. and Aalber, M. B., "Capital Market Union and residential capitalism in Europe : Rescaling the housing-centred model of financialization",『Finance and Society』2017, 3(1), 2017, pp.32-50.

IMF, 『Redistribution Inequality and Growth』, 2014.

Jencks, C., & Mayer, S.. "The social consequences of growing up in a poor neighborhood. In L. E. Lynn, & M. F. H. McGeary (Eds.), Inner-city poverty in the United States (pp. 111-186)". 『Washington DC』: National Academy Press, 1990.

Kemeny, Jim, "Corporatism and Housing Regimes, Housing", 『Theory and Society』, Vol. 23, No. 1, 2006, pp.1-8

Kofner, Stefan, "Social Housing in Germany: an inevitably shrinking Sector?", 『Critical Housing Analysis』, Vol.4(1), 2017, pp.61-71.

Lees, Loretta, "Gentrification and Social Mixing", 『Urban Studies』, 45(12), Nov. 2008, pp.2449-2470.

Marie-Helene Bacque, Yankel Fijalkow, Lydie Launay, Stephanie Vermeersch, "Social Mix Policies in Paris: Discourses, Policies and Social Effects", 『International Journal of Urban and Regional Research』, Volume 35.2, March, 2011. pp.256-273.

Morris, Alan., Jamieson, Michelle. and Patulany, Roger., "Is social mixing of tenures a solution for public housing estates?", 『The Australia and New Zealand School of Government』, 2012, pp.1-21.

Musterd, Sako., Anderson, Roger., "Housing Mix, Social Mix and Social Opportunities", 『Urban Affairs Review』, July, 2015.

Nast, J., Blokland, T., "Social Mix Revisited: Neighbourhood Institutions as Setting for Boundary Work and Social Capital", 『Sociology』, June, 2013, pp.1-18.

Nielsen, Rikke Skovgaard and Haagerup, Christian Deichmann., "The Danish social housing sector: recent changes and future challenges", 『Critical Housing Analysis』 4 (1), 2017, pp.142-149.

Nitzan, J., and S. Bichler., "Can Capitalists Afford Recovery?: Economic Policy When Capital Is Power." 『Review of Capital as Power』. 1(1), 2013, pp.110-15.

OECD, 『All on Board-Making Inclusive Growth Happen』, 2014.

OECD, 『Social Cohesion in Shifting World』, 2011.

Piketty, T., 『21세기 자본』, 글항아리, 2014.

Putnam, Robert. D., 『Bowling Alone : The Collapse and Revival of American Community』, Simon & Schuster, 2000.

Van Kempen, R. and Bolt, G., "Social Cohesion, Social Mix, and Urban Policies in the Netherlands". 『Journal of Housing and the Built Environment』 vol.24, 2009, pp.457-475.

Wilson, W. J., "When Work Disappears", 『Political Science Quarterly』, 111(4), 1996, pp.567-595.

Wilson, W. J.. 『The Truly Disadvantaged : The Inner City, the Underclass, and Public Policy』, The University of Chicago Press, Chicago. 1987.

Wood, M., "A balancing act ? Tenure diversification in Australia and the UK", 『Urban Policy and Research』, 21(1), 2003, pp.45-56.

World Bank, 『Inclusive Cities Approach Paper. Washington DC: GSURR』. 2015.

World Economic Forum, 『Global Risks Report 2017』, Geneva. 2017

| 7장 | 공공임대주택 재정지원, 어떻게 바꿔야 할까

고철·진정수·박종택, 『공공임대주택 정책의 개선방안 연구』, 국토개발연구원, 1991.

국토교통부, 『2020년 예산서(각목명세서)』, 2020.

국토교통부, 『주거복지 지난 2년의 성과와 더 나은 미래를 위한 발전 방안: 주거복지 로드맵 2.0』, 2020. 3. 20.

국토교통부, 『주택도시기금 업무편람』, 각년도.

국토교통부, 『주택업무편람』, 각년도.

국회 건설교통위원회, 『주택법 일부개정법률안 검토보고』, 2007. 2.

국회 국토교통위원회, 『2018회계연도 결산 및 예비비지출 승인의 건 검토보고』,

2019. 8.

국회 국토교통위원회, 『2019회계연도 결산 및 예비비지출 승인의 건 검토보고』,
    2020. 8.

국회 국토교통위원회, 『2020년도 국토교통위원회 예비심사보고서』, 2019.

국회국토교통위원회, 『2020년도 예산안 및 기금운용계획안 검토보고』, 2019.

대한민국정부, 『결산』, 각년도.

대한민국정부, 『예산안』, 각년도.

안드레 아우버한트·헬스케 판 다알렌(주택발전소 역), 『가난한 사람들을 위한 부동
    산개발: 네덜란드의 주택정책과 주택협회』, 한울, 2005.

장경석, "국민임대주택정책 보조금의 범위와 규모", 『주택연구』, 제17권 2호, 한국주택
    학회, 2009, pp.117~138.

장경석, "공공임대주택 현황의 국제비교와 시사점", 『지표로 보는 이슈』, 115호, 국회
    입법조사처, 2018.

장경석, 『공공임대주택 재정지원의 쟁점과 과제』, 현안보고서 210호, 국회입법조사
    처, 2013.

진미윤, 『공공임대주택의 운영손실보전을 위한 재정지원 연구: PSO 적용가능성을
    중심으로』, 토지주택연구원, 2015.

| 8장 | 민간부문의 자금을 어떻게 활용할 것인가

김봉민, "덴마크 커버드본드 시장 및 특징," 『주택금융월보』, 2014. pp.3-49.

김란수, "네덜란드 사회주택의 발전과정과 함의," 『협동조합네트워크』, 제70권, 2015.
    pp. 25-56.

국토교통부, 『2017년 주택업무편람』, 2018.

박은철·김수경·오근상, 『사회주택 활성화 쟁점과 정책과제』, 서울연구원, 2017.

박은철, 『사회주택의 공공성과 공급·운영자 지원방안』, 2018 사회주택포럼, 2018.

봉인식·이용환·최혜진, 『공익적 임대주택 공급 확대를 위한 민간의 역할에 관한 연

구』, 경기연구원, 2018.

이영호·유승동·김계홍, 『부동산증권화 상품의 평가방법에 관한 연구』, 부동산연구
　원, 2016.

임병권·장한익, "주택금융 공적기금을 활용한 사회주택 지원방안", 한국주택금융공
　사 주택금융연구원, 2018.

임병권·강민정·장한익·김병국, "사회주택의 국내·외 사례분석과 금융지원 방안 연
　구," 주택금융연구원, 2018.

유승동·김주영, "공공임대 주택의 편익", 『입법과 정책』, 제9권 제2호, 2017, pp.
　205-223.

유승동·박수진·박준, 『사회임대주택 공급 확대를 위한 사업모델 및 금융지원 방안』,
　한국부동산분석학회 컨소시엄. 2019.

진미윤·김경미, "프랑스 공공임대주택의 지속 성장의 기반과 최근 정책 딜레마," 『주
　택연구』, 제27권 제3호, 2019, pp. 5-40.

진미윤·김남정, 『한불 공공임대주택 공급 및 운영관리 시스템 비교 연구』, LH토지주
　택연구원, 2019.

장인석·송기욱, 『장기공공임대주택 공급 확대를 위한 리츠사업구조 개선방안 연구:
　행복주택 리츠를 중심으로』, LH토지주택연구원, 2018.

장인석·송기욱·윤인환, 『LH재원조달 다각화를 위한 부동산금융 활용방안』, LH토
　지주택연구원, 2018.

주택산업연구원, 『제5회 국제주택도시금융포럼 사전자료집』, 2017.

최상희·정소이·송기욱·최원철·김남훈, 『사회주택 모델구상 및 주체별 협력방안 연
　구』, LH토지주택연구원, 2018.

한국사회주택협회, 『2017 한국사회주택협회 백서』, 2017.

CECODHAS, "Study on Financing of Social Housing in 6 European Countries,"
　CECODHAS Housing Europe, 2013.

Denmark Almene Boliger, "Non-Profit Housing In Copenhagen Denmark,"
　2017.

Kim, KH, M. Cho, S. Park, and S. D. You, "The Land and Housing Delivery

System in Korea: Evolution, Assessment, and Lessons," 『International Housing Market Experience and Implications for China』 (edited by Rebecca L. H. Chiu, Zhi Liu, and Bertrand Renaud), Routledge, 2019.

UNECE, "Social Housing in the UNECE Region: Models, Trends and Challenges," 2015.

You, S. D., "The Leveraged City," 『Real Estate Economics』 Vol. 42 No. 4, 2014, pp. 1042-1066.

You, S. D., "Public Rental Housing in Korea," 『Housing Finance International』 Vol. 33 No. 4, 2019, pp. 25-31.

서울특별시, "네덜란드 사회주택을 이야기하다", 2015년 출장자료, 2015. http://sehub.net/.

주덴마크대사관, 덴마크 모기지 제도. 2011, http://overseas.mofa.go.kr/dk-ko/index.do.

| 9장 | 노후 공공임대주택을 재생하자

남원석 외, 『노후 공공주택 단지 재정비 사례 및 추진방안 연구』, 서울특별시, 2018.

남원석 외, 『공공임대주택 입주민의 지역사회 참여 활성화 방안 연구』, 서울주택도시공사, 2017.

윤영호 외, 『주거복지동 주택사업 추진백서』, 한국토지주택공사, 2017.

윤영호 외, 『장기공공주택 시설개선사업백서』, 한국토지주택공사, 2016.

윤영호 외, 『노후 공공임대주택지산관리 모형구축 연구』, LH토지주택연구원, 2013.

윤영호 외, 『노후 공공임대주택 시설개선사업백서 2009~2011』, LH토지주택연구원, 2012.

윤영호 외, 『영구임대주택 단지 여유 부지 활용을 통한 주거복지서비스 강화 및 임대주택 건설방안』, LH토지주택연구원, 2011.

국가통계포털(www.kosis.kr)

마이홈포털(www.myhome.go.kr)

| 10장 | 공공임대주택 정책의 혁신을 위하여

국토교통부,『주택업무편람』, 2020.

국가통계포털(www.kosis.kr)

국토교통통계누리(www.stat.molit.go.kr)

OECD(www.oecd.org)

|1장| 공공임대주택 정책의 주체는 중앙정부인가 지방정부인가

1_ 특별한 경우를 제외하고 여기서는 국가와 정부를 구분하고 정부에는 중앙정부와 지방정부가 있음을 전제하여 이야기를 전개해보겠다. 중앙정부는 국가를 이루는 하나의 조직에 불과하기 때문이다.

2_ 11.6%(2018년 말 기준)는 민간사업자가 공급했다. 이들이 공급한 공공임대주택은 5년 또는 10년 임대 후 분양전환되는 주택이 대부분이다. 공공주택 특별법이 제정된 이후부터는 기존과 같은 민간사업자가 단독으로 공공임대주택을 공급할 수 없어, 이 비율은 줄어들 것으로 보인다.

3_ 50년공공임대주택의 경우, 74.1%가 지방정부에 의해 공급되어 영구와 국민임대주택과는 상반된 양상을 보이고 있다. 이는 50년공공임대주택의 대부분이 서울시에서 추진된 재개발사업을 통해 공급되어 나타난 결과로 보인다.

4_ 이는 우연하게도 국세와 지방세 비중과도 비슷하다. 이는 중앙과 지방의 조세수입이 공공사업들에 직접적인 영향을 미쳤는지 단언하기는 어렵지만 이런 공공재정의 구조가 공공임대주택과 같은 사업에 영향을 미쳤음을 짐작해볼 수 있다. 김문수는 경기도지사로 재직하며 당시 우리나라 지방자치가 2할 자치라고 자조적인 푸념을 했는데, 재고비율을 놓고 본다면 공공임대주택 정책도 예외는 아닌 것 같다.

5_ 봉인식(2013)의 내용을 발췌하여 정리했음을 밝힌다.

6_ Not In My Terms Of Office

7_ Build Absolutely Nothing Any Where Near Anything

8_ 부르디외(Bourdieu, P.)가 주장하고 논증한 아비투스(habitus)는 시간, 육체,

도식에 의해 형성되며 무의식적으로 나타나는 언행을 통해 관찰된다. 오랜 시간 동안 육체적으로 각인된 도식에 의해 의식은 지배당하고 결코 자연스럽지 않은 것을 자연스럽게 하는 힘을 가진다.

9_ 중앙정부가 지방정부의 개발사업 규모를 제한하며 관리하는 데에는 지방정부의 역량과 경험부족, 무분별한 난개발 방지 등의 이유가 있다. 하지만 중앙정부 중심 구조로 운영되는 체계 속에서 지방정부는 역량을 키울 기회가 없었으며 경험이 부족함은 당연하다. 난개발이 걱정되어 중앙정부가 사업을 직접 승인해야 한다는 것 역시 중앙과 지방의 차이를 구별할 수 있는 기준은 되기 어렵다. 이는 오리엔탈리즘의 변형된 모습으로 볼 수 있다.

10_ 공공임대주택 건설 시 LH는 주택도시기금의 출자를 받을 수 있는데 반해 지방공기업은 이런 출자의 혜택을 받지 못하는 한계도 있다.

11_ 또 다른 측면에서 이런 제도는 물량과 시간에 쫓기는 중앙정부 추진 방식의 단상을 드러낸다.

12_ 헌법은 기본권 측면에서 보충성의 원칙을 적용하고 있으나 지방자치와 관련해서는 헌법 규정으로부터 이 원칙을 직접 도출하기는 어렵다.(cf. 한귀현, 지방자치법상 보충성의 원칙에 관한 연구, 공법학연구, 제13권 제3호, 2012)

13_ Samuelson, P.A., "The pure theory of public expenditure", 『The Review of Economics and Statistics』, Vol. 36, No. 4 (Nov., 1954), pp. 387-389

14_ Tiebout C.M., "A Pure Theory of Local Expenditures", 『Journal of Political Economy』, Vol. 64, No. 5 (Oct., 1956), pp. 416-424

15_ Peterson P.E., 『City Limits』, The University of Chicago Press, 1981

16_ 이 책에서는 'social housing'을 '사회주택'이란 단어 대신 '소셜 하우징'으로 표현한다. 현재 국내에서 통용되고 있는 서울시의 '사회주택' 또는 중앙정부의 '사회적 주택', '사회임대주택' 등과 혼동을 줄 수 있기 때문이다. 따라서 특별한 경우를 제외하고 여기서 사용하는 '사회주택'은 'social houisng'이 가진 일반적 개념이 아닌 서울시에서 시작된 사회주택 사업을 의미한다.

17_ 봉인식 외(2019), "Ghekiere의 유형론을 활용한 한국 공공임대주택 정책에 대한 탐구", 『주택연구』 27권 1호, 2019. 2

18_ 따복하우스라는 이름으로 시작했으나 민선7기에 경기행복주택으로 이름을 변경하였다.

19_ 봉인식 외(2013)의 연구에 따르면, 경기도가 다른 지방정부를 대신해 부담한 조세 지원액(재정 손실)은 약 526억 원으로 추정되며 이 중 도비가 88.8%(467억 원)으로, 조세 지원액의 대부분을 경기도에서 부담하는 양상을 보이고 있다. 시군세는 11.2%(59억 원)으로 추산돼 도비에 비해 비교적 적으나, 해마다 징수되는 조세의 성격상 최근 들어 급증세를 보이고 있다. 이와 더불어 서울과 인천에서 유입된 가구로 인해 전가된 복지비용 부담액은 약 1,000억 원으로 추정된다. 반면 개인균등한 주민세 징수로 증가하는 경기도 세수는 약 3.3억 원에 불과해 타 지방정부 저소득층의 이주로 인한 직접적인 지방재정 수입은 크지 않다고 판단된다. 한편으로, 택지개발을 통해 공공임대주택이 많이 공급된 지역은 분양주택 또한 많이 공급되어 해당 지방정부 입장에서는 큰 문제가 안된다고 주장할 수도 있다. 하지만 이 역시 한 지역의 주택 수요 해소를 위해 다른 지역에 공급을 늘린다는 점에서 수급의 불균형과 책임 전가의 문제로부터 자유롭지 못하며 광역적으로 공간 구조와 토지 이용의 효율성 차원에서도 결코 바람직하다고 볼 수도 없다.

20_ 외부유입 주민으로 인해 해당 지방정부의 세수가 전적으로 주는 것은 아니다. 주민세 등 일부 세수는 늘어난다. 하지만 부담해야 행재정적 비용과 새로운 지출 수요에 비해 이는 매우 미미한 수준이다.

21_ 현행 법률만으로 놓고 본다면 공공임대주택을 포함한 주거정책은 대부분 국가 사무로밖에 볼 수 없다. 일부 헌법학자들에 의하면, 헌법이 지방자치제를 보장하고 자방자치제가 부활된 이상 주택 관련 사무는 주민의 복리에 관한 사무이므로 본질적으로 자치사무에 해당한다는 의견이다. 다만, 법률의 규정에 의하여 국가사무로 인정됨으로써 주택 및 도시계획에 관한 지자체의 자율 결정 권한이 제한되고 있다는 것이다. 따라서 법률의 개정으로 주택 관련 사무가 자치사무로 규정될 경우, 이는 법리적으로 자치사무의 회복 내지는 자치권 제한의 해제로 봐야 한다. 이런 관점에서 그 권한이 국가사무일 경우 '지방이양' 논리가, 지방사무일 경우 '환원' 논리가 성립한다. 공공임대주택을 포함한 주택정책의 지방분권화 추진은 환원의 측면에서 현행 법령체제뿐 아니라 헌법의 개정으로까지 연결될 수 있다.

1_ 봉인식(2018), "공익적 임대주택 공급 확대를 위한 민간의 역할에 관한 연구" pp.39~45 내용 발췌 및 재구성

2_ '비시장적 기제'란 소셜 하우징을 생산하고 배분하며 관리·운영하는 체계가 민간시장의 그것과는 분명하게 구분된다는 의미다. 소셜 하우징은 민간시장과는 다르게 국가의 목적에 따라 입주 대상(일부 계층으로부터 모든 국민까지 다양한 제도적 정의가 가능)이 결정되며 특별한 공급 주체와 자금조달구조에 의해 공급되고 시장주택과는 다른 방식으로 배분되어 관리·운영되기 때문이다. 다시 말해, 소셜 하우징은 민간임대시장과 다르게 국가에 의해 별도로 형성된 체계에 기반을 둔다는 것이다. 이런 체계를 벗어난 주택은 아무리 시장보다 낮은 임대료로 공급되고 공적자금이나 세제감면을 받더라도 소셜 하우징이라 보기 어렵다. '저렴'과 '공적지원'만으로 소셜 하우징을 정의하기는 부족하다. 그렇지 않다면, 우리나라 대부분의 주택이 소셜 하우징이라고 볼 수밖에 없는 개념적 오류를 범하게 된다. 소셜 하우징의 일반 개념을 바탕으로 시대와 국가에 따라, 그리고 그 체계를 구성하는 요소와 조합에 따라 소셜 하우징의 다양한 조작적 정의는 가능하다.

3_ 영리를 추구하는 민간사업자의 공적 지원 민간임대주택은 공공성을 주 목적으로 하는 공공임대주택의 취지에 맞지 않아 논의에서 제외하였다. 이 글에서는 '비영리 또는 제한적 영리'로 운영되며 공익적 가치를 추구하는 민간사업자의 참여만을 주 논의 대상으로 삼았으며, 이하 '비영리 민간 주체'로 표현하였다.

| 3장 | 도시재생 시대, 공공임대주택의 길

1_ 건축법 상 단독주택의 한 유형으로 다음 요건을 모두 충족하는 주택을 말한다. ① 학생 또는 직장인 등 여러 사람이 장기간 거주할 수 있는 구조로 되어 있을 것, ② 독립된 주거의 형태가 아닐 것 (각 실별로 욕실은 설치할 수 있으나, 개별 취사시설은 설치할 수 없음. 공동 취사공간이나 휴게실은 가능), ③ 연면적이 330제곱미터 이하

이고 주택으로 쓰는 층수가 3층 이하일 것.

2_ 국토교통부가 주택 인허가 기준으로 공표하는 주택 공급 통계 기준이며, 다가구 주택은 호수 기준으로 집계한 것이다.

3_ 1990년 다가구주택은 건설부 지침(건설부건축 30420-9321)으로 도입되었다. 당시에는 '3층 이하 (1층을 주차장으로 사용 시 4층 이하)'로 층수를 제한했다. 1999년 건축법에 다가구주택이 정식 용도로 반영되면서 '주택으로 쓰는 층수를 3개 층' 이하로 하도록 규정하였다. 1층을 필로티 주차장으로 사용하거나, 주택이 아닌 점포 용도로 사용할 경우 '3개 층'에 포함되지 않는다. 즉, 지상 2개 층에 근린상업시설을 넣을 경우, 다가구주택 3개 층을 더해 5층까지 지을 수 있다.

4_ 국민임대, 10년임대로 집계된 미분양 매입, 부도 매입을 제외한 기존주택 매입임대주택 재고를 기준으로 산정하였다.(국토교통부, 2018년 임대주택 재고 기준)

5_ 전용면적 60m² 이하인 임대주택 건설용지는 조성원가의 60%, 60m² 초과~85m² 이하는 조성원가의 85%로 규정되어 있다. 「택지개발업무처리지침」 [별표 3] 택지공급가격 기준 (2019. 11. 24.)

6_ 국토교통부고시 제2020-315호, '분양가상한제 적용주택의 기본형 건축비 및 가산 비용'

7_ 국토교통부고시 제2016-339호 '공공건설임대주택 표준건축비'

8_ 서울특별시「재개발 임대주택 매입업무처리 기준」(2018. 9. 19.)

9_ '기존주택 매입임대주택 업무처리지침' (국토교통부훈령 제1108호, 2018. 11. 22.)

10_ 2020년 현재 강서구, 강북구, 도봉구, 중랑구, 성북구, 양천구는 매입자제지역으로 관리되고 있으며, 호당 매입가 상한은 일반지역 4억 원, 도심·역세권 4.5억원, 신혼부부 II는 지역과 무관하게 5억 원이다.(서울주택도시공사 2020년도 제4차 매입임대주택 공고)

11_ 2012년 대선에서 새누리당 박근혜 후보는 지방도시재생사업, 낙후 도심 재생 지원 등을 내세웠고, 민주당 문재인 후보는 뉴타운 출구사업에 대한 국가 지원, 지역재생사업, 도시재생기본법 제정 등을 약속하는 등 양당 모두 도시재생사업을 주요 공약으로 내세웠다. (유병권, 2013)

12_ 공적임대주택은 '공공주택특별법'에 따라 공급되는 공공임대주택과 '민간임대주택에 관한 특별법'에 의한 공공지원민간임대주택을 포괄하는 용어이다. 서울시 역세권 청년주택의 공적임대주택 임대료는 주변 시세의 30~95%로 책정되며, 입주희망자는 소득 및 자산기준을 충족해야 한다. 단, 공공지원민간임대주택 중 특별공급이 아닌 일반공급분은 소득 및 자산기준을 적용하지 않는다.

13_ 4개 유형 10개 사업으로 발표된 저층 노후 주거지 재생사업에는 (1) 마을자산 활용형: 공공토지 활용사업, 저이용 공공시설 복합화사업, 주차장 복합화사업, (2) 공동체주택 공급: 토지임대부 준공공임대주택, 맞춤형 임대주택, (3) 정비사업 대안 활성화: 건축협정사업, 가로주택정비사업, 자율주택정비사업, (4) 주택개량 지원: 집수리지원센터, 도시재생회사 등이 포함되었다.

14_ 단독주택은 10호 미만, 다세대·연립 주택은 20세대 미만까지 공동으로 개발할 수 있으며, 서울시는 조례에 따라 단독주택 18호 미만, 다세대·연립 주택은 36세대 미만까지 가능하다.

15_ 건축연면적 또는 전체 세대수의 20% 이상을 공적임대주택으로 공급하고 차주가 공공시행자라면 총사업비의 90%까지, 공공시행자가 아니라면 70%까지 융자(연리 1.2~ 1.5%)를 제공하며, 공적임대주택 공급 조건을 충족하지 않는 경우 총사업비의 50%까지 융자할 수 있다.

16_ SH 매입임대주택은 다가구, 다세대, 연립, 아파트는 전용면적 29m²(도심 25m²), 도시형생활주택(원룸) 26m²(도심 17m²), 신혼부부용 매입임대주택 36m² 이상으로 매입 기준이 정해져 있다.(서울주택도시공사 2020년도 제1차 매입임대주택 매입 공고)

17_ 서울의 경우 저층주택 비중이 70% 이상인 집계구의 48.8%가 고령화된 반면, 아파트 비중이 70% 이상인 집계구는 22.5%가 고령화되었다(김지은 외, 2018).

18_ SH는 2019년부터 '서울주택도시공사 매입형 임대주택 디자인 가이드라인'을 도입하여 디자인 품질 관리를 시작하였다.

1_ 간혹 주거비 보조를 확대하여 공공임대주택 입주자가 적정한 주거비를 부담하도록 해야 한다는 주장도 있는데, 주거비 보조 정책을 지나치게 확대하는 것에 대한 우려는 서종균(2011)을 참조하기 바란다.

| 5장 | 공공임대주택, 누구에게 어떻게 배분할 것인가

1_ 본 원고는 홍인옥(2019) 원고를 수정보완하였다.

2_ 2019년 3월 국토교통부는 입주 희망자의 불편을 해소하기 위해 「공공임대주택 예비입주자 업무처리지침」(국토교통부훈령(제1175호)을 제정하였는데, 이 지침은 영구임대주택, 국민임대주택, 행복주택 등 세 가지 유형의 공공임대주택을 대상으로 하며, 여기서 예비입주자는 공공임대주택 입주자격을 갖춘 입주 신청자 중에서 입주자로 선정되지 않은 자로서 입주 순서에 따라 공공임대주택 입주를 대기하는 자로 규정함. 여기서는 예비입주자 모집 시기를 통일하고 여러 사업자에게 중복 신청을 못하도록 제한하는 등의 원칙을 마련하였다.

3_ 단 총자산액을 산출할 때는 부채를 포함하여 총자산을 합한 금액에서 부채를 제외한 금액으로 산정한다.

4_ 영구임대주택은 항목별로 정해진 점수를 부여하고 총점을 기준으로 입주자를 선정하는 점수제를 적용하고 있고, 그 외 공공임대주택은 정해진 선정기준에 따라 입주자를 선정하는데 여기서 선정하지 못한 경우 점수제를 적용하여 순서대로 선정한다.

5_ 2016년 서울시의 경우 서울주택도시공사(SH) 14회, 토지주택공사(LH) 17회 총 31회의 공공임대주택 입주자 모집 공고가 있었다.(홍인옥, 2019)

6_ 주택자금지원 프로그램은 저소득층 일반을 대상으로 한 버팀목 전세자금대출, 일반전세자금보증, 주거 안정월세대출과 신혼부부를 대상한 전세·구입자금 저리대출, 신혼부부전용 버팀목 전세자금대출, 신혼부부전용 주택구입자금대출, 신혼희망

타운전용 주택담보장기대출 프로그램이 있으며, 그리고 청년을 대상으로한 청년전용 버팀목 전세자금대출, 중기청년전월세보증금 지원, 청년전용 보증부월세대출, 청년전용청약 등의 프로그램이 운영 중이다.(서울특별시 주거복지센터(2019), 국토교통부(2020))

7_ 주거급여 지원 기준이었던 부양의무 기준이 폐지되고(2019년), 소득 기준 또한 중위소득의 45% 이하(2020년)로 상향 조정되면서 주거급여 대상자가 2020년 104만 가구로 추정된다.

8_ 지난 4월 국토교통부는 주거복지 로드맵 2.0에서 앞으로 공공임대주택을 통합하고 입주 대상을 중위소득 130%이하, 자산 소득 6분위 순자산 평균값 이하로 하겠다고 밝히고, 우선 영구임대, 국민임대, 행복주택 등 세 가지 유형 통합을 추진하는 안을 발표하였다.(국토교통부, 2020)

9_ 2011년 도입된 국가 등록체계(SNE, System national d'enregistrement de la demande)는 현재 프랑스 정부를 비롯하여 각 지방정부, 그리고 적정임대료주택(HLM) 공급 주체가 효율적이고 공정하게 수요를 관리할 수 있도록 지원하고 있다.

10_ www.demande-logement-social.gouv.fr

11_ https://www.myhome.go.kr

12_ 대항력이 있는 주거권은 2008년 1월 1일부터 성립되었으며, 적용 대상 가구로는 도지사 명령으로 정해진 기한 내에 적합한 주택 제안을 받지 못한 경우, 무주택자, 거주에 부적합한 장소 또는 비위생적이거나 위험한 주택에 살고 있는 경우, 법원으로부터 퇴거명령을 받은 경우, 숙박업소에서 6개월 이상 숙박했거나 이동식 주택에서 18개월 이상 숙박한 경우 등이 해당되는데, 주거권 행사는 주거의 요구, 배분위원회의 심사, 그리고 주거의 제공이라는 절차를 거친다. 만약 주거의 제공이 배분위원회의 심사를 통과하지 못하여 장기간 거처를 얻지 못할 경우에는 행정소송을 제기할 수 있는데, 패소한 경우에는 동일한 요구를 36개월 이내에는 다시 할 수 없다. 그리고 주거권을 행사하여 주거를 신청하는 경우 관계기관은 신청한 날로부터 3개월에서 6개월(인구 백만 이상의 도) 안에 결정을 내려 통보해야 하는데, 결정의 내용은 문서로 당사자에게 통지하여야 하며 만약 거부처분의 경우에는 반드시 그 사유를 적시해야 한다.(권세훈, 2016)

13_ 토론토주택공사(Toronto Community Housing Corporation: TCHC)가 선택 기반배분 방식의 시범사업으로 My Choice Rental 프로그램을 2014년 실시하고 이후 공사뿐만 아니라 시정부, 소셜 하우징 공급 주체도 평가를 거쳐 선택기반배분 방식을 도입하였다.

| 6장 | 저성장시대, 공공임대주택 공급체계에서 소셜믹스의 실현 방향

1_ 이 글은 이종권 외(2019)의 일부를 토대로 하였다.

2_ '공적임대주택'이라는 용어는 공공부문이 공급 주체가 되는 공공임대주택 외에 민간부문이 공적 지원을 받아 공급하고 임대 운영의 규제를 받는 임대주택까지 포함하는 개념으로 서구에서 사용하는 '사회주택' 개념에 근접한 개념이다.

3_ 사회적 네트워크(social networks), 신뢰, 규범 등의 사회적 자본 개념이 학술적으로 본격적인 논의가 진행된 것은 20세기 말부터이다. 미국의 정치학자 Putnam(1993, 1995, 2000)은 과거 19세기 초중반에 프랑스 정치학자 Tocqueville(1835)이 미국 민주주의 근저를 이루는 특징적인 현상으로 주목한 시민사회의 공동체적 특성을 '사회적 자본'으로 개념화하였다. 유럽에서 사회적 자본 개념은 프랑스의 사회학자 부르디외(Bourdieu 1986)에 의해 촉발된다.(Giddens 2012 ; 814~815, 한국어판 ; 692) 사회적 자본 개념에 대해서는 학자들에 따라 매우 다양하게 제기되었고 하나의 실체라기보다는 다차원적인 개념으로 인식될 필요가 있는데, World Bank(2004)는 사회적 자본에 대한 논의를 세 가지로 구분한 바 있다. 사회적 자본에 대한 국외의 주요 논자로는 Putnam(1993, 1995, 2000), Bourdieu(1986), Coleman(1995, 1998), Fukuyama(1995), Burt(1992), Lin(2001), Portes(1998), Woolcock(1998), Knack & Keefer(1997), North(1990), Grootaert & van Bastelaer(2001), Kleinhans et al. 2007 등이 있다.

4_ Musterd & Andersson 2005 ; Adkins & Kintrea, 2001 ; Lees, 2008 등

5_ 이 외에도 혼합 근린이 혼합 네트워크를 창출하는 것은 아니다.(Blokland and Van Eijk 2010, Van Eijk 2010), 소셜믹스를 한다고 해서 빈곤감소의 효과는 없

다.(Galster 2007), 사회계급의 분리(segmentation)로 인해 소셜믹스에 한계가 있다.(Blanc 2010), 사회적 자본 이론의 가정상의 한계(Adkins 2005, Lees 2008)등 사회적 자본론에서 중시하는 계층 간 근접성(proximity)이 계층 간 자원의 교류를 의미하지는 않는다(Blokland and Van Eijk 2010, Van Eijk 2010)는 등의 평가가 있다.

6_ 연대와 도시재생에 관한 법(SRU법), Loi Relative a la Solidarite et au Renouvellement Urbain

7_ 보를로법, the Borloo Act, Loi d'orientation et de programmation pour la ville et la renovation urbaine

8_ 국가도시재생 프로그램(PNRU), the Program National de Renovation Urbaine

9_ 주요 논자로는 Rognlie 2015, Bonnet et. al. 2014, Homburg 2014, Knibbe 2014, Rowthorn 2014 등, 국내에서는 이우진 2017, 주상영 2015, 홍민기 2018, 최제민 외 2018, 유종일 2018 등이 있다.

10_ 공공임대주택(소셜 하우징) 재고 비율이 10%를 넘으면서도 저소득층을 타깃으로 하는 잔여모델을 여전히 유지하는 국가는 영국이 유일하며, 10%대 수준의 국가(프랑스, 핀란드, 오스트리아 등)는 중소득층까지 포함하는 일반모델로 분류되며, 20%대 이상인 네덜란드, 덴마크, 스웨덴 등은 모든 계층을 포괄하는 보편적 모델로 분류된다.(CECODHAS Housing Europe 2012, Andrews, Sanchez and Johansson 2011 참고)

11_ 코프너(Kofner 2017;70)가 독일 소셜 하우징의 경험을 토대로 독일 미래 소셜 하우징의 방향성에 대하여 제안한 모델은 참고가 된다. 간략히 요약하면, ① 동질적인 소셜 하우징을 공급하되, 임차인의 개별적 소득수준을 토대로 임대료 부담 차등화. ② 사업자는 입주자의 소득수준과는 무관하게 기준 임대료(base rent)를 받으며, 임차인은 가구소득을 감안한 임대료(소득대비 임대료부담 비율 20%)를 지불. ③ 임차인의 지불 임대료가 기준 임대료보다 낮으면, 그 차액은 임대료보조를 통해 상쇄. ④ 소셜 하우징은 소규모 분산을 지향하며, 신규 주택건설에서 소셜 하우징 비중 의무화(뮌헨의 경우 30%).

1_ 본 원고는 "장경석·송민경『공공임대주택의 공급동향 분석과 정책과제』 국회
입법조사처, 2020" 내용 일부를 수정한 것이다.

2_ 이 부분의 내용은 "장경석,『공공임대주택 재정지원의 쟁점과 과제』, 현안보고
서 210호, 국회입법조사처, 2013."을 참조하였다.

3_ 장경석,「국민임대주택정책 보조금의 범위와 규모」,『주택연구』, 제17권 2호, 한
국주택학회, 2009, p.122.

4_ 주택도시기금은 1981년 구 '주택건설촉진법'(현 '주택법') 개정을 통해 국민주
택기금이라는 이름으로 설치된 이래 주택의 건설자금, 수요자 대출 지원 등의 중요한
역할을 수행해왔다. 2015년 '주택도시기금법'의 제정으로 주택도시기금으로 명칭이
변경되었다.

5_ 여기에는 해당 주택의 대지(垈地)인 토지비용도 포함된다.

6_ 최근 OECD 조사에 따르면 우리나라의 GDP 대비 공공임대주택 투자 비중은
2015년 기준 0.53%로 OECD의 조사에 응한 회원국 14개 국가 중 가장 높은 수준이
다(장경석, "공공임대주택 현황의 국제비교와 시사점",『지표로 보는 이슈』, 115호, 국
회입법조사처, 2018.)

7_ 2018년도 결산자료를 통해 주택도시기금의 주요 조성 내역을 보면, 청약저축
17조 708억 원, 국민주택채권 15조 1,162억 원, 융자금 회수 9조 4,818억 원 등의 실
적을 보이고 있다.(국회 국토교통위원회,「2018회계연도 결산 및 예비비지출 승인의
건 검토보고」, 2019. 8.)

8_ 주택도시기금(구 국민주택기금)의 LH(구 대한주택공사, 구 한국토지공사)에
대한 출자의 법적 근거가 마련된 것은 2007년 4월 20일 개정·시행된 '주택법' 제63
조(국민주택기금의 운용제한)에서 비롯되었다. 정부는 2007년부터 재정을 국민주택
기금에 출연 후, 기금에서 주택공사에 출자토록 변경하였으나 기존 '주택법'상 국민주
택기금에서 대한주택공사에 명확한 출자 근거규정이 없어 출자 가능 여부에 대한 논
란이 있었으므로 이에 법적 근거를 마련하게 되었다(국회 건설교통위원회, "주택법
일부개정법률안 검토보고", 2007. 2. pp.77~80 참조). 다만, 2007년「주택법」개정이

전에는 공공임대주택의 출자예산을 재정예산에서 주택도시기금을 거치지 않고 직접 구 대한주택공사에게 지급하였다.

9_ 입주자 부담금은 공공임대주택 입주자가 주택에 입주하면서 부담하는 임대보증금을 말한다. 그런데 임대보증금은 해당 입주자가 퇴거 시에 공공주택 사업자인 LH, SH, GH 등이 반환해야 하기 때문에 궁극적으로는 공공주택 사업자가 조달해야 하는 몫이라고 할 수 있다.

10_ '공공임대주택 재정지원 단가'는 주택 및 토지비용이 포함된 것으로, 실제 공공임대주택 사업을 추진하면서 투입된 비용을 단위면적으로 나누어 산출되는 것으로 알려져 있다.

11_ 영구임대주택 사업자에 대해서는 주택의 취득세, 등록세, 재산세를 비과세 또는 면제하고, 구 대한주택공사(현 LH)에 대해서는 법인세의 25%를 감면하도록 하였다(고철·진정수·박종택,『공공임대주택 정책의 개선방안 연구』, 국토개발연구원, 1991, p.35.). 참고로 1989년 영구임대주택 건설 공급 당시 공영택지개발 시 임대주택용지는 공동주택 건설용지의 20% 이상을 확보하도록 규정하여(구「임대주택건설촉진법」제6조제2항, 같은 법 시행령 제4조제1항), 영구임대주택공급을 위한 기반을 법적으로 마련한 바 있다.

12_ 2018년 기준 일반 매입임대주택의 호당 단가는 1.1억 원(원룸형 8.5천만 원)인데, 재원 분담 비율은 재정 45%, 융자 50%, 입주자 5%이다. 청년 매입임대사업은 타 지역 출신의 저소득층 대학생 및 취업준비생이 저렴한 보증금과 임대료로 거주할 수 있도록 다가구주택 등을 매입하여 지원하는 사업으로 재원분담은 호당 1.5억 원 기준, 재정 45%, 융자 50%, 입주자 5%이다.

13_ 국토교통부,『2018년도 주택도시기금 업무편람』, 2019, p.166 및 p.273.

14_ 국회 국토교통위원회,『2020년도 예산안 및 기금운용계획안 검토보고』, 2019, pp.545~546.

15_ 2005년 노무현 정부가 기성도시 내 임대주택 확충 방안의 하나로 지방정부가 기존주택에 대해 전세계약을 체결한 후 저소득층에게 재임대하는 전세임대주택제도를 도입하였고(2005년 4·27대책), 2008년 4월 16일 신혼부부 주택 공급 방안의 일환으로 결혼, 출산 촉진을 위하여 저소득 신혼부부에게 전세임대주택 지원 방안이

마련되었다. 이후 대학생·청년층에 대해서도 전세임대주택 공급이 확대되었다. 전세임대주택은 임대주택을 건설하는 것이 아니어서 임대주택이 신규로 증가하는 효과는 없으나, 정책 대상 계층인 저소득, 신혼부부, 청년 계층이 입주 가능한 주거공간을 확보하는데 의미가 있다.

16_ 장기공공임대주택에 대한 융자는 국민임대주택에 대한 융자가 개시된 1999년부터 시작되었다는 점을 고려하여, 1999년 현황부터 살펴보았다.

17_ 안드레 아우버한트·헬스케 판 다알렌(주택발전소 역),『가난한 사람들을 위한 부동산개발: 네덜란드의 주택정책과 주택협회』, 한울, 2005, p.39.

| 8장 | 민간부문의 자금을 어떻게 활용할 것인가

1_ 공공임대주택 사업을 공공사업자, 민간사업자 또는 민간과 공공의 공동사업자가 추진하는 경우 각각의 포용성, 효율성, 수익성 등 다양한 이슈가 있다. 본 장에서는 이들 이슈를 논의하지 않으며, 공공임대주택의 활성화를 위한 자금조달의 측면에만 초점을 둔다.

2_ 2018년 현재 우리나라 임대주택의 재고는 약 298만 호이며, 이들 가운데 공공주택사업자가 관리하는 주택은 약 157만 호였다. 그리고 민간 주택사업자가 관리하는 주택은 약 130만 호이고, 민간과 공공이 공동으로 관리하는 주택은 약 11만 호였다.

3_ 임대주택에 대한 공식 통계에 따르면 1980년부터 공공임대주택이 건설되기 시작하였으며, 민간사업자의 경우 1995년부터 공공임대주택 건설에 참여하기 시작하였다. 자세한 시대적 흐름과 관련 통계자료는 You(2019)에서 확인할 수 있다.

4_ 임대사업자 유형별 임대 호수의 경우 운영자를 중심으로 임대주택의 현황을 분류하고 있어, 본 연구에서 초점을 맞추고 있는 민간자금조달을 통한 임대주택 건설과는 차이가 있다.

5_ 개발금융의 확대가 주택개발사업을 활성화한다는 것은 이미 You(2014)에 의해 이론적으로도 증명되었다. 그러나 개발 단계에서는 건물준공이 이루어지지 않아 담보물을 활용하기 어려워 대다수 은행을 포함한 금융기관이 개발자금 투자를 선호

하지 않는 경향이 있다. 따라서 주택사업을 위한 개발자금을 조달하기 위해서는 보다 정교한 금융 방식에 대한 모색이 필요하다. 여기에서 임대주택부지매입을 위한 자금조달과 해당부지에 건축물 건설을 위한 개발자금 조달은 구분할 필요가 있다.

6_ 지원(subsidy)은 지원 주체에 따라 공공의 지원과 민간의 지원이 있을 수 있다. 자금조달은 자금의 유형에 따라 자기자본인 지분 혹은 자본(equity) 그리고 타인자본인 부채(debt)의 형태로 구분할 수 있다. 대출은 부채의 일종이다.

7_ 민간사업자가 진행하고 있는 순수한 민간 중심의 임대주택과 관련된 자금조달 구조는 본 연구와 차별적일 수 있다.

8_ 여기에서 '공공주택 특별법'에 따르면 공공사업시행자는 국가, 지방자치단체, 한국토지주택공사, 지방공사, 그 외 대통령령으로 정하는 공공기관 또는 이들 기관이 50%를 초과하여 출자·설립한 법인 또는 주택도시기금이 출자하여 설립한 부동산투자회사 등을 지칭한다.

9_ 입주자들의 기준을 제한하거나, 정부의 재정지원을 받아 건설할 수 있는 주택의 크기 등을 제한하는 것 등이다.

10_ 일부 시행자는 금융기관의 대출을 받을 자격을 갖고 있지 않을 수 있어, 주택개발사업에 필요한 자금을 대출받을 수 있다는 자체가 지원이라고 생각할 수 있다.

11_ 전세제도를 활용하여 임차인들은 월세 납부를 줄일 수 있으며, 시행자의 측면에서는 전세금은 일종의 부채로 볼 수 있지만, 이를 기존 또는 신규 사업을 위한 자금으로 활용할 수도 있다.

12_ 이와 같은 차이는 물론 정부가 거주자에게 제공하는 지원으로 볼 수도 있다.

13_ 정책 지원 대상이 거주하는 공공임대주택의 임대료가 주변 시장 임대료 수준으로 설정되어야 하는지에 대한 반론이 있을 수 있다. 임대료가 시장보다 낮다면 공공임대주택에 대한 수요는 더욱 확대될 것이며, 확대된 수요를 감당할 충분한 재정여력이 있다면 이에 대한 논의는 의미가 없을 것이다.

14_ 물론 임대주택의 사업지의 토지가격이 상승하여 자산의 규모가 매출손실을 충분히 보상할 수 있다고 생각할 수도 있다. 그러나 이는 토지의 기회비용을 적절하게 고려하지 못하는 의견으로 볼 수 있다.

15_ 리츠와 부동산펀드는 투자자로부터 조달된 재원을 부동산에 투자 및 운용하고

수익을 배분하는 점에서 기본적인 개념은 유사하다. 그러나 초기 설립 시 펀드는 등록제(금융감독원) 그리고 리츠는 인가제(국토교통부)이다. 법적 성격상 리츠는 주식회사이지만, 펀드는 투자신탁으로 차이가 있다. 투자 대상의 측면에서 펀드는 부동산 관련 다양한 투자·대출 등이 가능하지만, 리츠는 부동산에 대한 직접적인 투자로 한정되는 경향이 있다. 해외 리츠와 펀드와 다르게 우리나라 부동산금융시장에 발견되는 차이는 제도적이고 행정적 차이에서 기인한다고 볼 수 있다. 리츠는 부동산 사업의 의사결정 과정이 일반 회사와 유사한 반면 부동산펀드는 부동산 사업을 위한 의사결정을 자산운영사가 위임받았다고 볼 수 있다.

16_ 소셜 하우징(social housing) 즉 사회주택의 정의와 개념은 국가별로 차별적일 수 있다 (UNECE, 2015). 그리고 우리나라 주택시장에서 인식하는 사회주택에 대한 개념은 해외에서 사용되는 개념과 차별적일 수도 있다. 따라서 이를 고려하여 봉인식·이용환·최혜진(2018)은 주택시장에서 새로운 분류체계를 제안하기도 한다. 본 장에서는 일반적으로 주택시장에서 활용되는 용어를 차용한다.

17_ 서울시에서는 청년층의 주거빈곤 문제해결, 신혼부부 등의 주거비 부담완화, 공공임대주택 공급에 따른 재정 부담을 줄이고자 민간이 참여하는 고유한 사업 방식을 개발하였다. 2000년대 초반부터 민간 또는 비영리기구가 참여하는 임대주택 공급 방안에 대한 논의가 있었지만, 구체적인 사업 방식을 마련하지 못한 상황이었다(한국사회주택협회, 2017).

18_ 유럽에서는 다양한 중앙 및 지방정부의 보조금, 낮은 금리의 대출, 보증제도, 토지 지원제도, 세금감면제도, 공동출자 등 다양한 방식을 활용하고 있으며, 우리나라에서도 물론 동 제도들이 주택시장에서 활용되고 있다.

19_ 2000년대 중반 이후 미국의 주택금융시장에서 촉발된 세계경제위기로 각국의 정부는 소셜 하우징에 대한 수요 확대와 더불어 재정 부족에 적극적으로 대응하기 위하여 새로운 대안을 모색하고 있다.

20_ 네델란드의 소셜 하우징은 다른 국가의 소셜 하우징과도 차별적이다.

21_ 사회주택보증기금(WSW), Waarborgfonds Sciale Woningbouw

22_ 주택산업연구원(2017)에 따르면 WSW는 300여 개의 소셜 하우징 관련 비영리 재단으로 구성된 에이데스(Aedes)와 합병하여 현재는 Aedes가 보증업무를 담당하

고 있다.

23_ 중앙사회주택기금(CFV), Centraal Fonds Volkshuisvesting

24_ 주택·지역사회청(HCA), Homes and Communities Agency

25_ 주택금융유한회사(THFC), The Housing Finance Corporation

26_ 협동주택금융(CHFS), Co-operative Housing Finance Society

27_ 적정임대료주택(HLM), Habitation a Loyer Modere

28_ 국립공탁은행(CDC), Caisse des Depots et Consignations

29_ 사회임대주택보증기금, la Caisse de Garantie du Logement Locatif Social

30_ Denmark Almene Boliger(2017)에 따르면 코펜하겐 비영리 주택 기준으로 지방정보의 보조금은 건설비의 대략 10% 내외이다.

31_ 최근에는 커버드 본드를 대체하는 새로운 자금조달 방안을 검토하고 있다는 발표도 있다.

| 9장 | 노후 공공임대주택을 재생하자

1_ 이 글은 건설을 통해 단지 형태로 공급된 공공임대주택을 주로 다룬다. 영구임대주택, 50년공공임대주택, 재개발 임대주택 등이 그 예이다. 물론 2005년부터 공급되기 시작한 매입임대주택 중에도 정비가 필요할 정도의 노후주택이 있을 수 있다. 그러나 이 글에서는 저소득층이 집중적으로 거주하고 있는 공공임대 단지에 초점을 맞춰 주택관리 정책을 검토하고자 한다.

2_ 중앙정부 사업과는 별개로 서울시에서 자체적으로 노후시설개선을 추진한 사례도 있다. 서울시는 2009년 영구임대주택 1~2층 세대를 리모델링하여 무장애화를 추진했다. 당시 SH는 '무장애 주택관'을 전시하여 세대 내부에 높낮이 조절이 가능한 싱크대와 세면대를 도입하고 안전 손잡이를 설치하는 등 고령자와 장애인이 편리하게 이용할 수 있는 시설을 도입했다. 시범 단지로 대치1단지(102동), 방화11단지(1102동), 중계3단지(307동) 등을 선정하여 무장애주택과 게스트하우스, 무료빨래방 등을 설치했다. 하지만 이 사업은 타 단지로 확대하여 시행하지 않았다. 이와 함께

서울시 복지본부는 '장애인을 위한 임대아파트 무장애 집수리 지원사업'을 시행하고 있다. 이 사업은 공공임대주택과 민간임대주택의 구분없이 기초생활보장 수급가구 또는 차상위 장애인 가구라면 신청 가능하다.가구선정은 자치구 추천, 전문가 현장 실사, 기술자문회의 등을 통해 확정되는데, 장애등급과 소득수준, 개조가 시급한 수준 등을 고려하여 선정된다. 이 사업을 위해 매년 5,000만 원의 예산을 책정해 욕실 개조, 문턱 제거, 핸드레일 및 기타 편의시설 등을 설치하고 있다(남원석 외, 2018).

3_ 이와 관련하여 LH에서는 강서구 가양7단지의 빈집 9호를 대상으로 세대 내부 리모델링을 적용했고, 이를 모델하우스로 운영하고 있다. 1인 가구와 3~4인 가구, 거동이 불편한 장애인과 노인 등 다양한 수요층을 고려하여 5가지 유형의 세대 내부 개선안을 제시했는데, 무장애 공간 실현, 주호통합 및 발코니 확장, 단열·차음·방수 등의 주택 성능을 확보하고자 하였다. 하지만, 이러한 리모델링은 정책으로 이어지지 않았고, 해당 모델하우스도 비공개로 운영되고 있다. 세부 내용에 대해서는 이 글의 〈부록〉을 참조하기 바란다(남원석 외, 2018).

4_ 별동 증축을 통해 공급되는 주민공동시설은 공동체 활성화, 지역 사랑방, 복지 서비스 제공 등을 목적으로 운영함으로써 지역주민들 간의 교류를 촉진한다. 이 개념을 확장하면 주변 저층주거지의 도시재생사업과 공공임대 단지 재생 사업을 연계하여 마을 전체의 활성화 계획을 수립·추진할 수도 있다.

| 10장 | 공공임대주택 정책의 혁신을 위하여

1_ OECD의 통계에 따르면, 우리나라보다 재고율이 높은 국가는 네덜란드(37.7%, 2018), 덴마크(21.2%, 2018), 오스트리아(20%, 2018), 영국(16.9%, 2018), 프랑스(14%, 2018), 핀란드(10.5%, 2017) 등이며, 우리나라보다 재고율이 낮은 국가는 호주(4.4%, 2017), 노르웨이(4.3%, 2018), 캐나다(4.1%, 2011), 미국(3.3%, 2017), 일본(3.1%, 2018), 독일(2.9%, 2017) 등이다(OECD Affordable Housing Database).

2_ 이 절은 본 단행본의 필진들이 제안하는 분야별 정책과제를 주요 내용 위주로 요약·정리하였다.

지은이

봉인식 경기연구원 선임연구위원으로 재직하고 있다. 연세대학교에서 토목공학을 전공 후 프랑스 INSA de Lyon에서 도시학 박사 학위를 받았다. 『공공임대주택 정책의 새로운 방향과 경기도의 과제』(2016: 공저), 『UNECE 지역의 사회주택』(2017: 공역) 등을 집필했으며 주거와 관련된 다양한 연구를 수행하고 있다.

김일현 (사)새로운사회를여는연구원 연구위원으로 재직하고 있다. 서울대학교 조경·지역시스템공학부를 졸업하고, 건설환경공학부 대학원에서 도시공학으로 석사·박사 학위를 받았다. 토지-교통 통합분석모형과 지방분권, 주택정책 등을 주요 관심 연구주제로 삼고 있으며, 현재는 주거복지체계와 사회주택 분야 관련 연구를 수행하고 있다.

진남영 (사)새로운사회를여는연구원 원장직을 맡고 있으며 한성대에서 경제부동산학 박사 학위를 받았다. 공공주택 혁신, 주거분야에서 비영리민간주체의 역할 확대, 주거지재생 및 소규모정비사업 활성화 등에 관심을 갖고 연구하고 있다. 저서로 『리셋코리아』(2012: 공저), 『분노의 숫자』(2014: 공저), 『UNECE 지역의 사회주택』(2017: 공역) 등이 있다.

김지은 서울주택도시공사 도시연구원 수석연구원으로 재직하고 있다. 영남대학교 건축공학과 학사, 서울대학교 환경대학원 석사, 일리노이 주립대학교(시카고)에서 박사 학위를 받았다. 『Exporting Urban Korea?』(2020: 공저), 『연금형 자율주택정비사업 모델 연구』(2019), 『고령친화 주택개조 활성화를 위한 공공지원방안』(2018), 『민간부문 사회주택의 쟁점과 과제』(2017), 『주민주도의 소규모주택 정비 활성화를 위한 공공지원모델』(2017) 등 저층주거지 재생과 주택정책을 함께 다루는 연구를 하고 있다.

서종균   서울주택도시공사 주거복지처장으로 재직하고 있다. 연세대학교 건축공학과 학사, 서울대학교 환경대학원 석사, 중앙대학교 도시및지역계획학과 박사 학위를 받았다. 주거 문제, 빈곤 관련 연구를 해왔으며, 저서로『주거복지의 새로운 패러다임』(2011: 공저),『도시재생과 가난한 사람들』(2016: 공저) 등이 있다.

홍인옥   도시사회연구소 소장으로 서울대학교 지리학과에서 학사·석사·박사 학위를 받았다. 저서로는『주거복지의 새로운 패러다임』(2011: 공저),『공공임대주택 지원정책 등에 대한 해외사례 연구』(2018: 공동연구), 번역서로『세계경제와 도시』(2016: 공역) 등이 있다. 주 연구 분야는 주거복지, 주민 참여, 도시재생 등이다.

이종권   한국토지주택공사 토지주택연구원 선임연구위원으로 재직하고 있다. 고려대학교 경제학과에서 학사·석사·박사 학위를 받았다. 주요 연구성과로 "사회통합적 공공주택 공급체계 연구"(2019), "미래 2025 주거·도시문제와 과제"(2017), "주거복지 공적 전달체계 개편방안"(2016), "하우스푸어 이론적 고찰과 대책"(2014), "공공임대 50년 성과와 과제"(2013), "미국 서브프라임 모기지 부실위기의 원인과 파급경로"(2008), "재건축 초과이익 환수제도 시행방안 연구"(2006), "토지임대부 주택공급 방식 연구"(2006), "임대자산 유동화 방안"(1999) 등이 있다.

장경석   국회입법조사처 입법조사관으로 재직하고 있다. 서울시립대 행정학과에서 학사, 서울대 환경대학원에서 석사·박사 학위를 받았다.『공공임대주택 재정지원의 쟁점과 과제』(2013),『국내외 민간임대주택시장제도의 현황과 시사점』(2014)와『공공임대주택 관리비 제도 개선을 위한 정책과제』(2016),『「공공토지의 비축에 관한 법률」의 입법영향분석』(2018) 등 국내 주택 및 토지정책 관련 입법 및 정책연구를 수행하고 있다.

유승동 상명대학교 경제금융학부 부교수로 근무하고 있다. University of British Columbia(UBC)에서 박사, Cornell University에서 석사, 서강대학교에서 학·석사를 취득하였다. 저서는 『International Housing Market Experience and Implications for China』(2019: 공저), 『Korean Reverse Mortgages and their Policy Implications to the Philippines』(2018: 공저), 『Housing Finance Mechanisms in the Republic of Korea』(2009) 등이 있고, 논문은 "The Leveraged City"(2014), "Public Rental Housing in Korea"(2019) 등이 있다. 금융전략과 자산/대체 투자에 관심을 가지고 연구하고 있다.

임병권 한국소비자원 정책연구실 선임연구원으로 금융 소비자와 관련한 연구를 수행하고 있다. 충남대학교에서 경영학박사(재무관리) 학위를 받았다. 주요 논문은 『Evaluation of the Reverse Mortgage Option in Korea: A Long Straddle Perspective』(2020: 공저) 등이 있다. 재무분석 및 재무전망 등의 연구를 수행했으며, 자본시장과 주택금융 등에 관심을 가지고 연구하고 있다.

남원석 서울연구원 연구위원으로 재직하고 있다. 서울대학교 환경대학원에서 석·박사 학위를 받았다. 지은 책으로는 『주거복지의 새로운 패러다임』(2011: 공저), 『한국사회의 신빈곤』(2006: 공저) 등이 있으며, 번역서로 『정든 마을에서 늙어가기』(2009: 공역), 『가난한 사람들을 위한 부동산 개발』(2005: 공역) 등이 있다. 저소득층의 주거문제, 지방정부 및 동아시아 국가들의 주거정책에 관심을 갖고 있다.

윤영호 서울주택도시공사 인재개발원 원장으로 재직하고 있다. 조선대학교 건축공학과에서 학사·석사·박사 학위를 받았다. 『도시재생 사전기획 연구』(2006), 『주거복지 갈 길을 묻다』(2012: 공저), 『노후공동주택 맞춤형 리모델링』(2014), 『헬스케어 기반의 고령친화적 스마트홈 디자인 item과 guide』(2014)와 『AI기반 스마트 하우징 기술개발 기획연구』(2019), 『주거서비스 인사이트』(2020: 공저) 등이 있다.

공공임대주택 이렇게 바꿔라

초판 인쇄 2021년 1월 8일
초판 발행 2021년 1월 15일

엮은이 ǀ 봉인식 남원석
지은이 ǀ 봉인식 김일현 진남영 김지은 서종균 홍인옥
　　　　이종권 장경석 유승동 임병권 남원석 윤영호
펴낸이 ǀ 박해진
펴낸곳 ǀ 도서출판 학고재
등록 ǀ 2013년 6월 18일 제2013-000186호
주소 ǀ 서울시 마포구 새창로 7(도화동) SNU장학빌딩 17층
전화 ǀ 02-745-1722(편집)　070-7404-2810(마케팅)
팩스 ǀ 02-3210-2775
전자우편 ǀ hakgojae@gmail.com
페이스북 ǀ www.facebook.com/hakgojae

ⓒ 봉인식 김일현 진남영 김지은 서종균 홍인옥 이종권 장경석 유승동 임병권 남원석 윤영호, 2021

ISBN 978-89-5625-420-3 (03330)

이 도서의 국립중앙도서관 출판예정도서목록(CIP)은 서지정보유통지원시스템
홈페이지(http://seoji.nl.go.kr)와 국가자료종합목록 구축시스템(http://kolis-net.nl.go.kr)에서
이용하실 수 있습니다. (CIP제어번호 : CIP2020055216)